Réquiem por un país perdido

Réquiem
por un
país perdido

Tomás Eloy Martínez

AGUILAR

© Tomás Eloy Martínez, 2003
© De esta edición:
   Aguilar, Altea, Taurus, Alfaguara, S.A., 2003
   Beazley 3860, (1437) Buenos Aires
   www.alfaguara.com.ar

- Santillana Ediciones Generales S.L.
  Torrelaguna 60 28043, Madrid, España
- Aguilar, Altea, Taurus, Alfaguara, S.A. de C.V.
  Avda. Universidad 767, Col. del Valle, 03100, México
- Distribuidora y Editora Aguilar, Altea, Taurus, Alfaguara, S.A.
  Calle 80, 1023, Bogotá, Colombia
- Aguilar Chilena de Ediciones Ltda.
  Doctor Aníbal Ariztía 1444, Providencia, Santiago de Chile, Chile
- Ediciones Santillana S.A.
  Constitución 1889. 11800, Montevideo, Uruguay
- Santillana de Ediciones S.A.
  Avenida Arce 2333, Barrio de Salinas, La Paz, Bolivia
- Santillana S.A.
  Avda. Venezuela 276, Asunción, Paraguay
- Santillana S.A.
  Avda. San Felipe 731 - Jesús María, Lima, Perú

ISBN: 950-511-817-1
Hecho el depósito que indica la ley 11.723

Cubierta: Claudio A. Carrizo

Impreso en la Argentina. *Printed in Argentina*
Primera edición: abril de 2003
Primera reimpresión: junio de 2003

A Tomy, a Gonzalo, a Ezequiel,
que vivieron estas historias

Índice

Una primera versión de este libro, publicada a fines de 1998, se llamó El sueño argentino. *Estuvo al cuidado de Carmen Perilli, profesora de la Universidad Nacional de Tucumán, y fue hecha con una minucia y una devoción que no cesaré de agradecer. Eran tiempos aciagos para mí y también lo eran para mi país. Tras una sucesión de desdichas, logré recuperarme. La Argentina no conoció esa fortuna.*

Cuatro años más tarde, suprimí muchos de los ensayos incluidos en aquel volumen, ya sea porque me parecieron inapropiados o porque el paso del tiempo fue desviándolos de su sentido original. E incorporé otros escritos durante ese lapso, en los que se desnudan las falsías de la década anterior y se describen las ruinas que sobrevinieron. En todos los casos, indico las fechas de origen. A veces también indico las circunstancias. Nada ha sido cambiado, ni siquiera en el caso en que ciertas profecías se cumplen al revés.

Como se trata de otro libro, con un orden que es también nuevo, el título es otro. El de 1998 aludía a los sueños de grandeza, a todo lo que quisimos ser y nos fue negado, a todo lo que la Argentina habría podido ser si hubiera querido. El país del que hablaba entonces ya no es el mismo, y en el que sobrevino no hay lugar para los sueños. Aún está por verse qué horizontes se abrirán más allá de las decepciones y las desesperaciones últimas.

La edición de este réquiem fue hecha por Gabriela Esquivada. Con ella conocí una ventura que no estuvo a mi alcance en El sueño argentino. *Pude discutir el orden de los capítulos y evitar ideas que se repetían.*

Creí que, de todos los libros que he escrito, éste iba a ser el menos íntimo. Al releerlo he descubierto, sin embargo, que casi todo lo que soy está en sus páginas.

Tomás Eloy Martínez

Caídos del mapa

Lugar: *Argentina*

Dónde está la Argentina? ¿En qué confín del mundo, centro del atlas, techo del universo? ¿La Argentina es una potencia o una impotencia, un destino o un desatino, el cuello del tercer mundo o el rabo del primero? ¿Hay un lugar para la Argentina, una orilla, un rinconcito donde acomodarla sin que a cada rato estén moviéndola el humor de sus gobernantes y la imaginación de sus legisladores? ¿O la Argentina está en ningún lugar y entonces los argentinos pertenecemos a nada, somos los únicos hijos legítimos de la utopía?

Siempre se creyó que la Argentina estaba en un sitio distinto del que le habían adjudicado la geografía, el azar o la historia. Pero nunca hubo un tal divorcio entre la realidad y los deseos como en estos últimos seis años. Ya en vísperas de la Revolución de Mayo de 1810 nos obsesionaba la grandeza. Lo que ahora nos obsesiona es el miedo a precipitarnos en la pequeñez. Para evitar ese derrumbe, nos repetimos una y otra vez: Somos grandes, estamos entre los grandes. La única lástima es que los grandes no se dan cuenta.

Hacia enero de 1811 Mariano Moreno completó su *Plan de Operaciones*; en agosto de 1812 Vicente López y Planes escribió la canción patriótica que se convertiría en el himno nacional. Ambos textos canónicos dictaminan que la Argentina o las Provincias Unidas del Sur (como nos llamábamos entonces) tiene la misión de civilizar a los países hermanos, el destino de libertarlos y guiarlos, la obligación de protegerlos y servirles de ejemplo. Se empezaba así a forjar la idea de que en América había dos grandes naciones líderes, con riquezas equivalentes y futuros igualmente gloriosos: Estados Unidos al norte y la Argentina en el sur.

"Estamos llamados a iniciar una nueva era", escribía Juan Bautista Alberdi en 1838. Y después Sarmiento, Mitre, Martí, Roca, Darío: todos se sumaron al coro, todos esperaban que la grandeza se manifestara de un momento a otro. ¿Dónde estábamos entonces, en qué lugar? Éramos un inagotable cuerno de la abundancia: los ganados y las mieses se nos derramaban por los costados.

Hacia 1928, las estadísticas señalaban que la Argentina era superior a Francia en número de automóviles y a Japón en líneas de teléfonos. Quince años más tarde, un periodista norteamericano vaticinaba que, al entrar en la posguerra, el poderío industrial argentino sería el cuarto del mundo.

Algo estaba andando mal desde mucho antes, sin embargo. A fines de 1924, en un discurso que celebraba el centenario de la batalla de Ayacucho, Leopoldo Lugones exigió a nuestros "últimos aristócratas" (créase o no, hablaba de los jefes militares) que, espada en mano, ejercieran su "derecho de mejores", con la ley o sin ella, y emprendieran otra vez cruzadas purificadoras en pro del "orden nuevo". La Argentina debía ponerse a la vanguardia de esas huestes implacables.

Un cuarto de siglo más tarde, Perón descubrió que no hacía falta arriesgarse tanto. Inventó "la tercera posición" y propuso que, desde ese no lugar, fuéramos el fiel de la balanza entre el capitalismo y el comunismo. Nadie nos hizo caso, tal vez porque las apariencias no nos ayudaban. Aquéllos eran los tiempos en que comíamos un pan gris, de ceniza.

A mediados de 1960, al general Juan Carlos Onganía se le dio por convertir a la Argentina en un modesto Reich de cien años. Se veía a sí mismo cabalgando en la montura de ese Reich, con el sable en alto. Por aquella misma época, algunos generales "azules" publicaban lujosos galimatías que profetizaban —de nuevo— la inminencia de una tercera guerra en la que asumiríamos el liderazgo de América Latina. No hubo tercera guerra, como se sabe, y al liderazgo lo malgastamos en inservibles presupuestos militares.

Una década más tarde, José López Rega quiso construir la Argentina Potencia con las emboscadas asesinas de la Triple A. Luego, los comandantes de la dictadura se empeñaron en ganar la misma inexistente guerra mundial robando niños y asaltando casas. El mal que aquejaba a la Argentina no era ya la extensión, como se dice en el primer capítulo del *Facundo*. Era el delirio de grandeza. Leopoldo Fortunato Galtieri embriagó al país entero con la ilusión de que estábamos derrotando a las mayores fuerzas navales del planeta. Alfonsín soñó con erigir una Nueva Jerusalén en Viedma. Más inefable aún, Menem se ofreció para mediar en las guerras del Cercano Oriente y nos convirtió en socios carnales, hermanos de sangre, gemelos y pares del primer mundo, lugar donde todavía estamos. ¿O dónde estamos?

Pertenecer a lugares a los que sólo nosotros creemos pertenecer; imaginarnos en posiciones equivocadas de poder; suponernos árbitros, mediadores, falsos influyentes en pleitos a los que no hemos sido invitados, es la antigua maldición argentina, el signo inequívoco de un destino descolocado. Si uno se pone a pensar cuáles son los rasgos distintivos de los países del primer mundo, descubre que —a grandes rasgos— en todos ellos hay seguros de desempleo, escasa mendicidad, y trenes. Sobre todo trenes. Los trenes (más que cualquier otro medio de transporte) son el termómetro de cuándo un país anda bien y cuándo no. Vaya a saber por qué, pero la modernidad se mide a través de vagones puntuales, frecuentes y limpios, como lo descubrieron los alemanes del este cuando se cayó el Muro y pudieron viajar, deslumbrados, en la segunda clase del expreso Frankfurt-Hamburgo.

Mucha de la infelicidad argentina nace de una lección que la realidad siempre contradice. Se nos enseña que somos grandes y a cada rato tropezamos con la pequeñez. La civilización que hemos predicado está marcada por golpes de barbarie. Al país que debía ser líder de América Latina no lo benefician las estadísticas. El ingreso *per cápita* es inferior no sólo a los de México y Brasil sino a los de naciones más pequeñas como Uruguay y Venezuela. Se nos dice que estamos a la cabeza pero a duras penas arañamos la mitad del pelotón.

¿Cuál es nuestro lugar, entonces? Nunca le será fácil alcanzar la dicha a un país que siempre cree tener menos de lo que merece y que desde hace décadas viene imaginando que es más de lo que es. "¿Cómo se vive allá, en América Latina?", me preguntaba un amigo cuando volví del exilio. Pocas veces sentí, como en ese momento, que estábamos en ninguna parte: ni en el continente al que pertenecíamos por afinidad geográfica ni en la Europa a la que creíamos pertenecer por razones de destino. Estamos, como quien dice, en el aire. Lo peor es que cuando tengamos que bajar, ya no sabremos a dónde.

(1993)

Mitos pasados y mitos por venir

La Argentina fue fundada por ficciones. Hasta donde recuerdo, la primera nación que me narraron, antes de que aprendiera a leer, era una sucesión de estampas, en las que abundaban las lluvias y los desiertos. Mi primera nación fue un libro con un cabildo de adobe y tejas, una mañana de lluvia, en 1810. Alrededor del cabildo se veían algunos edificios bajos, con recovas, damas de miriñaque y patriotas de levitas impecables, que exigían la expulsión del Virrey. Los patriotas llevaban paraguas y repartían cintas azules y blancas. La estampa escamoteaba falazmente la realidad. No se veía que la plaza era en verdad un lodazal, no se tomaba en cuenta el hecho de que los paraguas (por entonces costosos y pesados) resultaban una rareza en la aldea de fin de mundo llamada Santísima Trinidad y puerto de Buenos Aires.

En los libros donde por primera vez leí los relatos de la nación (pienso, sobre todo, en las historias de Grosso, de Levene, de Vicente Fidel López, de Mitre), la censura de nuestros orígenes era deliberada y respondía a un proyecto político: el proyecto de convertir a la Argentina en un país de cultura europea, habitado por hombres de raza blanca.

Ya en 1857, la *Galería de celebridades argentinas*, una colección de biografías reunida por Bartolomé Mitre (e inspirada por los *Recuerdos de provincia* de Sarmiento), determinaba quiénes iban a ser los íconos o modelos fundadores del país que estaba construyéndose. Mitre eligió a San Martín, Belgrano, Moreno, Rivadavia, el deán Funes, Lavalle, Brown, Florencio Varela y José Manuel García, omitiendo las alianzas con Rosas que aquejaban a dos de ellos (García y Brown). Para Mitre, el pasado colonial no existía. No había país —dictaminó— "antes de que Mayo [la Revolución de Mayo de 1810] lo hiciera existir por un acto de voluntad". "Los habitantes de la Argentina colonial —dijo— no se cuentan entre los hijos de nuestro suelo."

Los hombres modifican el pasado para poder reconocerse mejor en el futuro. El sargento Cabral, héroe de la batalla de San Lorenzo, debía de ser un campesino parco —si existió—, en cuyo magro vocabulario no figuraban tal vez palabras como las que se le adjudican: "Muero contento, hemos batido al enemigo". La tradición ha decretado, sin embargo, que esa sentencia no sólo es verosímil sino también verdadera.

A fines del siglo XIX, imaginar el futuro era un ejercicio concurrido, en el que descollaban los predicadores. Edward Bellamy, que antes de 1888 había descripto en varios borradores cómo debían ser las comunidades ideales, publicó ese año una novela de título elocuente, *El año 2000*, en la que un ciudadano de Boston, que despierta de un sueño mesmérico ciento trece años después, se descubre sumido en una sociedad que ha eliminado el individualismo económico y que encuentra en la igualdad social una fuente de felicidad indestructible.

Más explícito fue Julio Verne, al que deslumbraban las proezas de la técnica. Un año después de Bellamy, Verne dio a conocer en la revista norteamericana *The*

Forum una fantasía breve en la que el dinero era, a la vez, héroe y el villano. "El diario de un periodista en el 2889" imagina máquinas que corrigen los efectos de las estaciones y multiplican las cosechas, periódicos que hablan a los lectores mientras se afeitan, robots que lavan la ropa, foto-telegramas de Venus y Mercurio, *brokers* de Wall Street que multiplican su dinero cien veces trasladándose de Nueva York a París en tubos neumáticos que hacen la travesía en dos horas.

Muchos de los vaticinios que Verne reservaba para mil años después tardaron menos de un siglo en cumplirse. Pero tanto en su obra como en la de Bellamy, la conversión del dinero en un mito es algo que todavía reserva sorpresas para el siglo que se aproxima.

Los fundadores del relato nacional trataron de educar a la posteridad a través de héroes ejemplares, que sacrificaban sus vidas por una patria ideal. En las alegorías de Mitre, Belgrano era la Pureza, San Martín el Desinterés, Moreno la Pasión, Florencio Varela el Lirismo, Gregorio Funes la Erudición. Los propios creadores de esos mitos fueron, a su turno, convertidos en símbolos: Mitre es el padre de los Documentos y de la Historiografía, Sarmiento el de la Educación y el del Sacrificio.

Más imaginativo, el siglo XX dejó tras sí grandes escritores ciegos que remedan el infortunio de Homero, héroes idealistas caídos en plena juventud (como Evita y el Che), astros de fútbol indisciplinados (como José María Moreno y el reiterado Maradona), cantores de tango que mejoran con la muerte, como Carlos Gardel y Roberto Goyeneche. Y también un par de pesadillas terribles, superiores a las que Sarmiento adjudicó a Juan Manuel de Rosas: la pesadilla de un cabo de policía con delirios ocultistas que dominó la vida y la muerte del país durante once meses eternos; la de una infinita red de campos de muerte, donde los verdugos obligaban a las víctimas a que les escribieran los discursos y los artículos de propaganda para la prensa antes de enterrarlos en fosas sin nombre o de arrojarlos al mar.

El siglo XXI promete ser más concreto. Por ahora, sólo un mito abstracto se perfila con fuerza: el Dinero, valor absoluto que gana elecciones y logra el milagro de convertir en peronistas a los empresarios y a los aristócratas, algo que hubiera desconcertado a Evita y tal vez a Perón.

El Dinero ha encontrado encarnaciones grises pero estridentes, que defienden valores como la Eficiencia, la Estabilidad, el Cierre de los Números, el Darwinismo Social. Son figuras volátiles, que pueden deshacerse al primer fracaso, pero la gente sigue enarbolándolos como bandera porque necesita creer en algo, y cada vez quedan menos cosas en las cuales creer. ¿Habrá que imaginar, entonces, una Argentina del siglo XXI en el que, desaparecidas las industrias nacionales, abandonado el campo, privatizados los cordones de las veredas, sólo nos rijan la Especulación y un Orden en el que los ricos (invirtiendo el célebre apotegma de Perón) serán cada vez más ricos y los pobres cada vez más pobres?

Todo depende de cuáles son, ahora, las ilusiones de la comunidad. Los mitos expresan, al fin de cuentas, el deseo común. Y nada pertenece al porvenir con tanta nitidez como el deseo.

(1991)

El país imaginario

El hombre crece rodeado de mapas y, sin embargo, rara vez piensa en ellos. Desde que, a fines del siglo XIX, la geografía y los exploradores agotaron (o eso se cree) el conocimiento de la superficie terrestre, los mapas se han convertido en simples instrumentos para desplazarse de un lugar a otro. Son el viaje, la ilusión de la llegada. Entre un extremo y otro del itinerario hay aeropuertos, muelles, desvíos de ruta, estaciones de trenes; es decir, certidumbres. No reproducen el mundo pero lo explican.

En los mapas del presente ya no hay figuras humanas. Las había en la Edad Media, cuando los geógrafos y los teólogos trataban de establecer el punto exacto del paraíso terrenal, pero esa utopía se ha desvanecido y, con ella, las imágenes de Adán y Eva que solían ilustrarla. El hombre sigue estando en el centro de toda ilusión geográfica, pero es una figura excluida. Hay edificios, mesetas, bosques, aduanas, no personas. Se supone que los seres humanos no son accidentes en la travesía sino la travesía misma.

Pero así como los mapas construyen (y no sólo reflejan) los espacios, también construyen la historia. Una fiebre de mapas ha encendido, desde hace por lo menos dos años, la imaginación de los Estados Unidos. Los mapas son ahora la respuesta (o un atisbo de respuesta) a las grandes preguntas de este fin de siglo: ¿En cuántos oscuros fragmentos se ha roto la Unión Soviética? ¿Cómo se mueven, día tras día, las fronteras de Bosnia-Herzegovina, Croacia y Eslovenia por un lado, o las de Gaza y Jericó por otro? Los cartógrafos no dan abasto para llegar a las librerías con la última novedad cuando ya el mapa ha desplazado sus líneas y se ha transformado en un dibujo nuevo.

En cualquier ciudad norteamericana de más de cien mil habitantes hay por lo menos un negocio que se dedica exclusivamente a la venta de mapas, y toda estación de servicio, aunque esté en la desolación de los desiertos, tiene, junto a las latas de cerveza Budweiser, una colección de planos editados por Rand McNally en los que se especifican los horarios de los ómnibus y de los trenes del área. Los norteamericanos medios pueden ignorar durante la vida entera dónde quedan Mendoza o Corrientes, pero conceden enorme atención a lo que afecta sus intereses. En estas semanas de bloqueo a la dictadura haitiana, por ejemplo, han aparecido dos nuevos mapas de la ruta que se está terminando de construir entre Puerto Príncipe y Barahona, en la República Dominicana, por donde los militares de Haití esperan transportar armas, mercancías y las trescientas toneladas anuales de cocaína que se desvían hacia Estados Unidos. No se espera que ningún turista viaje por allí. Está prohibido. Pero la curiosidad viaja más que los hombres.

La euforia cartográfica ha permitido asomarse también a dos diferentes balcones de la inteligencia argentina. En uno de los casos, el parentesco es inesperado: tiene que ver con la exhibición de mapas raros, anteriores al siglo XVIII, que ha organizado un museo de Princeton. La Argentina no está allí, pero está Borges: de un modo alusivo, sesgado, como el que conviene a su literatura. Quien se asome al ala sur del museo, separada de la principal por un jardín francés, encontrará un salón completamente ocupado por un mapa en el que "quizá" (la información del catálogo subraya el adverbio, *perhaps*), se inspiró Borges para su breve texto "Del rigor en la ciencia", atribuido falsamente a un tal Suárez Miranda.

Todos recuerdan ese texto, sin duda: es el que alude al "Mapa del Imperio que tenía el tamaño del Imperio y coincidía puntualmente con él". Pues bien: allí se lo ve, no tan descomunal pero con idéntica vocación de infinito. Lo diseñó el cartógrafo y acuarelista Shi Zhong (1438-1517) y es un plano de los parajes meridionales de Shanxi durante las cuatro estaciones. Los dibujos, hechos sobre un papel delicadísimo, permiten avanzar entre aldeas inundadas, llanuras yermas, desfiladeros de barro, palacios de señores feudales, sin que jamás se vea la sombra de una figura humana. La escala es de un metro por 92 mil y, por lo tanto, aunque cubre las paredes y el techo de la sala, el espacio geográfico que abarca es pequeño. Lo asombroso es que Shi Zhong pretende que su mapa refleje también los desconciertos del otoño, el paso de los vientos, la humareda de las cocinas, y así añade al cuento de Borges otra dimensión: la del tiempo.

Más asombrosa es, sin embargo, la colección de mapas de la Argentina que se conserva en una librería cartográfica de la calle 46, en Nueva York. El conjunto es casual, escaso, y tal vez carece de importancia. La pieza más antigua, editada por el Touring Club Italiano en 1932, incorpora una ruina histórica: el extinto territorio nacional de Los Andes, que hace medio siglo fue repartido entre Jujuy, Salta y Catamarca. Unas franjas en diagonal, rojas y azules, colorean las islas Malvinas, que allí son mencionadas como Falkland y que se consignan como dominio británico. Al pie del mapa, la foto ampliada de un artículo del *Times* de Londres (enero 2, 1984) informa que la Argentina trató de comprar las islas en 1953, cuando el almirante Alberto Teisaire asistió a la coronación de Isabel II. Las negociaciones duraron menos de una hora y los funcionarios ingleses describieron a Teisaire en términos lamentables: "Nos citó en su hotel, el Park Lane", dice la minuta, escrita por sir Roderick Barclay. "Nos impresionó mal de entrada, porque se presentó sin uniforme ni condecoraciones. Cuando lord Reading, vocero del Foreign Office, le dijo que su propuesta era inaceptable porque los isleños eran británicos y, en caso de referéndum, elegirían seguir siéndolo por unanimidad, el almirante le dio la razón y no se habló más del tema."

Otros dos mapas son argentinos de pura cepa. Uno, de 1957, informa que el territorio nacional tiene 4.025.669 km², y advierte que esa extensión incluye el archipiélago de las Malvinas y las islas del Beagle, Orcadas, Sandwich, Georgias, más un huso del continente antártico, entre los meridianos 25 y 74: es decir, los mismos hielos infinitos e inexplorados cuyos límites se fijaron por decreto, en setiembre de 1946, y cuya soberanía seguimos atribuyéndonos, a pesar de todos los reveses. El otro mapa, de 1975, adjudica a esos páramos algunos nombres argentinos: isla Belgrano, isla Decepción, base Esperanza.

Entre uno y otro, puede encontrarse una reciente edición del admirable *Hammond Atlas of the World*, según el cual las Orcadas son parcialmente nuestras, pero no las Georgias, las Sandwich ni la mayor parte del territorio antártico. Al atlas Hammond no se lo puede culpar de parcialidad; lo que resulta perturbador es su realismo. Cuando incluye las Malvinas, lo hace con precaución: las inscribe con su toponimia inglesa, aunque subraya entre paréntesis su nombre latinoamericano; explica que son dominio británico, pero aclara que la Argentina las reclama como propias. Los mapas que suelen publicarse en el hemisferio norte (incluidos los españoles) rara vez despliegan tanta gentileza.

Esa misma actitud de respeto es la que nos pone incómodos cuando observamos el atlas Hammond de la Antártida flanqueado por nuestros propios mapas de 1957 y 1975 (sucedería lo mismo con cualquier otro de fecha más reciente). Los hielos que suponemos argentinos están sembrados de bases inglesas, chilenas, polacas, rusas, brasileñas, alemanas, zonas en litigio, posesiones provisionales. Entre tantos signos de advertencia, nuestros mapas resultan patéticos: son como el dibujo de un espejismo. Confunden el deseo con la realidad, convierten los decretos en derechos. Tienen algo del texto de Borges, donde el Mapa del Imperio, desgarrado por los vientos, terminaba sirviendo de refugio a los mendigos. Los argentinos hemos sido educados en esas ilusiones, y tal vez por ellas vivimos con la sospecha (o la frustración) de que nunca seremos lo que creemos ser.

(1996)

El duelo de Borges y Perón

La historia del último medio siglo en la Argentina es, en el fondo, la historia del duelo a muerte entre Jorge Luis Borges y Juan Perón. No sólo fue un duelo abierto, casi físico, entre el escritor que se negaba a nombrar a su enemigo y el dictador que desdeñaba a Borges llamándolo "ese pobre viejito ciego". Era también un duelo más hondo, más secreto, por prevalecer en la imaginación argentina. La frase favorita de Perón era un pleonasmo: "La única verdad es la realidad". Borges, que descreía de la realidad y de las verdades únicas, debió sentir aquella afirmación como un insulto. "El peronismo es una cuestión que ya debía estar enterrada", le dijo a V.S. Naipaul, una tarde de 1972. "Si los periódicos guardaran silencio y se olvidaran del monstruo, hoy no habría peronismo."

En la Argentina siempre hay un culpable para los males infinitos que aquejan a la nación: el culpable, para Borges, era Perón. Para Perón, en cambio, los culpables fueron muchos, e iban mudando de rostro según el humor del momento. En 1945 el culpable era Spruille Braden, embajador de los Estados Unidos en Buenos Aires. Con el lema *Perón o Braden*, Perón conquistó la presidencia en 1946. Después, la culpa de las catástrofes se atribuyó a "los oligarcas", a los disidentes, a los universitarios, y también a Borges, cuya madre y hermana fueron encerra-

das por la policía del régimen en una cárcel para prostitu-
tas. Más tarde, en 1955, cuando lo derrocaron, Perón declaró que la culpa era de "los militares vendepatria". Luego añadió otros nombres, castas, siglas, ciudades, familias.
En un momento dado, sólo unos pocos leales no figuraban en las listas negras de Perón. Borges, en cambio, se
mantuvo siempre fiel a lo que había dicho: el único responsable era "el dictador que no podía ser nombrado".

Hasta Gabriel García Márquez tuvo una teoría sobre las calamidades argentinas. En 1967, cuando viajó a
Buenos Aires para el lanzamiento de su novela *Cien años
de soledad*, solía despertarse ahogado en medio de la noche. "No puedo más", decía. "En este confín del mundo, el atlas me pesa demasiado sobre las espaldas." La
fama de García Márquez crecía entonces en Buenos Aires de manera visible, sensorial: se la podía tocar, oler,
estaba en el aire. Pero él no parecía feliz. Vagaba por la
ciudad, con los hombros hundidos por la melancolía:
"Esta ciudad está demasiado lejos. Llegas, y es como si
ya no tuvieras mundo adonde escapar". No volvió jamás. En marzo de 1990 viajó a Santiago de Chile, para
celebrar el regreso de la democracia. Un amigo lo invi-
tó a cruzar la cordillera de los Andes y pasar un par de
días en Buenos Aires, donde había nacido su celebridad.
"No, gracias", dijo. "Tolero muy bien México, a pesar
de la polución y de la altura. Pero en Buenos Aires,
donde el aire es limpio, me asfixio."

* * *

La decadencia argentina es uno de los más extrava-
gantes enigmas de este siglo. Nadie entiende qué pudo
pasarle a un país que en 1928 era la sexta potencia eco-

nómica del mundo y que de pronto, en pocas décadas, quedó sepultado cerca del quincuagésimo lugar. El enigma es tentador para los sociólogos, y las respuestas abarcan ya varias bibliotecas. Pero nadie parece dar en el blanco, acaso porque la respuesta no es una sola, y porque lo que se busca es un culpable, o muchos, en vez de averiguar primero si hay una culpa.

¿Hay una culpa? El presidente Carlos Menem, discípulo de Perón, cree que hay una Gran Culpa: la memoria, el rencor, la resistencia a olvidar. "Ya el pasado nos ha enseñado todo lo que podía enseñar", dice. "Ahora debemos mirar hacia adelante, con los ojos fijos. Si no aprendemos a olvidar, nos convertiremos en una estatua de sal." Sin embargo, hace ya tiempo que la Argentina ha olvidado. Aparte de las tenaces Madres de Plaza de Mayo y de las organizaciones de derechos humanos, casi nadie habla de los asesinatos alevosos de la última dictadura militar, que se prolongó hasta 1983. Las torturas, los secuestros de niños, la usurpación de bienes de los prisioneros, todos son recuerdos gastados. A la televisión han regresado los periodistas que glorificaron el terrorismo del Estado militar y la guerra de las Malvinas. El triunfador de todas las elecciones de Tucumán —la más pequeña y extraña de las provincias argentinas, situada mil doscientos kilómetros al noroeste de Buenos Aires— es el general Antonio Bussi, que hace trece años fundó los campos de concentración más letales de la dictadura. Los taxistas y los camioneros añoran los "buenos tiempos de la mano fuerte". Los autoritarios de antaño han vuelto, bañados por el agua lustral de la democracia.

La Argentina ha olvidado todo, salvo la grandeza que alguna vez tuvo. El recuerdo de esa grandeza la atormenta, la ciega. Hasta los que se rebelan contra toda forma de nostalgia piensan que la perdida grandeza volverá, tarde o temprano. Si alguna vez fuimos "eso" —dicen—, ¿por qué no podemos ser "eso" otra vez?

La Argentina tardó veinte años en caer, y lleva ya cuarenta sin poder levantarse. En 1946, cuando Perón llegó al poder, pasó una mañana entera caminando entre lingotes de oro, en los pasillos de la Casa de la Moneda, sin que le alcanzara la mirada para abarcarlos a todos, porque los lingotes seguían entrando infatigablemente, por una boca de mármol que copiaba la cabeza de una vaca. Casi en seguida comenzó el declive. "Perón dilapidó aquellas riquezas", dice el ex presidente Raúl Alfonsín. "Las distribuyó con demagogia y ordenó mal las prioridades de inversión. Así desaprovechó la mayor oportunidad que tuvimos de lanzarnos a un proceso definitivo de desarrollo."

Embriagado por la sospecha de que las riquezas nunca terminarían, Perón embarcó al país en un fastuoso programa atómico. Contrató a un ignoto físico alemán, Karl Richter, y le encomendó la construcción de una central nuclear en la Patagonia, entre los lagos de los Andes. En febrero de 1951, Perón anunció al mundo que ya poseía la técnica necesaria para lograr reacciones termonucleares controladas, y que como sus objetivos eran pacíficos, pronto se vendería "la energía líquida en botellas de litro y de medio litro". Estalló una carcajada universal. Borges y los antiperonistas —cuyo número crecía velozmente— se sonrojaron por aquel paso en falso, que pasó a la historia como *el Gran Papelón Argentino*. Perón soñaba con la grandeza, pero la pequeñez ya estaba paseándose por las calles. El número de automóviles, que una década atrás había sido de 27,8 por cada mil habitantes, se redujo aquel año a 18,1. El salario real de los obreros industriales cayó veinte por ciento en menos de tres años. Evita, la esposa de Perón, murió en ese momento inoportuno de un cáncer de útero. Sin nadie que se ocupara de las dádivas a los pobres, la imagen de Perón se disolvió como una mariposa de verano. Se hubiera desvanecido para siempre si un golpe militar, al que Borges siempre llamó Revolución Libertadora, no lo hubiera apartado providencialmente del poder.

* * *

Condenado al exilio, a la resistencia, a la muerte civil, Perón se convirtió en un mártir. Su nombre fue borrado de los diarios, las radios y los libros de Historia, como si jamás hubiera existido. La realidad desapareció, el pasado se volvió sueño. Desde la distancia —Caracas, Santo Domingo, Madrid—, Perón se apoderó del tiempo que nadie reclamaba y lo colmó de ilusiones. Como estaba fuera del poder, nada le parecía irrealizable. Hasta los que habían sido sus enemigos pensaron que podría volver y convertirse, una vez más, en el salvador de la patria.

Tiempo atrás, Borges había escrito que la historia universal es la historia de unas cuantas metáforas. Son también unas cuantas metáforas las que podrían explicar el aciago destino de la Argentina. Una de ellas es el eterno duelo entre Borges y Perón. Las otras, que se remontan al origen mismo del país, se alimentan de necrofilia, intolerancia, espíritu faccioso, desdén por la naturaleza, y de la tenaz pasión por expulsar a los que se ama.

¿Quién en la Argentina no se ha sentido expulsado alguna vez: por la soledad, por la miseria, por las amenazas de muerte, por la perturbación de despertar cada mañana en el confín del mundo? Hacia 1951, el escritor Julio Cortázar sintió que lo expulsaba el peronismo y emigró a París, de donde jamás regresó. En 1955 fue Perón el que partió, expulsado por sus antiguos camaradas de armas. Veinte años después, José López Rega, el adivino delirante que servía como secretario de Perón y de su esposa Isabelita, dictaba órdenes cotidianas de expulsión a diputados, actores, periodistas y cantantes sospechosos de profesar el "judeo-marxismo". Los militares que lo sucedieron convirtieron la manía de expulsar en un frenesí y desparramaron a más de trescientos mil argentinos por el mundo. El que no se marchaba, desaparecía.

Borges, que había sobrevivido a todos esos desaires de la suerte, se dejó vencer por un incomprensible movimiento del alma, y meses antes de morir, también él partió. En incontables poemas y cartas había deslizado la misma letanía: "Me enterrarán en Buenos Aires, donde he nacido". Pero cuando sintió en su cuerpo el aguijón de un cáncer irremediable, se fue a Ginebra, sin despedirse de nadie.

Partir es contagioso en la Argentina. Todos los años, desde que comenzó la decadencia, veinte mil a treinta mil jóvenes universitarios abandonan las llanuras enfermas de vacío. ¿Por qué, por qué?, preguntan los desconcertados sociólogos. ¿Es que se ha extinguido la fe o, más bien, es el país lo que se está extinguiendo? Antes del amanecer, los jóvenes montan guardia ante los consulados de Italia, España, Canadá, Australia y Estados Unidos, a la espera de visas cada vez más esquivas. "Yo me voy por asfixia", dice una investigadora de biología molecular. "Aquí no hay nada que hacer." Su marido, un ingeniero de proteínas, repite, cabizbajo: "Aquí ya no hay lugar para nosotros". La frase estalla como un oxímoron sin sentido: en el desierto interminable y sin ilusiones no hay lugar; la nada está repleta.

Algunos se van porque les falta lugar; otros, porque temen que para ellos no habrá tiempo. El futuro ha muerto hace ya mucho aquí: se ha desvanecido. Para encontrar el futuro, la mayoría emprende la caza de su pasado. Los nietos de italianos y los hijos de españoles redescubren sus orígenes. Si obtienen una visa, será gracias a los antepasados albañiles y campesinos que llegaron a principios de siglo para "hacer la América". No regresan triunfales a las aldeas del pasado, como en los films de Elia Kazan o en las novelas de Mario Puzo. Parten en estado de fracaso, para cerrar el círculo de la miseria: los abuelos se marcharon con las manos vacías, los nietos vuelven también así, yermos.

La discordia es perpetua. Brotó ya en los tiempos de la Colonia y no ha cesado. Siempre hubo tanta tierra para repartir que nadie se saciaba. Los que se habían apoderado de alguna tierra querían siempre más. Hubo un momento, entre 1977 y 1979, en que un pie cuadrado de tierra valía más en Buenos Aires que en el corazón de Manhattan. Se pagaban fortunas por un lote vacío en el cementerio de la Recoleta. Ahora no. La hoguera de las vanidades está apagándose. Cuando alguien quiere aparentar linaje o bienestar, no compra nada. Alquila los panteones de las familias en decadencia. En la fachada del panteón se coloca un letrero de utilería con el apellido del muerto ajeno, y no bien el cortejo funerario se retira, vuelven a su lugar las leyendas originales.

Nunca, sin embargo, el espíritu de la discordia ha sido más poderoso que ahora. El presidente Carlos Menem dividió el país en dos: los que están con él y los que prefieren "caminar por la vereda de enfrente". Los periodistas adictos al gobierno martillean día y noche una letanía atroz: los disidentes, los de "la vereda de enfrente", no son argentinos.

En un poema que narra la fundación de Buenos Aires, Borges ha tratado de explicar que en la mitología original de la ciudad no hubo una "vereda de enfrente". El país nació como una playa bucólica, en la que se podía compartir todo, hasta la memoria:

> *Una cigarrería sahumó como una rosa*
> *el desierto. La tarde se había ahondado en ayeres,*
> *los hombres compartieron un pasado ilusorio.*
> *Sólo faltó una cosa: la vereda de enfrente.*

Esa Argentina ya no existe. Ahora, ni siquiera es posible dividirla en dos, porque las facciones son muchas, casi tantas como los individuos. Hasta en la Iglesia y el Ejército, que desde comienzos del siglo XX se mantuvieron como las únicas corporaciones homogéneas —ambas ciegamente conservadoras, cerradas al más ligero soplo de cambio—, hay bandos de sumisos al gobierno enfrentados a levantiscos que no están conformes con sus privilegios. También los sindicatos, que profesaban una devoción monolítica por el peronismo, se han desgarrado. Que el Presidente conquistara el poder con un programa populista y que al día siguiente de asumir el gobierno se convirtiera en un devoto de la libertad absoluta de los mercados es lo que siembra el desconcierto, aun entre los jefes de su propio partido.

El drama de la Argentina —como el de Perú, Brasil o Venezuela— es que los pueblos delegan el poder en sus mandatarios y una vez que lo delegan, los elegidos pueden hacer con el poder cualquier cosa. Guillermo O'Donnell, uno de los más influyentes intelectuales argentinos, está trabajando desde hace un par de años en esa teoría de las democracias frágiles cuyos gobiernos actúan por delegación, no por representación. "Después de votar, los electores se desentienden —dice O'Donnell— como si transfirieran al presidente el derecho pleno a imponer su voluntad. Votan al hombre, al albedrío del hombre, y el hombre siente que puede hacer con el poder lo que quiere. Las instituciones republicanas lo estorban, y trata entonces de doblegarlas o acomodarlas a sus designios. Eso convierte al Presidente en un monarca absoluto."

El poder es absoluto, ¿pero hasta dónde? Menem tropezó con una Corte Suprema de Justicia en la que no podía confiar. Decidió modificar su composición: aumentó el número de los miembros, de cinco a nueve, después de tejer una laboriosa tela de araña en el Parlamento para conseguir el acuerdo. Las reglas de juego de la democracia imponen límites, hay que ofrecer aunque sea la ilusión del disenso, y en esa batalla entre las ilusiones y la realidad, entre lo que se puede y lo que se debe, los países desangran el escuálido tiempo que les queda.

* * *

Y luego está el feroz enemigo: el desierto, la tierra infinita, los espacios de oscura nada. Uno de los grandes clásicos de la literatura argentina, *Facundo*, escrito por Domingo F. Sarmiento en 1845, ya planteaba el

problema en las primeras líneas: "El mal que aqueja a la
República Argentina es la extensión: el desierto la rodea
por todas partes y se le insinúa en las entrañas". Habría
que invertir la descripción: la Argentina *es* el desierto;
los glaciares, la selva, las montañas, el océano, las cataratas turbulentas, todo eso está en el horizonte. Pero
nadie lo ve. Los hombres viven de espaldas a la naturaleza, en el hervor de las ciudades. Nada los distrae del
espectáculo de sus rencillas. Condenados a no ver el
mundo, los hombres se observan eternamente a sí mismos. Como en *Huis-clos*, el drama de Jean-Paul Sartre,
"el infierno son los otros".

A la gente ya nada le importa fuera de su propia
suerte. Los diarios anuncian en titulares más bien mo-
destos la matanza de Tien-anmen, la caída del muro de
Berlín, el alzamiento popular contra Ceaucescu, y nadie
se sobresalta. Los mismos hombres que no se despegan
del televisor cuando los diputados discuten el alza de las
tarifas telefónicas o cuando estalla una reyerta entre dos
funcionarios menores del gobierno, miran con indiferencia las hogueras de Beijing y el estremecedor fusilamiento del dictador rumano. Es una sensación extraña:
como si un velo cubriera la historia del mundo y la luz
cayera sólo sobre la Argentina, donde todo es noche.

* * *

En el ombligo del país desierto está la ciudad de
Tucumán, donde los argentinos declararon en 1816 su
independencia del poder español. Hace poco más de un
siglo, algunas refinadas familias francesas se afincaron
allí, se aliaron con la aristocracia provincial y erigieron
un imperio de azúcar. A la vera de los ingenios brotaron

mansiones que copiaban la geometría de Versailles, con techos de pizarra en pronunciado declive, para facilitar la caída de la nieve. Las mansiones eran sofocantes y no servían para vivir, porque la temperatura media de Tucumán, de setiembre a marzo, es de 35 grados. Los sábados por la noche las grandes familias daban allí sus fiestas, pero durante la semana sólo los sirvientes iban y venían por los cuartos inútiles, donde los muebles dormían bajo pesados lienzos. En torno de los palacios, los cortadores de la caña de azúcar se morían de hambre. Llegaban a Tucumán en carros desvencijados, desde aldeas prehistóricas que agonizaban en las selvas de Paraguay y de Bolivia, y luego de limpiar la maleza de las varas de caña regresaban a sus muladares, con algunos pesos de más y algunos hijos de menos. Por desdén o por compasión se los llamaba "los golondrinas".

En 1966, la artificial riqueza de los ingenios se volvió astillas, y el dictador militar de la época ordenó a casi todos que cerraran sus puertas. Los "golondrinas" llegaron, como siempre, pero la caña se pudría en los campos y los caminos estaban silenciosos y vacíos como en el primer día del mundo. Cierta mañana de agosto la temperatura subió a 47 grados, y al sur de la ciudad cayó una lluvia de pájaros insolados. Los "golondrinas", que habían atravesado más de cien leguas para tropezar con aquel desierto sin trabajo, condujeron sus carros hasta la plaza principal de Tucumán, faenaron las mulas de tiro y encendieron fogatas para asarlas. En torno de la plaza se alzaban las mansiones urbanas de las grandes familias. Incómodas tanto por el humo de las fogatas como por la exhibición de miseria de los forasteros, las matronas de la aristocracia suplicaron al gobernador militar que pusiera orden. Una brigada especial de la policía y veinte carros de bomberos limpiaron la plaza con frenéticos chorros de agua y mandobles a la cabeza. Quedó un tendal de "golondrinas" heridos; dos chiquillos que aún no caminaban murieron pisoteados. El jefe de la brigada era un oficial apodado El Malevo.

Los lujos de antaño se han esfumado hace tiempo de Tucumán. Los jardines laberínticos y las mansiones versallescas sucumbieron a la humedad y a las ebulliciones tropicales de la naturaleza. El último de los palacios fue comprado por una madama de burdel, que administra a medio centenar de pupilas indias, todas teñidas de rubio. La mujer se ufana de conocer mejor que nadie los secretos de la provincia. "Yo desde aquí arreglo matrimonios, quito y pongo diputados, consigo préstamos de los bancos y decido el nombre de los recién nacidos. La gente confía en mí, porque mi discreción es legendaria", dice la madama, acariciando los brazos de un trono estilo Luis XV que sobrevivió a los tiempos dorados. "Este sillón ha sido siempre un confesionario."

El Malevo se deja caer todas las noches por el burdel. Echa unos párrafos con la dueña, recibe las caricias oxigenadas de las pupilas y se pierde en la oscuridad. Con el tiempo se ha convertido en el personaje más popular de Tucumán, después del general Antonio Domingo Bussi, el represor cuyos crímenes fueron recompensados inexplicablemente con su elección como gobernador de la provincia. El Malevo lo obedece sin el menor traspié de la conciencia.

A comienzos de 1990, la policía de Tucumán se sublevó en demanda de mejores sueldos y en apoyo de veinte agentes que habían sido excluidos por corrupción. Los rebeldes capturaron un arsenal y se parapetaron en la Brigada de Investigaciones. Tropas del ejército y gendarmes de elite, enviados desde Buenos Aires, los sitiaron y les bloquearon la entrada de víveres. El Malevo llamó por teléfono al gobernador de entonces —un agrónomo casi octogenario— y le dijo: "Si usted me autoriza, voy a entrar en la Brigada y a convencer a los muchachos de que se rindan". El gobernador se declaró conmovido por esa ostentación de coraje.

La rebelión llevaba casi setenta horas cuando El Malevo fue a disiparla. Los amotinados no disponían de luz eléctrica ni de agua. Era el amanecer. Como siempre, el aire estaba calcinado. Afuera, en la penumbra, cientos de periodistas aguardaban, con sus micrófonos en ristre. No bien El Malevo entró en la fortaleza, partió desde las ventanas una ráfaga de trompetas y un redoble de bombos. Casi en seguida, El Malevo se dirigió a los sitiadores con un megáfono: "¡Retírense de aquí! He decidido sumarme a la rebelión. Ahora soy el jefe. ¡Victoria o muerte!".

Incomprensiblemente, conquistó la victoria. Los quinientos soldados de Buenos Aires, que descontaban ya la rendición de los cien sediciosos, fueron obligados a retirarse. El Malevo salió de su guarida, desfiló por la ciudad bajo una lluvia de flores, y anunció en una conferencia de prensa que el gobierno había cedido a todas sus peticiones.

Quien inclinó la suerte en su favor fue —así dicen— el presidente Menem. "Más vale equivocarse a favor de un caudillo amado por el pueblo que a favor de leyes vetustas en las que el pueblo ya no confía", sentenció el Presidente. Lo mismo hizo Perón en 1974, tres meses antes de morir. Un jefe de policía se alzó contra el gobernador de la provincia de Córdoba, le puso una pistola en el pecho y lo obligó a renunciar. El

gobernador pidió urgente auxilio a Buenos Aires. Perón
—que entonces era presidente— despidió al gobernador y mantuvo al jefe de policía en su puesto. Lo irracional, lo inesperado, suele ser el lenguaje del peronismo. Allí reside su fuerza, pero su fuerza es también la
debilidad de la Argentina.

* * *

Nadie sabe qué es el peronismo. Y porque nadie sabe qué es, el peronismo expresa el país a la perfección.
Cuando un peronismo cae, por corrupción, por fracaso
o por mero desgaste, otro peronismo se levanta y dice:
"Aquello era una impostura. Este que viene ahora es el
peronismo verdadero". La esperanza del peronismo
verdadero que vendrá se mantiene viva en la Argentina
desde hace décadas. Es como un imposible Mesías o,
para decirlo en el lenguaje popular, como un burro que
corre eternamente tras la inalcanzable zanahoria.

Mientras Perón vivía, esas proezas camaleónicas parecían imposibles porque cada palabra de Perón *era* la
doctrina peronista. Sin embargo, algunas proezas ocu-
rrieron. En 1974, José López Rega, el adivino y *alter ego*
de Perón se tornó impopular. De un día para otro ascen-
dió quince grados en la jerarquía policial —era cabo y se
hizo nombrar comisario en jefe—, y fundó una organización de terror, la Triple A, que exterminó con rapidez
a cientos de enemigos. Nunca se supo si Perón aprobaba
o no esas hazañas, aunque sin duda las consentía. Los
otros peronistas, muchos de los cuales eran víctimas del
adivino o estaban a punto de serlo, no podían aceptar
que Perón tuviera la más leve culpa. Si la tenía, el edificio entero de sus creencias podía derrumbarse. Convir-

tieron entonces a Perón en un personaje de Borges. El adivino —dijeron— había tejido un cerco maligno que le impedía al caudillo conocer la realidad. Los crímenes sucedían, pero el cerco no dejaba que Perón viera la sangre ni oyera el llanto de los moribundos.

El presidente Menem fue también impopular durante algunos meses de 1990, cuando triplicó el precio de los servicios públicos y subió a sesenta centavos el litro de nafta mientras el salario mensual promedio de los obreros industriales y de los maestros se estancaba en ochenta dólares. Ocho jóvenes diputados peronistas se alzaron contra él y declararon que Menem había traicionado la doctrina. "Ahora, el peronismo somos nosotros", dijeron. Durante algunas semanas cundió la duda. ¿En cuál orilla de la realidad estaba la verdad? El presidente admitió entonces que sólo muy pocas veces la realidad había coincidido con la verdad. Ni siquiera Perón —debilitado por la muerte de Evita en 1952— había mostrado las cosas tal como eran. "Nadie se atrevió a tomar el toro por las astas", dijo Menem. "Nosotros lo haremos. El peronismo es ahora un socialismo liberal."

Mudar de piel a tiempo es lo que ha salvado al peronismo de la extinción. La *doctrina* consistió primero en tres simples apotegmas —a Perón le encantaba la palabra "apotegma"—: justicia social, soberanía política e independencia económica. En los sesenta, defendió la insurrección armada y se confundió —o casi— con los credos de la revolución cubana. En los setenta se inclinó por la justicia distributiva: la mitad de las riquezas para el patrón, la mitad para los obreros. Luego, la doctrina se tornó conservadora, pero sin desvestirse de cierto estrépito populista. Menem ha logrado el milagro de que ese magma de sentencias y máximas contradictorias, que hasta 1990 era patrimonio de idealistas y los menesterosos de la sociedad, se haya convertido ahora en el estandarte de la clase alta y en el arco iris donde se abrazan los divos de la televisión, los terratenientes y los malabaristas financieros; es decir, todos los que no están en "la vereda de enfrente".

Quien mejor ha definido el punto de confluencia entre el peronismo sudoroso de antaño y el casi aristocrático peronismo de hoy es el académico Guido di Tella. "La naturaleza del peronismo es pragmática", dijo Di Tella. "Somos lo que los tiempos exigen que seamos."

Tal vez no sólo el peronismo sino toda la sociedad argentina se ha vuelto pragmática. En los primeros años de la nueva democracia, la frívola clase alta de Buenos Aires hubiera expresado escándalo o vergüenza ante un presidente de origen musulmán, que pierde horas discutiendo con cuáles jugadores se presentará la Argentina a la Copa Mundial de fútbol, usa trajes refulgentes, y lleva una vida conyugal estrepitosa, por decir lo menos. Ahora no: Menem está de moda.

Las caudalosas patillas del presidente solían suscitar el desdén y hasta la burla de los políticos respetables. Su tardía conversión al catolicismo lo tornaba sospechoso para la jerarquía de la Iglesia; su populismo irritaba a los militares, que lo confinaron en diversas prisiones desde 1976 hasta 1981. La realidad se ha dado vuelta: todos ellos consideran a Menem ahora como un hijo de sus propias legiones.

Es una historia extraña, sudamericana. Lo sudamericano es siempre extraño en la Argentina, donde la gente es —o cree ser— europea. Al restituirle su realidad geográfica, Menem ha permitido que el país se encuentre al fin con su naturaleza profunda. El presidente alcanzó el poder sin revelar programa alguno de gobierno y sin que tuviera casi necesidad de hablar. Uno de los jefes de su campaña electoral le aconsejó: "No te calentés por los contenidos de los discursos. Vos ponete el poncho, besá a los chicos y tocá los ojos de los ciegos. Después saludá y andate". Y el candidato, vestido de blanco y bendiciendo a diestra y siniestra, paseaba por las grandes ciudades con una sonrisa de beatitud siempre puesta, ofreciendo el mero milagro de su presencia. Ganó en el primer turno de votaciones, por un margen amplio.

Menem se preparó para esa victoria durante dos décadas. Desde que Raúl Alfonsín sustituyó a los dictadores militares de Argentina, en diciembre de 1983, el aspirante a sucesor se mantuvo a su lado e inició un paciente trabajo de aprendizaje. Aunque pertenecía al partido adversario del Presidente, Menem lo secundó en todo, sin dejar de subrayar que él era un "sapo de otro pozo". Cuando Alfonsín afrontó su primer motín militar, en abril de 1987, Menem lo apoyó con firmeza. Ante la enorme concentración popular que se reunió en la Plaza de Mayo de Buenos Aires para repudiar el *putsch*, exigió que se aplicara la ley: "Estos sediciosos y traidores a la patria —dijo— tienen que ser juzgados con severidad para terminar con una situación que mantiene a la comunidad nacional en vilo".

Al día siguiente, desde La Rioja —su provincia natal—, evocó los horrores de la década anterior: "Si olvidamos ese pasado y no defendemos este presente —dijo— es muy posible que nuestro futuro no sea nada halagador. No podemos olvidar. Los pueblos que olvidan su historia repiten la historia".

Conquistar el poder lo hizo cambiar de idea. Al cumplir cuatro meses de gobierno indultó a los responsables de todos los crímenes aberrantes de la dictadura, con exclusión de los seis cabecillas. En 1990, el perdón alcanzará a todos. "No puedo ver entre rejas ni aun a los pajaritos", ha declarado el Presidente, con fingida ingenuidad.

La actitud argentina consiste siempre en suprimir e ignorar la realidad. Ése es uno de los pocos hábitos que aún se mantiene en pie. Borges jamás pronunció las palabras *Perón* o *Evita*. Los llamaba *el dictador* y *esa mujer*. Cierta vez le dije que conocer a Evita hubiera sido para mí una experiencia histórica invalorable: alguna oscura esencia de la Argentina debía respirar en ella. Borges se ofendió y dejó de saludarme por muchos meses.

Los fraudes electorales, la magia, los crímenes del Estado, la desaparición de las personas: todo lo que el Poder no admitía como verdadero era ocultado. Si no podía existir la verdad, tampoco existía la realidad. Ahora que la clase media está evaporándose velozmente, y que los mendigos cantan a coro con los millonarios en la Plaza de Mayo, el presidente Menem ha encontrado una frase que concilia verdad y realidad a la perfección: "Estamos mal, pero vamos bien". Eso quiere decir tantas cosas que no quiere decir ninguna.

* * *

En los comienzos de su carrera literaria, Borges definió el carácter argentino como una exageración del pudor. No le satisfacía el proverbio popular según el cual un argentino es alguien que se comporta y se alimenta como un italiano, habla como un español, está educado a la francesa y copia los modales de un inglés. Ahora el pudor ha desaparecido, y sólo queda la exageración. Los extremos son ya tantos que han encontrado formas —también extremas— de convivir en armonía.

Buenos Aires está en ruinas, pero los viajeros se sorprenden de no ver las ruinas por ninguna parte. Es fácil de comprender: para los argentinos, Buenos Aires no es la decaída urbe de hoy, sino la capital dorada que no quiere desvanecerse de la memoria. Los viajeros, en cambio, la ven como lo que es: una enorme ciudad latinoamericana. En los aledaños de la Recoleta, junto al cementerio donde yacen los próceres, las casas de alta costura siguen exhibiendo vestidos para princesas. El aire huele a visones y a perfume francés. En los escaparates, sin embargo, aparecen tímidos letreros que ofrecen pagar las compras en tres o cinco cuotas. Muchos paseantes de aire altivo llevan raídos abrigos de lana tejidos en casa. Aún están en pie los mármoles y los bronces de los años dorados, pero junto a las entradas fastuosas abundan los kioscos de baratijas.

A mediados de 1989, durante las últimas semanas de la administración de Raúl Alfonsín, las reservas argentinas de divisas oscilaban entre 300 y 400 millones de dólares, que alcanzaban apenas para pagar los gastos del día. Con Menem se quintuplicaron. En cambio, los índices de desocupación plena o encubierta siguen subiendo. Hay ahora más de cuatro millones de personas sin trabajo (catorce por ciento de la población total), y otros cinco millones viven en condiciones de miseria. Los teléfonos no funcionan, a la espera de que el Estado los privatice. Casi nadie paga impuestos a la riqueza, o los paga en ínfima medida, para disimular. La corrupción de los funcionarios es un secreto público. Quienes más predican contra la corrupción suelen ser los que más se han indigestado practicándola.

En un país donde hacia 1940 no había casi analfabetos y la población universitaria relativa era una de la más altas del mundo, la cultura es un lujo que pocos se permiten ya, y que a pocos interesa. Las rumorosas librerías de la calle Corrientes, que solían permanecer abiertas hasta el amanecer, ahora cierran a las once de la noche. En los primeros cien días de 1990 —los más prósperos de la democracia, según el gobierno— vendieron diez veces menos libros que en igual período de 1989, el peor de la administración Alfonsín. En 1988, el cine argentino produjo treinta películas y obtuvo otros tantos premios en festivales internacionales. En 1990 el número de títulos descendió a cuatro, y el Instituto Nacional de Cine, del cual depende la economía de los productores, se ha declarado en estado de extinción.

"La cultura es lo de menos", me dice un académico. "Lo terrible es el hambre." ¿Hay hambre?, se asombran los turistas. Los mendigos zumban como una letanía de moscas, pero son casi folklóricos. Buenos Aires aún finge que es una ciudad próspera.

Tardé algunos meses en ver el hambre. A comienzos del otoño manejaba yo mi automóvil por la autopista del acceso oeste, a unos treinta kilómetros de la capital. El mediodía era calmo, bucólico. A orillas de la carretera se desperezaban los vastos campos de ganado cuyas alambradas hienden el infinito. Las vacas se movían de un confín a otro en busca de sombra, como si fueran sentimientos perdidos. A lo lejos, divisé un tumulto: cien o acaso ciento cincuenta personas que obstruían el camino, aglomeradas junto a un bulto oscuro. Había muy pocos vehículos. El tránsito, con lentitud, seguía fluyendo. Me acerqué. Algunos niños y mujeres se apartaban del enjambre con la cadencia de las mareas. Tenían las ropas manchadas de sangre. Pensé: Acaba de suceder un accidente atroz. Y me detuve a ofrecer auxilio. Olí la sangre, vi moscas navegando en el aire transparente, me sorprendió la lumbre de algunos cuchillos. Los hombres habían atrapado una vaca y la estaban desollando a la intemperie, en pleno día.

Aunque uno haya oído hablar del hambre muchas veces, el escándalo de ver al fin su cuerpo —el vasto, intolerable cuerpo del hambre humano— pesa sobre la conciencia como un agujero negro. Uno cierra los ojos y allí está él, con su gran dedo incandescente. Lo he visto al amanecer, junto a la puerta de los mercados y de los restaurantes. El hambre llega con su recua de niños y de ancianos, armado de palos y de cucharas, destripa las bolsas de residuos, y en ese mismo punto de la calle crepuscular aspira las migas y las briznas de ketchup, selecciona las cáscaras grises de los tubérculos y las entrañas aplastadas de los tomates para las sopas de otro día, esconde en sus harapos las pieles de las salchichas y la costra carbonizada de las hamburguesas para apaciguar el hambre de los que no pudieron venir, el hambre de los inválidos y de las parturientas.

¿La Argentina, el granero del mundo? Eso fue hace medio siglo. Ahora el país baila un tango patético en el confín del globo terráqueo: avanza un paso, retrocede dos, y luego gira sin ton ni son. Está en perpetuo movimiento, los hechos van y vienen como rayos —las crisis, las rencillas, las reconciliaciones—, pero al fin todo queda como estaba. Y el tango vuelve a comenzar.

* * *

Hubo un episodio de necrofilia delirante cuando la ciudad de Buenos Aires fue poblada por primera vez, en 1536. El fundador yacía en una carabela a media milla de la costa, ardiendo de sífilis. En el horizonte no había sino pajonales yermos, sin aves ni bestias que saciaran el hambre de los expedicionarios. Uno de los hombres, desesperado, devoró el caballo del fundador. Lo mandaron ahorcar y expusieron su cadáver en la plaza de la ciudad. Por la noche, tres soldados descolgaron al ahorcado y lo asaron, campo adentro. El fundador ordenó que los culpables fueran encerrados en su nave y que los desangraran lentamente. Todas las tardes le llevaban cataplasmas de sangre fresca y se las untaban sobre las llagas de la sífilis.

El primer nombre que se impuso a un río argentino fue La Matanza; el título de la primera narración nacional —un espléndido texto romántico, escrito por Esteban Echeverría— es *El Matadero*. Los escolares aprenden el alfabeto deletreando las últimas palabras de los héroes. Las grandes figuras de la historia patria son conmemoradas en el aniversario de sus muertes, no de sus nacimientos. Hay una pequeña aldea al norte de Tucumán donde las calles llevan el nombre de las batallas perdidas por la Argentina en las guerras del siglo XIX. El polen de la necrofilia tiñe de melancolía el aire, pero no lo fecunda. "Necrofilia significa autodestrucción", sentencian los psicoanalistas de Buenos Aires. "En esas pulsiones de muerte que van y vienen por la historia argentina como un estribillo, puede leerse la voluntad de no ser: no ser persona, no ser país, no abandonarse a la felicidad. Mucha gente ha sucumbido a la apatía. Quiere que la dejen en paz, como si se sintiera fuera del tiempo, en los prados de la muerte."

Durante más de dos años, Perón conservó el cadáver momificado de Evita en el altillo de su casa española. Una o dos veces por semana, la tercera esposa de Perón —Isabel— entraba en el altillo, peinaba la cabellera yerta y frotaba el cuerpo de Evita con un pañuelo impregnado de agua de toilette. López Rega, el adivino de Perón, intentó transferir el alma de Evita al cuerpo de Isabel, a través de algunos artificios mágicos del *candomblé* brasileño. La Argentina pagó las consecuencias cuando Perón murió e Isabel lo sucedió en el poder.

* * *

Si algún mérito concederá la historia a Menem es el de haber devuelto a la Argentina su noción de realidad. El aguijón de los desiertos que nadie puebla, la cotidiana derrota de la cultura en manos del aislamiento, la resignada evaporación de la clase media, el carro de la modernidad que se aleja, son signos de un destino sudamericano que la Argentina, hasta ahora, se había negado a ver. El sueño de ser Europa todavía sigue en pie, pero cada vez se parece más a un espejismo.

A través de Menem —el discípulo—, Perón está derrotando a Borges en el duelo que ya lleva medio siglo. La Argentina *real* se impone a la Argentina *ideal*. Sin embargo, la ilusión de que el país es todavía grande y áureo destella en todas partes. A la entrada de Buenos Aires, un kilómetro más allá del aeropuerto de Ezeiza, se yergue un enorme letrero que afirma, desatinado: "Las Malvinas son argentinas". Hay cientos de letreros como ése regados en las ciudades y a la vera del desierto. Fueron clavados en 1982, semanas después de la victoria británica en el Atlántico Sur, y todavía siguen allí, como una prueba de que la realidad no es la única verdad.

(1991)

Una civilización de la barbarie

Exilio es una palabra casi nueva en el lenguaje del sur del continente. Durante mucho tiempo había dejado de oírse hasta que la devolvieron al idioma los derrotados de la guerra civil española. A principios de siglo, al exilio se le llamaba destierro. Un desterrado era un paria privado del único bien que abundaba entonces en estas latitudes, la tierra.

Según el *Dicccionario de Autoridades*, exilio significa salto hacia afuera. Las palabras son metáforas y, como tales, expresan la realidad de manera misteriosa. ¿Hacia fuera de qué se salta en el exilio? ¿Del país, de la propia conciencia? ¿Y por qué saltar, verbo que tanto tiene que ver con la fuga precipitada, con el adiós irracional y ciego pero también voluntario? ¿Cuánta voluntad de irse, de saltar, hay en un exiliado?

Los argentinos hemos cultivado el hábito del exilio desde nuestros orígenes como nación. Vivimos saltando hacia fuera, yéndonos, lo cual significa que el adentro es inhóspito, hostil, o por lo menos que hay en el adentro algo que nos repele. Una de las pocas señales de identidad que tenemos en común es, precisamente, esa incomodidad ante la patria, el perpetuo regresar y marcharse que nos desordena las vidas.

José de San Martín, por ejemplo, a quien los sectores más dispares reivindican como el ejemplo superlativo de argentinidad, conoció como pocos la hostilidad y el rechazo del adentro. Permaneció en el país natal menos de un cuarto de la vida: dieciséis años sobre setenta y dos; u once años sobre setenta y dos, si se descuentan los que consagró a la campaña libertadora, en Chile y Perú. Cada vez que intentó volver, lo alejaron con uno u otro pretexto del puerto de Buenos Aires. "No baje usted de su nave", le escribían. "No gaste usted su tiempo en esta tierra de discordia." Juan Bautista Alberdi, que lo visitó en Grand Bourg, conjeturó que San Martín nunca se decidiría a cambiar su apacible retiro francés "por los peligrosos e inquietos goces de su borrascoso país".

No es el único caso, por supuesto. También Moreno, Echeverría, Sarmiento, Rosas y el propio Alberdi, figuras tutelares del siglo XIX, murieron en ese afuera hacia el cual saltaron por compulsiones que no se debían al azar sino a la oscura inclemencia de una patria que los rechazaba. En el siglo XX, los ejemplos son más cantados. Ahí está Borges, que eligió Ginebra como el paisaje de su muerte, lo cual puede entenderse como una recriminación retrospectiva al paisaje de su vida. O está Juan Perón, que durante los dieciocho años de su exilio manifestó una y otra vez la voluntad de "ir a tirar mis huesos en la pampa" y que luego, al regresar, dijo que "no se hallaba", que no sabía dónde poner el cuerpo.

Los exiliados saltan al vacío, los desterrados se quedan sin piso. Entre 1835 y 1850 tuvieron otro nombre: proscriptos. Proscriptos eran los privados de la escritura, los apartados de la palabra, los que tenían vedado el circuito de comunicación con sus lectores naturales. Que se los llamara proscriptos era una manera de subrayar que también eran letrados. Representaban, en efecto, a la burguesía ilustrada del siglo XIX. Eran los propietarios de la palabra, los educadores paternales de la enorme masa analfabeta y bárbara. Todos ellos enarbolaron la civilización como bandera de lucha contra una barbarie situada lejos de las ciudades: en la naturaleza, en una pampa cuyo lenguaje no querían comprender. Como reacción contra ese ininteligible lenguaje de la intemperie, la generación de los proscriptos quiso, cuando tomó el poder en 1852, que la Argentina se convirtiera en una ciudad interminable. Poblar, educar y cuadricular la pampa era el único modo que concebían estos civilizadores para no sentirse extraños en ella. Desde el punto de vista de los vencidos, expresado por el poema *Martín Fierro* en 1872, este proyecto de civilización era, por el autoritarismo y la violencia de sus procedimientos, un proyecto bárbaro. El país al que se aspiraba debía hablar un solo, educado lenguaje.

Donde quizá mejor se revelan esas contradicciones es en el retrato de mayor barbarie que Domingo Faustino Sarmiento registra en su *Facundo*. Corresponde al personaje del "gaucho malo", descripto allí como *outlaw*, un *squatter*, alguien semejante al trampero de James Fenimore Cooper pero sin la conciencia moral del modelo sajón. El gaucho malo es casi un hombre de las cavernas: nómade, perseguido de la justicia, que vive a la sombra de los cardos y se alimenta de aves montaraces. Sin embargo, este personaje primitivo, este "salvaje de color blanco" como lo llama Sarmiento, tiene una memoria vasta como el universo. Sabe, por ejemplo, que entre los centenares de miles de caballos que galopan por la pampa, ninguno tiene una estrella blanca en la paleta. Lo sabe, porque reconoce las señas particulares de cada animal, del mismo modo que identifica los sutiles cambios de las figuras en el cielo, los infinitos olores y voces de la noche. El gaucho malo es el precursor de Funes el memorioso, personaje de Borges. Y como en un cuento de Borges, ese gaucho imita las características de alguien que nacerá mucho después que él haya muerto. Es un símbolo de la barbarie y no obstante, con el tiempo, será Funes, es decir, uno de los grandes personajes ficticios de la Argentina culta.

He aquí un país sembrado de malos entendidos. A fuerza de clasificar perpetuamente la realidad, de querer dividir el bien y el mal en casilleros bien discriminados, la Argentina ha terminado por confundir esos valores, por interpenetrarlos. El modo como se cuenta la historia entre nosotros es un buen ejemplo de esa pérdida del juicio.

Hay en el siglo XIX partes triunfales de batallas que son en verdad relatos de matanzas atroces. Ciertos degüellos de paisanos dormidos o exterminios de poblaciones indígenas han sido consagrados en los textos oficiales como "páginas eternas de argentina gloria", según el perdurable verso de un mediocre poeta romántico, Juan Chassaing. Y aun en 1985, durante el juicio público a las juntas militares que ejercieron la suma del poder desde 1976, los abogados defensores presentaron el exterminio y el tormento de miles de ciudadanos, incluyendo el asesinato o el secuestro de centenares de niños, como una "victoria del orden civilizado contra la subversión apátrida".

Las lecciones ancestrales de la barbarie y el autoritarismo están enquistadas en la Argentina, disimuladas bajo sutiles eufemismos. No es que el país sea ingobernable o gobernable sólo mediante la fuerza, como viene insistiendo la versión militar desde 1930. Es que rara vez el país ha sido gobernado de otra manera que por la fuerza hasta la instauración de la democracia en 1983.

Siempre hubo una enorme distancia entre lo que proclamaban los textos institucionales de la Argentina y las reales prácticas políticas. En teoría, la Constitución sancionada en 1853 establece que el régimen de gobierno es representativo, republicano y federal. En la práctica, el pueblo no tuvo representatividad alguna hasta la sanción de la ley Sáenz Peña, en 1914, y sólo cuatro presidentes, en los últimos setenta años, fueron elegidos por la voluntad irrestricta de las mayorías: Hipólito Yrigoyen, Marcelo T. de Alvear, Juan Perón y Raúl Alfonsín.

Antes de ellos o entre ellos, muchas de las libretas con que se votaba eran libretas de muertos. En 1872, cuando fue ungido presidente de la República, Sarmiento calculó que de los doscientos mil habitantes de la ciudad de Buenos Aires sólo quinientos habían participado de la elección.

En junio de 1888, el cubano José Martí envió al diario *La Nación* de Buenos Aires una crónica de las convenciones demócrata y republicana en los Estados Unidos, que proclamaron candidatos a Benjamin Harrison y Grover Cleveland. El énfasis del texto estaba puesto sobre la participación popular y sobre el esfuerzo que hacían los oradores para conquistar la opinión de las mayorías. El director de *La Nación* consideró que esa crónica de sucesos reales debía ser presentada como un texto de ficción. Le puso como título "Narraciones fantásticas" y la publicó con una pequeña nota de aclaración que decía: "Únicamente a José Martí, el escritor original y siempre nuevo, podía ocurrírsele pintar a un pueblo, en los días adelantados que alcanzamos, entregado a las ridículas funciones electorales, de incumbencia exclusiva de los gobiernos en todo país paternalmente organizado".

Que el poder cultive el autoritarismo no es insólito en América Latina. Sí lo es, en cambio, la confusión semántica que se establece cuando el poder bárbaro se ve a sí mismo como civilizador. El general Ramón J. Camps, jefe de policía de la provincia de Buenos Aires entre 1977 y 1979, se describió a sí mismo como un enviado de Dios al atribuirse orgullosamente la responsabilidad por el exterminio de tres mil prisioneros. Medio siglo antes, en sus *Apuntes de historia militar*, Perón había dictaminado: "Someter al enemigo a nuestra voluntad es el fin político". Someter, imponer, han sido los verbos básicos de la vida argentina.

Los que se erigieron en civilizadores rara vez emplearon otro recurso que el de la barbarie. En nombre de la civilización se hicieron las gigantescas levas de gauchos a mediados del siglo XIX, se asesinó a obreros en los campos de quebrachos de La Forestal y en las estancias laneras de la Patagonia entre 1917 y 1921. Fraude patriótico llamaron los civilizadores al "arreglo" de los resultados en todas las elecciones que hubo en la Argentina entre 1931 y 1943. La civilización fue invocada por los nacionalistas en 1943, cuando el lunfardo fue erradicado de las letras de los tangos y los vocalistas de moda debieron cantar, en vez de sentencias tan expresivas como "Y si vieras la catrera cómo se pone cabrera", estos otros patéticos lamentos: "Y si vieras nuestra cama cuán enojada se pone".

En medio de tantos equívocos, a la comunidad argentina le pareció inesperado pero no ridículo que un general llamado Juan Carlos Onganía, quien se había ungido a sí mismo presidente de una revolución argentina que debía durar cien años, se hiciera conducir en una carroza victoriana, flanqueado por lacayos de librea, a la exposición de toros campeones de la Sociedad Rural, en 1966. La ceremonia sucedió casi al mismo tiempo que la expulsión de los claustros universitarios, a punta de bastonazos, de cientos de profesores que se vieron obligados a elegir el exilio. En una sola noche, el civilizador Onganía logró el milagro de que las investigaciones científicas retrocedieran medio siglo, la cultura humanística se estancara, y los toros campeones se vendieran a precios récords.

Aquellos episodios fueron el patético preludio de lo que sucedería una década después, y sin ellos no podría explicarse uno de los enigmas que más inquietan a los sociólogos latinoamericanos: ¿cómo un país con una clase media extensa, cultivada y abierta, con un índice de analfabetismo inferior al cinco por ciento, una próspera infraestructura económica y una cultura intensamente conectada con la cultura europea, pudo aceptar que su presidente vicario, entre 1974 y 1975, fuera un ex cabo de policía llamado José López Rega, astrólogo y practicante de los ritos de Umbanda, quien había introducido el ocultismo en la propia casa de Perón y había hecho de Isabel Perón su discípula fervorosa? ¿Cómo un país presuntamente civilizado pudo aceptar y, por un tiempo, aplaudir, las capturas de adolescentes en plena calle y a la luz del día, el fusilamiento de un prisionero al pie del obelisco de Buenos Aires, las invasiones de domicilios privados por patrullas de irregulares que lo devastaban todo, repitiéndose que por algo sería, que alguna culpa oculta tendrían estas víctimas? ¿Cómo la mayoría de la población se negó a admitir lo que cualquier curioso podía saber sin asomo de duda: que en la Argentina había un plan oficial para secuestrar, torturar y asesinar a cualquiera que osase disentir con el autoritarismo de turno?

Si tan siniestra paradoja fue posible, ello se debe a la convicción generalizada de que sólo la clase dirigente imparte el discurso civilizador, y todo lo demás es barbarie. Como suele suceder en las comunidades inseguras, los valores son absolutos y se establecen de una vez para siempre. En 1976, las elites dictaminaron que el gobierno democrático de Isabel Perón era inepto (lo que no se puede discutir, pero era tan inepto como democrático) y que los subversivos, sus ideólogos, sus cómplices reales o imaginarios y quienes se solidarizaran con ellos debían ser erradicados del cuerpo social, exterminados. Tal como había enseñado Perón, el Estado debía oponer a los violentos una violencia mayor. Así se instauró el terrorismo, es decir la barbarie, como doctrina oficial.

Desde el 24 de marzo de 1976, civilizar fue suprimir toda disidencia, exterminar, fomentar el exilio. Las confusiones semánticas se multiplicaron como manchas de aceite: el régimen secuestraba a cientos de personas, las internaba en campos de concentración o las volaba con explosivos, y a esos secuestros los presentaba como "desapariciones", fingiendo ignorancia sobre los destinos de las víctimas. Como en las metáforas orientales, desaparecer era morir. Se llamó guerra a lo que era matanza de civiles desarmados, recuperación a la tortura, seguridad nacional al terrorismo de Estado. Las comparaciones entre la hipocresía del Tercer Reich en 1936 y la hipocresía de los militares argentinos en 1976 han sido frecuentes en los últimos años. Si se mide la cuantía de ambas violencias, las comparaciones son exageradas. No lo son, sin embargo, cuando se miden la intensidad que asumió el horror y la petulancia con que fue ejecutado.

En 1936, la realizadora nazi Leni Riefenstahl exaltó a los dioses del estadio en un film memorable, que ponderaba los triunfos de la raza aria en los Juegos Olímpicos de Berlín; en 1978, los argentinos celebraron con el locutor radial José María Muñoz la conquista de la Copa Mundial de fútbol y la declaración de que los argentinos eran derechos y humanos por naturaleza. Cuatro años después, el país vivió su propio *Anchluss* cuando el general Leopoldo Fortunato Galtieri invadió las islas Malvinas y decretó su anexión. Ya se sabe que aquél fue un manotón de ahogado a través del cual la dictadura intentó perpetuarse, y no un acto sensato de reivindicación territorial.

En ambas ocasiones, los argentinos cayeron una vez más en la trampa del populismo, y después prefirieron olvidar que habían caído. Al instaurarse la democracia prosperó la idea de que toda la comunidad era inocente porque, para sobrevivir, no tuvo otro recurso que asentir, callar y, en algunos casos, ser cómplice del régimen. Algunos altos funcionarios de la década pasada afirman hoy, sueltos de cuerpo: "Era mejor que yo trabajara para el gobierno, porque de lo contrario lo habría hecho alguien sin convicciones democráticas, y hubiera sido peor". Ser un Zelig sin otra ideología que la ideología de la supervivencia se reveló como una ocupación próspera y de poco riesgo en la Argentina.

Durante los cinco primeros años de poder, la Junta Militar no toleró ningún equívoco en el lenguaje de los medios de comunicación. Desde el primer día les advirtió que la tibieza era inaceptable. Se estaba con la dictadura o contra ella; se era patriota o apátrida, según la clasificación al uso.

Todos los medios fueron sometidos a censura previa. Ninguno, ni aun los más liberales, protestaron por eso ante la Sociedad Interamericana de Prensa u otros canales establecidos para la protección de los empresarios. La censura debió de parecer un mal menor porque formaba parte de las leyes de la guerra, y nada era más facil que admitir, aun contra toda evidencia, que había una guerra: la del Estado entero contra sus ciudadanos disidentes. La prensa cayó en una terrible trampa al admitir que la Junta Militar, oficialmente constituida para reprimir, le dictara lo que debía o no debía informar a la comunidad civil. Los voceros de la civilización aceptaron desde el principio dictámenes que correspondían a la barbarie.

Cuando estalló el golpe militar yo vivía en Caracas, Venezuela, exiliado por una condena a muerte que me había impuesto la Triple A en abril de 1975, durante el gobierno de Isabel Perón. Aquella organización parapolicial, que prosperó al amparo de José López Rega, me acusó, junto a otros quince escritores, periodistas, dramaturgos y actores, de estar comprometido con "una conspiración judeo-marxista".

El exilio me permitió escribir sin censura mis observaciones sobre el golpe y publicarlas, el 26 de marzo de 1976, en el diario *El Nacional* de Caracas. Quiero rescatar sólo un párrafo de aquel texto: "A través de la censura previa y de la prohibición de difundir noticias vinculadas con la actividad terrorista, se ha cerrado el paso a toda libertad informativa. A partir de ahora, ya no se podrá saber cuántas personas mueren en la Argentina por obra de la violencia oficial o de la violencia guerrillera, ni qué sectores obreros se lanzan a la huelga, ni cuál es la reacción de las mayorías a las decisiones económicas de la Junta. Pero a la vez, ¿con qué autoridad podría la prensa quejarse contra la imposición de esas mordazas, cuando buena parte de ella venía reclamando desde hacía meses el acceso al poder de un régimen de fuerza?".

Meses después, en Caracas, Rodolfo Terragno me refirió que, como la censura le parecía indigna, había propuesto a los militares que aceptaran a la revista mensual que él dirigía, *Cuestionario*, como un medio neutral, abierto tanto a las expresiones favorables como a las adversas al régimen. Las críticas, conjeturó Terragno con sensatez, tienen siempre el saludable efecto de conferir más veracidad a la voz de los gobiernos. Pero los militares se negaron. Quien no quiere alinearse con nosotros es nuestro enemigo, respondieron, obligándolo a marcharse del país. En verdad, la dictadura no tuvo necesidad de poner en práctica sus mecanismos de censura porque los propios medios de comunicación se apresuraron a reprimirse a sí mismos.

Una porción considerable de la comunidad intelectual se vio obligada a emigrar, asumiendo el exilio como una derrota. Se exiliaron, en rigor, sólo aquellos que pudieron o que no tenían alternativa: los amenazados de muerte, los que disponían de ahorros para la aventura o los que contaban con alguna hospitalidad en el exterior. Los otros se resignaron a aceptar lo peor. Nadie se sintió seguro, a menos que fuera un cómplice absoluto.

El país se volvió ajeno para todos: para los que fueron obligados a marcharse y para los que se quedaron resistiendo desde adentro. El poder militar quiso imponer la idea de que la cultura estaba dividida irremisiblemente, y no faltaron quienes, por ingenuidad o por servilismo, empezaron a difundir esa consigna: cultura dividida.

Un artículo publicado a mediados de 1980 en el suplemento literario del matutino *Clarín* apoyaba la tesis oficial de que los mejores escritores habían optado por quedarse en el país, en tanto que a los otros los aguardaba la pérdida de su lenguaje y, en consecuencia, la pérdida de su público. Aquel texto interrogaba retóricamente: "¿Qué será ahora, qué está siendo ya de los que se fueron? Separados de la fuente de su arte, cada vez menos protegidos por ideologías omnicomprensivas, enfrentados a un mundo que ofrece pocas esperanzas heroicas, ¿qué harán, cómo escribirán los que no escuchan las voces de su pueblo ni respiran sus penas y alivios? Puede pronosticarse que pasarán de la indignación a la melancolía, de la desesperación a la nostalgia, y que sus libros sufrirán inexorablemente, una vez agotado el tesoro de la memoria, por un alejamiento cada vez menos tolerante".*

Se trataba de negar veracidad, autenticidad, derecho de nacionalidad a lo que se escribiera, se pintara o se filmara en otra parte, como si las "voces del pueblo"

---

* El mismo columnista, Luis Gregorich, escribió en el diario *La Opinión*, expropiado por la dictadura, un artículo en el que comentaba que la Junta Militar habría sentido quizá la tentación de sentirse plebiscitada por el triunfo argentino en la Copa Mundial de fútbol. "Cualquier gobierno, en cualquier parte, no habría dejado de utilizarlo en provecho propio", escribió el 27 de junio de 1978. "El nuestro también lo hizo, sin incurrir, afortunadamente, en identificaciones excesivas ni lesionar *la pluralidad de ideas*" (subrayado mío).

que tan condolidamente invocaba el articulista no estuvieran hablando fuera con mayor claridad y franqueza que dentro. De acuerdo con aquella consigna de la cultura dividida, el exilio era una condena y, para colmo, ilevantable y eterna como el infierno.

Adentro no se podía hablar claro, es verdad, pero eso no impidió que se crearan lenguajes sesgados de resistencia. Me refiero no sólo a las ceremonias desesperadas que las Madres de Plaza de Mayo celebraban todos los jueves frente a la Casa de Gobierno. A ellas quiso neutralizarlas la dictadura con el apelativo de "locas": las Madres eran los personajes marginales de la razón, de la civilización: encarnaban esa forma inasible de la barbarie que es la locura. Como en la Edad Media, la voz de los locos fue también la voz de la verdad.

Aludo más bien al lenguaje de resistencia que se instauró en cuatro áreas precisas: la canción popular, los grupos de estudio de ciencias sociales y, hacia el final del régimen, el teatro y el cine. No pareció advertir la dictadura que, al empujar hacia la marginalidad a toda la comunidad inteligente, acabaría convirtiéndola en un contrapoder. La imagen de las Madres actuaba sobre la conciencia culpable de la nación; la imagen de los jóvenes liberaba en cambio los deseos inconscientes: lo que aún faltaba por hacer y no podría ser hecho mientras los represores estuvieran. El lenguaje de las Madres era sospechoso de antemano: estaba contaminado de parcialidad, era el lenguaje de la desesperación. El lenguaje de los jóvenes, en cambio, no podía ser fácilmente acusado. Los jóvenes habían sido educados por la dictadura. De ahí que, cuando los jóvenes articularon un lenguaje que cuestionaba las instituciones militares y las estructuras autoritarias, el régimen tardó en reaccionar.

Los principales representantes de esa forma inesperada de resistencia, Charly García, Luis Alberto Spinetta y León Gieco, venían de los festivales de música rock y encarnaban, ellos sí de modo profundo, la voz de la marginalidad. Al principio exaltaron valores muy generales, como la necesidad de sentirse libres, el derecho a mostrar su amor en las calles, a caminar sin documentos: estas mínimas apelaciones tenían un aire inocente y, sin embargo, eran subversivas. Ponían en evidencia, enumerándolas, las represiones del sistema. Más tarde, aludieron a hechos concretos como la guerra de las Malvinas y los extremos de pobreza en que estaba sumido el país. Estas canciones, que se multiplicaron a partir de 1982, resquebrajaron el discurso monocorde del sistema y establecieron una suerte de tácito desafío.

Ser joven era entonces, casi por definición, ser marginal en la Argentina. Domesticada la generación de los mayores por décadas de autoritarismo y de ilusiones frustradas, desterrada o aniquilada la generación intermedia por el terrorismo de Estado, los jóvenes que tenían entre veinte y treinta años asumieron el papel de transformadores de la comunidad. Se instalaron en el teatro y, con el auxilio de algunos resistentes que se habían quedado en el país sin trabajo, incluidos en las listas negras del régimen, crearon un movimiento que se llamó Teatro Abierto y que desde 1980 produjo obras realistas, de bajo costo, en las que se trataban los temas del exilio, de la rapiña económica y del terror. Esos movimientos, el de la música y el del teatro, pronto influyeron también sobre el cine.

Los medios de comunicación masiva, en cambio (con la excepción notable de la revista *Humor*) sólo se plegaron al cambio democrático cuando resultó evidente que los nuevos aires contaban con el apoyo de las mayorías. Así, la generación que había crecido sin guías (o, mejor dicho, con guías que no aceptaban disidencias) se convirtió en la única transmisora del lenguaje libre a que aspiraba la comunidad.

La idea de la cultura dividida, que los militares habían tratado de inculcar, no prosperó. Pero es evidente que el exilio y el Proceso dejaron como herencia una cultura que aún está dispersa. Ni la comunidad argentina tiene posibilidad de absorber la enorme masa de migrantes de la diáspora, aquejados por graves problemas personales (uno, y no el menos importante, es que sus hijos crecieron hablando otras lenguas y educándose en otras culturas, y se resisten ahora al trauma del regreso), ni la legislación argentina permite manejar la situación con flexibilidad. El hecho de que la Argentina sea* uno de los contados países del mundo que no acepta el divorcio ha creado una curiosa situación: las complicaciones del exilio destruyeron la mayoría de las parejas, las dispersaron; a la vez, la legislación argentina no acepta ni legitima a las nuevas familias que se formaron fuera. Reconstruir la familia es a menudo imposible, los hijos repartidos por el mundo no pueden ser reunidos, con lo que el antiguo consuelo de Job no puede tener efecto en la Argentina. Aquí Job recibe una doble sanción: es condenado a segregarse de su comunidad y sigue estando condenado a no rehacer su familia.

Notable ejemplo de la dispersión de la cultura es lo que ha sucedido con el cine: junto a películas que, como *La historia oficial*, han podido realizarse dentro de las condiciones de producción que ofrece hoy el país, hay

* Recuérdese que este ensayo fue escrito en 1986.

muchas otras películas argentinas nacidas en el exterior, de las cuales el país tiene imperfecta o ninguna noticia, como los documentales hechos en Cuba por Fernando Birri, o *El exilio de Gardel* de Fernando Solanas o las obras de Edgardo Cozarinsky en Francia. Así como hubo incontables ficciones que se escribieron y publicaron en el exterior durante todos estos años (las de Osvaldo Soriano, Manuel Puig, Juan José Saer), hubo también al menos una decena de películas nítidamente argentinas que se realizaron fuera.

Para el exiliado, el regreso a la Argentina es también una sorpresa. El país idealizado por la distancia le revela su verdadera cara: durante la última década, las rapiñas del autoritarismo militar sumieron a las grandes ciudades en una decrepitud visible, que advierten con más claridad quienes las conocieron en su momento de esplendor y vuelven a verlas al cabo de una década. Reencontrarse con Buenos Aires es conmovedor. La pobreza ha engendrado una profesión nueva, el cuentapropismo, que es el pequeño negocio, los kioscos múltiples que venden de todo. A lo largo de kilómetros y kilómetros, en las avenidas principales, esos minúsculos tarantines compiten con ferocidad. La venta de artículos ínfimos, generalmente inútiles, es la ocupación visible de la ciudad. A nivel de las plantas bajas, a ras del suelo, el centro de Buenos Aires no se diferencia del centro de típicas ciudades latinoamericanas como Caracas, Bogotá o México: hay la misma multiplicación de los pequeños comercios. La miseria exhibe allí todas sus lacras. Pero a partir del primer piso, el esplendor de los viejos tiempos, algo desteñido, aún está en pie. Es como si una parte de la ciudad se hubiera congelado en el pasado mientras la otra empieza a tomar conciencia de su continente de pertenencia. La ciudad, Buenos Aires, ejemplifica de algún modo lo que ha sucedido con la clase media argentina, que vivió una ilusión de riqueza durante el peronismo, gracias a la mano de obra barata que afluía hacia la ciudad, y que ahora se ve enfrentada a su genuina pobreza.

Otra de las consecuencias de la dictadura es el advenimiento de una conciencia tercermundista en la Argentina. El país situado en el confín austral del planeta, que se imaginaba a sí mismo como una extensión de la cultura francesa y del poderío británico, el país que rechazaba (por atrasadas y provincianas) las herencias de los colonizadores españoles y de los inmigrantes italianos, empieza a descubrir, como quien reconoce sus propias ruinas después de la guerra, que forma parte de América Latina, que su identidad está en el propio continente y no al otro lado de los mares y que su destino económico, el abismo de su destino, es similar al de las naciones endeudadas del hemisferio. La deuda externa ya no es una ficción que la dictadura oculta o disimula; ahora es una llaga que se siente en carne propia y que pesa sobre la vida cotidiana.

Uno de los signos más rotundos e inmediatos es la imposibilidad de tener todos los libros al alcance de la mano, como en los años sesenta. La pobreza ha engendrado también una provincianización de la cultura. En los años sesenta, los argentinos se preciaban de producir su propia información y de tener corresponsales o enviados especiales donde quiera sucediesen los hechos, ya se tratara de un atentado del IRA en Belfast o de una elección en Quebec, como de una asamblea del Consejo Mundial de Iglesias en Ginebra. Era inimaginable entonces que la Argentina se resignara a ser informada por las cadenas mexicanas de televisión, cuyo lenguaje y cuyas fórmulas de investigación periodísticas habrían sido rechazadas de plano por los espectadores argentinos de otros tiempos.

Al país vencido y empobrecido de hoy sólo le interesa lo que pasa en la Argentina o lo que puede repercutir de manera directa sobre los destinos individuales de los habitantes. Al anestesiar durante décadas la sensibilidad cultural del país, los regímenes militares produjeron también un raro proceso de aislamiento mental. El tema central de las conversaciones es ahora el dinero. El valor de un libro, de una película, de un programa de televisión, se mide por su éxito en el mercado. Hasta la ciencia se ha mercantilizado. Un cirujano de alto nivel es respetado no porque lo es sino, ante todo, porque los medios se ocupan de él masivamente como personaje. La comunidad cultural argentina es un reino donde para ser, para existir, es preciso adquirir primero status de superestrella.

¿Cómo es una superestrella en la Argentina? Ante todo, se establece en un campo de saberes. Lo sabe todo. El saber es su poder. Una superestrella no admite jamás forma alguna de ignorancia. Ese saber que todo lo abarca, instaurado como valor de mercado en la comunidad intelectual (quien no lo sabe todo es nada o nadie) ha cercenado la capacidad de asombro y la voluntad de investigación en la Argentina. En verdad, los argentinos no sabemos gran cosa, porque los regímenes militares redujeron el conocimiento a su propia medida. Pero simulamos un saber absoluto, a la manera de nuestros dictadores. A ellos nada los sorprendía. Tampoco a nosotros. El país se ha congelado en un conocimiento de cuartel y, lo que es peor, se niega a aceptar que no sabe.

Saber de veras, saber en serio, fue algo también confinado a la marginalidad durante la dictadura. En 1976, la Argentina fue —como Perón había querido treinta años antes— una nación en armas, un conjunto de voluntades civiles alineadas férreamente bajo el mando del líder militar de turno. Esa homogeneidad fue quebrada por la aparición, aquí y allá, de nuevos grupos de estudios humanísticos, que confluyeron sobre todo en el Centro de Investigaciones Sociales sobre el Estado y la Administración (CISEA) y en el Centro de Estudios de Estado y Sociedad (CEDES). Las investigaciones y las publicaciones de esos grupos crearon una de las pocas vías de escape a la censura militar. Se podía discutir en privado —y sólo entre amigos— sobre problemas teóricos de la cultura y de la política, con alusiones muy sesgadas, muy indirectas, a los reales dramas del momento: las desapariciones, los secuestros, las matanzas, el exilio. Como resistencia, eso era ínfimo. Alcanzó, sin embargo, para despertar la conciencia de los sectores menos ciegos de la comunidad intelectual.

El primer gobierno democrático reconoció ese aporte y eligió a miembros de aquellos dos centros de estudio como ministros y asesores. Sobre ellos recayó, pues, parte de la difícil reconstrucción cultural. También fueron ellos quienes ocuparon el campo que los exiliados dejaron atrás cuando se marcharon. Un campo ocupado es siempre un campo clausurado cuando la demanda de trabajo es poca y el mercado está en crisis. Así nació el primer conflicto entre los que se fueron y los que se quedaron. Los que se fueron que habían actuado como héroes y esperaban que, al volver, les fuera devuelto su territorio. Pero los que se quedaron también sentían que su resistencia silenciosa había sido heroica.

El que volvía, además, se encontraba con otro país: un país en el que era desconocido, que no tenía noticias de los libros que había publicado o de los trabajos que había hecho durante su ausencia. Y advertía que el peso de su opinión había disminuído o era nulo. Era un país en el cual él mismo se desconocía, un país ya imposible de recuperar (porque él, dentro de su imaginación, lo había congelado en el tiempo). Y sin embargo el país se había movido, profundamente, en muchas direcciones. Necesitaba recuperar el país a cualquier precio, pero todo lo que hacía por acercarse a él, lo alejaba.

Los que se fueron y los que se quedaron descubrieron, al fin, un lugar de encuentro, de convivencia, de no agresión: el lugar del olvido. Fingieron que las pequeñas traiciones o agachadas ante el Estado terrorista no habían sucedido y que todos habían mantenido una actitud de igual dignidad y rechazo. Los que se fueron olvidaron, o fingieron olvidar, las complicidades con el régimen o distracciones ante la realidad en que incurrieron algunos de los que se quedaron; y los que se quedaron olvidaron, o fingieron olvidar, las acusaciones que les habían asestado desde el exilio. Sólo se condenó a quienes habían estado en los extremos, a los torturadores y a los jefes de las organizaciones armadas, como si de veras hubiese dos demonios y todas las violencias se pudieran medir con la misma vara.

¿Por qué se habló de los extremos, de la extrema izquierda y de la extrema derecha? Tales categorías semánticas sólo intentaban encubrir, enmascarar y en última instancia proteger a los que se situaron un poco más al centro del espectro, y en especial a la derecha política que primero abogó en favor del golpe del 24 de marzo de 1976 y luego medró con él, a los cruzados que se indignaron contra las denuncias de los exiliados y estigmatizaron —en la prensa y en las embajadas— la llamada "campaña antiargentina", identificando al país con la Junta Militar que lo gobernaba. Para que la inmensa marea de cómplices del terror oficial siguiera ocupando un sitio en la comunidad argentina se inventó la teoría de un Mal que estaba en los márgenes, en los extremos. Curiosa paradoja en una sociedad cuyos resistentes, cuyos auténticos héroes culturales, fueron los que se situaron en los márgenes de la cultura, los que hablaron o cantaron desde ese imposible extremo de los que no tienen cabida ni lugar.

Desde que el Mal fue instalado en los dos extremos del espectro ideológico, todo lo que estaba en el medio —o se situaba en el medio— contó con la absolución y el olvido de la comunidad. Así como en 1976 el vicario castrense decidió que la guerra del Estado contra los sospechosos de subversión era una guerra santa y que tanto los campos de concentracion como los tormentos inquisitoriales eran justos, así también el sector dominante de la comunidad (incluyendo el peronismo tradicional, el ala tecnocrática del gobierno e incluyendo, sobre todo, la prensa acomodaticia y los intelectuales ávidos de remuneración estatal y de prestigio) estableció que la hora del olvido y de la convivencia en paz había llegado. Que los cómplices del terror de ayer no tenían por qué desocupar las tribunas en la televisión, las columnas de los diarios o las cátedras universitarias, y que los revoltosos radicalizados de ayer podían también regresar.

La Argentina da la impresión, entonces, de haberse reconciliado. La voz de orden es negar el pasado para que haya futuro. No es así, sin embargo. Lo que se vive es sólo un paréntesis de conciliación, cuyo único valor perdurable es la democracia. Lo demás son ruinas: morales, económicas, políticas, sindicales.

(1986)

En estado de exilio

Mientras hago mi travesía ritual por tren desde el suburbio hacia Nueva York, alguien despliega un diario en el asiento de al lado. Sin que yo haya querido verla, sale a mi encuentro una fotografía conmovedora. La imagen descubre a un chico de ocho o nueve años que se despide de su padre en la estación de Sarajevo. La cara del chico es triste pero sin lágrimas, como si ya hubiera sufrido todo lo que debía sufrir o como si todavía esperara la llegada del sufrimiento. Es una de esas caras indecisas de las que el llanto ya se ha ido o, al revés, está llegando, pavoroso, inconsolable.

Detrás del chico hay una mujer borrosa (la madre, seguramente), abrumada por la separación. En la penumbra de la fotografía, la cara de la mujer es la menos nítida, pero su dolor es el más visible: se adelanta al del niño, como una desgarradura en el papel. Esas figuras, sin embargo, no son las más patéticas. Lo terrible es lo que no se ve. Sobre el vidrio del ómnibus de Sarajevo, las manos de un hombre (el padre) tratan desesperadamente de aferrar las del chico, de atravesar la inexpugnable muralla transparente que se ha cerrado ya, quién sabe por cuánto tiempo. El hombre va a quedarse en la ciudad mientras los demás parten, y en esas manos temblorosas está todo: la incertidumbre, la melancolía presentida, la desesperanza, pero también la transformación del ser en otro. El exilio está a punto de dejar su marca sobre esas tres vidas, y la marca nunca habrá de borrarse.

Pareciera que ahora no tiene sentido hablar del exilio en una Argentina donde esos malos vientos han pasado ya y la atención se detiene en asuntos más importantes, como la transferencia de los bienes del Estado al patrimonio privado y la vida de lujo de los funcionarios públicos. Que las personas pierdan sus afectos más entrañables importa poco cuando es una nación entera la que se está convirtiendo en otra cosa. Pero la imagen del ómnibus de Sarajevo no se ha movido de mi imaginación en estos días. Lo que les está sucediendo a unos puede sucedernos a todos —tal era la enseñanza de Bertolt Brecht—, y a nosotros nos ha pasado más de una vez, ya sea porque las dictaduras militares propias nos hicieron desterrados, o bien porque otras dictaduras ajenas nos enseñaron a hospedar a sus desterrados.

Los vientos miserables del exilio soplan ahora en latitudes distantes: suben desde Turquía y Grecia hacia la inclemente Alemania, desde Argelia y Senegal hacia Francia, desde la Europa del este hacia la del oeste; se los ve avanzar desde Corea hacia San Francisco, desde las fronteras de México hacia Los Angeles, desde Haití y Santo Domingo hacia Nueva York. Y donde quiera sopla ese viento florecen también las mezquindades del nacionalismo.

No hace mucho, el admirable pensador palestino Edward Said —profesor de literatura comparada en la Universidad de Columbia— escribió que "la desdicha esencial del exilio es algo insuperable. Existen, por supuesto, historias que presentan el exilio como una posibilidad de vivir episodios heroicos, románticos, gloriosos y hasta triunfales. Pero sólo se trata de historias, de esfuerzos para derrotar la desdicha involuntaria del extrañamiento".

Los que nos fuimos en 1975, como los que se fueron al año siguiente o todavía un año más tarde, creíamos que en dos o tres meses podríamos regresar. Llamábamos por teléfono y preguntábamos: ¿Ya se puede? ¿Dentro de una semana tal vez? Y no entendíamos a los que nos aconsejaban esperar. Un consejo como ése nos parecía intolerable y, a la larga, sospechoso. ¿Por qué nosotros debíamos apartarnos de la historia, desgarrarnos de los afectos, permitir que se nos fueran borrando de los sueños los paisajes familiares? ¿Acaso quienes nos decían que aún no era hora no corrían, quedándose, el mismo peligro que nosotros habíamos evitado al partir? ¿Tal vez trataban de negarnos el derecho a regresar o, peor todavía, eran dueños de algún secreto que nos estaba vedado conocer? La distancia nos volvía desconfiados y temerosos. No entendíamos —no podíamos entender— que el simple hecho de habernos ido ya marcaba una diferencia, una línea divisoria, un foso. Irse es ya una forma de transfiguración, una caída en el abismo. El que se va tiene que romper la inercia dos veces, y la segunda —la vez del regreso— es infinitamente más pesada que la primera.

Sin embargo, para ser un exiliado no es necesario el simple acto de irse. Es necesario, sobre todo, que algo le impida volver. En París alguna gente recuerda todavía que Julio Cortázar, sintiendo que su fin no estaba lejano, se acercó a Buenos Aires en febrero de 1984 con la intención de que le dijeran: Venga, quédese, acá lo necesitamos, pero la indiferencia oficial lo hizo pensar que nadie lo esperaba, que si había estado lejos tanto tiempo bien podía estar lejos para siempre.

Más que en sobrevivir, el tiempo del exiliado se va en juntar los pedazos dispersos de su ser. Cuando mira por la ventana, lo que ve no son ya las ramblas de Barcelona o el parque de Chapultepec o los raspados color arco iris de Caracas. Ve todo eso teñido por su propia melancolía, por las pizzerías de la calle Corrientes o por un atardecer violeta en la pampa, por las ridículas canciones que aprendió en la escuela (y que de pronto dejan de parecerle ridículas) y por los sabores invencibles de la infancia. Pero más que nada lo ve a través de la historia que se está perdiendo, a través de las cosas entrañables que no podrá recuperar. Es un mundo irreal, que se parece a la ficción por más de un motivo: porque nace, como las ficciones, del descontento con la realidad y de la necesidad por construir "una otra parte" donde todo lo perdido podrá tener cabida.

Siempre me acuerdo del día en que me fui, hace más de quince años, pero mucho más me acuerdo del día en que volví: de la sorpresa con que divisé, desde el aire, las nervaduras temblorosas de los ríos, y del desconsuelo que sentí cuando alguien me preguntó dónde quedaba una calle donde yo había vivido más de cinco años, y no supe responder. En ese instante desolador aprendí que los recuerdos no le pertenecen a uno de una vez para siempre; que de un día para otro pueden esfumarse y ser de otro, o de nadie.

Cuando vi la foto de la despedida en el ómnibus de Sarajevo regresaron a mí todas esas historias y pensé que debía escribirlas para que no se me clavaran como una espina en la garganta. Y aunque lo pensé sin la menor vacilación, más de una vez me sentí incómodo mientras avanzaba por los zigzags de estas palabras. Creo saber por qué. Porque la del exilio, como otras tantas historias argentinas, es una página no resuelta y no discutida en nuestras vidas comunes. Allí reposan, en el mar de los silencios, las desapariciones, los campos de concentración, la corrupción, la impunidad, el relajo de los funcionarios que se enriquecen de la noche a la mañana como si fueran Cenicientas, pero sin las campanas de las doce de la noche.

Somos una vasta serie de historias a medio abrir. Cada vez que la sociedad decide condenar algo, aparece siempre algún poder que echa todo para atrás, como la piedra de Sísifo. Por eso rara vez llegamos a alguna parte. Empezamos a caminar, y el recuerdo de lo que hemos dejado atrás nos deja atados al mismo sitio, una y otra vez, como en el más infernal de los tormentos. El exilio y la foto de Sarajevo son, de algún modo, metáforas de la Argentina: manos que se despiden de algo o de alguien, pero a través de un vidrio, entre lágrimas que han caído hace mucho o que nunca terminan de caer.

(1994)

El lenguaje de la inexistencia*

Al cabo de medio siglo de autoritarismos casi ininterrumpidos, atrapados en una red de servidumbres con la que debimos convivir, juzgándonos unos a otros con dogmas creados por nuestras inseguridades (sobre todo, de la inseguridad que las dictaduras habían creado en nosotros), los argentinos terminamos por hacer de la representación nuestro estilo de vida y por imaginarnos dentro de una realidad que no era la Realidad.

Lo hicimos dentro de la Argentina, porque simulábamos indiferencia ante la muerte —peor aún: ante la vastedad que la muerte iba asumiendo ante nuestros ojos—, y lo hicimos fuera de la Argentina, porque debíamos representar a una patria que no teníamos, que nos era negada; porque fingíamos que nuestro dormitorio y nuestra cocina estaban en San Miguel de Tucumán, en San Telmo o en la Patagonia, y que desde allí descendíamos a la autopista del Este en Caracas, a las Ramblas de Barcelona o a la Villa Olímpica de México D.F., donde afrontábamos la inevitable condición de nuestra diferencia, de nuestro ser extranjero.

* Este ensayo fue leído en la Universidad de Maryland a fines de 1984, como parte de la conferencia "Argentina: represión y reconstrucción de una cultura".

Apegados a los malos entendidos, desaprendiendo la realidad o, más bien (al menos en el caso de los exiliados que mejor conozco, los de Venezuela), tratando de aferrarnos a la realidad ajena como a una tabla de náufrago —de interpretarla y hacerla nuestra para poder sobrevivir en ella—, acabamos por no advertir que éramos sometidos a una brutal operación de inexistencia.

¿Cómo sucedió eso? El desatino de nuestra historia se convirtió en algo sorprendente pero natural, y la fragmentación que nos imponían los dictadores —ser de un lado y estar en otro— hizo de nosotros seres inacabados.

Las cosas empezaron con el primer muerto: con esa violencia que nos contagió a todos el sentimiento de la amenaza. En pocas semanas, la exageración de la muerte desvaneció el nombre de aquella primera víctima. Ya no sabríamos decir hoy si fueron el sindicalista Juan Pablo Maestre y su esposa Mirta Misetich,* si fue el ex presidente de facto Pedro Eugenio Aramburu o bien la muerte aluvional e indiscriminada que cundió desde el 24 de marzo de 1976. Aquella exageración permitió que el nombre de cada verdugo fuera perdiéndose entre el de verdugos más viles, enmascarándose dentro de una telaraña de crímenes siempre mayores. El aluvión nos exilió a todos los que disentíamos con el Poder, adentro y afuera: nos obligó a inexistir.

Cómo señalar el itinerario de ese descalabro ontológico, cómo incorporar la experiencia del exilio a

---

* El 13 de julio de 1971, ambos fueron secuestrados por un comando parapolicial o paramilitar. El cadáver de Maestre fue encontrado al día siguiente. El de su esposa nunca apareció.

nuestra vida y a los instrumentos de nuestra vida (llámense la escritura, la acción política, la investigación científica, la reflexión histórica y social), cómo aceptar que a nosotros nos pasó todo eso, precisamente a nosotros; cómo asumir el drama y a la vez superarlo: tal es el cuestionario para el que busco señales de salida.

Empezaré por referir una historia que no ha cesado de asediarme durante todos estos años.

Fascinado por el devastador ejercicio del poder absoluto, el primer emperador de la China, Qin Shi Huangdi, abolió el pasado, para que la soledad de su importancia se acrecentara en el futuro y en el presente. Construyó la Gran Muralla y un imperio fúnebre, subterráneo, que reproducía sus concubinas, ejércitos, mares, cielos y también —metafóricamente— la eternidad de su poder. Anuló la realidad y la sustituyó por la representación de la realidad.

Borges y Kafka han extraído conclusiones diversas de esa historia. Para el primero es un signo de la ilusión totalitaria. El holocausto de las bibliotecas y la desaforada muralla son —ha escrito Borges— episodios que se anulan mutuamente. Para Kafka es la historia de una lenta desidentificación colectiva: el Poder niega a un pueblo el derecho a ser alguna vez él mismo.

Es ya sabido que sobre el monte Li, en la provincia de Shanxi, los arqueólogos han desenterrado las galerías que sirven de cerco a la tumba del emperador, rescatando de allí guerreros de arcilla, arqueros, ballestas, armaduras y caballos —ninguno de los cuales es igual al otro— que se ocultaban en la oscuridad de aquella espera, librando un combate interminable. La cámara funeraria de Qin Shi Huangdi no ha sido abierta todavía. Li Ssu, quien sirvió al emperador como Gran Canciller

(Ch'en Hsiang), la describió sin embargo con minucia, en un texto ya clásico. Refiere que se abrieron en las entrañas de la tierra zanjas sinuosas, en las que Qin Shi Huangdi ordenó vaciar ríos de mercurio. En esas profundidades sobreviven fortalezas de espejos que se abren bajo un firmamento iluminado con aceite de ballena y huesos fosforescentes. El silencio es absoluto. A intervalos, no obstante, unos artificios mecánicos ponen en movimiento a cortesanos y concubinas que repiten los actos comunes de la vida.

Los militares argentinos que asaltaron el poder en 1976 trataron, en la medida de su mediocre imaginación, que la Argentina civil se asemejara a la tumba y los objetos de arcilla del emperador de la China. Para elaborar ese teatro se valieron de una servidumbre que amasó el barro, modeló las figuras, les confirió en el horno su forma definitiva y se ocupó de barrer los desperdicios. Una vasta red de cómplices les permitió exterminar a los insumisos: chuparlos, desaparecerlos. Para cada verdugo se necesitan decenas de auxiliares más o menos encubiertos, dispuestos a protegerlo cuando llegue el momento de la justicia porque sólo ocultándolo, disfrazándolo —o fingiendo actuar ellos mismos, los cómplices, como demócratas convencidos y convertidos—, podrán también mantenerse impunes.

El poder absoluto de Qin Shi Huangdi se ejercía mediante el exterminio, la aniquilación, la tierra arrasada; el de los dictadores argentinos, a través de la humillación, del paulatino desprecio de las víctimas por sí mismas. El Mal no se satisfizo esta vez con estropear el cuerpo. Aspiró a podrir las conciencias, violentar la memoria, lograr que el ser humano fuera lo menos humano posible.

Y nosotros estuvimos allí. Fuimos parte de esa experiencia devastadora. Sería grave olvidar que llevamos tatuada la cicatriz en el cuerpo, suponer que aún somos los mismos de hace diez años y contar la historia desde fuera, como si no estuviéramos mellados, gastados, desgarrados por esa marca.

Quizá valga evocar cómo sentimos, quienes estábamos en el exilio, el principio de nuestra inexistencia. Son episodios a la vez triviales y reveladores. Advertidos de que la correspondencia era violada, empezamos a modificar nuestros nombres en los remitentes de las cartas. También a veces, el destinatario se veía obligado a representar: a ser sólo el pariente que recibía la carta y que, a su vez, se encargaría de entregarla. Luego abundaron aquellos que ya no respondían, aquellos a quienes esperanzadamente les contábamos una historia personal y no acusaban recibo.* Nos resignamos a eso. Procurábamos apagar cualquier síntoma de autocompasión cuando lo sentíamos aparecer en nosotros. Éramos débiles, pero no queríamos ser enfermos.

Los canales de entendimiento se fueron cortando. Ya no sabíamos qué cordones umbilicales traían y llevaban sangre desde nuestro país hacia nosotros y viceversa, quiénes allá también estaban confinados en el anonimato, la simulación, la vida de topo, y quiénes, simplemente, renunciaban al compromiso de contes-

---

* La historia de las cartas sin respuesta, también vivida por otros dos asistentes a la reunión de Maryland, suscitó ciertos comentarios irónicos sobre la calidad de las amistades que habíamos dejado en la Argentina. Los autores del sarcasmo eran también —por lo que después se supo— personas que no contestaban las cartas enviadas desde el exilio, por desconfianza o por simple miedo.

tarnos una carta. Obviamente, fuimos dejando de ser yo en las llamadas telefónicas, fuimos desapareciendo de la Argentina como criaturas de afecto.

Y sin embargo, persistíamos en nuestra necesidad de saber. Salíamos, recuerdo, a la caza de estropeados ejemplares de *Clarín* o *La Nación* en busca de indicios sobre la realidad arrebatada. Eramos coleccionistas desesperados de signos. Como en el allá perdido nadie podía oírnos, nosotros nos esforzábamos por oír, por reaprender cada mañana lo argentino (el lenguaje, los gestos, los tonos, los sabores), temerosos de que a la menor distracción se nos perdiera de vista.

Segregados del país, chupados de nuestros afectos y del paisaje cotidiano sin el cual nos sentíamos a la deriva; conseguíamos, sin embargo, que el lenguaje nacional se realimentara incesantemente dentro de nosotros a través de nuestras familias, de unos pocos amigos que no temían al poder militar ni mercaban con él, y de los que llamábamos "desaparecidos de adentro": gente que figuraba en las listas negras y vivía exiliada en sus casas, sumida en trabajos que eran también formas de simulación, periodistas metidos a carpinteros, obreros del azúcar que hacían changas de contabilidad.

Unos pocos episodios fortuitos confirmaron mi inexistencia. No me queda otro recurso que referirlos en primera persona. Pero cada vez que digo *yo* quiero decir *muchos*, escamoteando sin duda, con mis triviales infortunios, la gravedad de otras historias que debieron de ser, ellas sí, trágicas e irreparables.

A comienzos de 1979 murió Victoria Ocampo. Algunos meses antes, el semanario *Gente* le consagró un artículo cuyas ideas y balbuceos sintácticos me resultaron familiares. Me pregunté si, por azar, era mío. Descubrí que sí lo era. Yo lo había publicado doce o trece años atrás. Pero ahora lo firmaba otro.*

En 1980 releí una de mis entrevistas a Perón injertada dentro de un libro ajeno.** El autor omitía mi nombre, pero al menos se había tomado el trabajo de respetar mis erratas. Supe también que, por aquella misma época, un programa de televisión cuya estructura periodística yo había diseñado y dirigido,*** evocó a todos los que pasaron por allí alguna vez, evitando las imágenes en las que yo aparecía. ¿Cómo, los que no estaban, podrían defenderse de esas negaciones? ¿Cómo: Enrique Raab, Haroldo Conti, Paco Urondo, Diana Guerrero, Rodolfo Walsh?

Que algún texto mío fuera rescatado por *La Unión de Catamarca* o *El Liberal* de Santiago del Estero llegó a ser para mí más importante que publicar en *Le Monde* o en *The Washington Post*, donde disponía de accesos más fáciles. Me resigné a pensar que jamás podría llegar a tanto, jamás a *El Liberal* o *La Voz del Interior*. La Ar-

---

* Mi artículo apareció con el título "Victoria Ocampo: una pasión argentina" en el semanario *Primera Plana*, el 15 de marzo de 1966. El de *Gente* (del que no conservo copia) fue publicado en 1977 y estaba firmado por Andrés Bufail.

** Enrique Pavón Pereyra: *Conversaciones con Juan D. Perón*; Buenos Aires, editorial Colihue/Hachette, 1978, páginas 128-134. La supuesta entrevista de Pavón reproduce textualmente, excluyendo mi introducción, la que publiqué en el semanario *Panorama* el 30 de junio de 1970. Pavón trata de eludir la inevitable acusación de plagio fechando ese texto ("Un mundo nuevo se nos viene encima") el 2 de julio de 1970. La grabación original está en mi poder, y en ella no aparece la voz del invisible Pavón.

*** Aludo a *Telenoche*, de Canal 13. Seleccioné el equipo periodístico de dicho programa y lo dirigí durante cinco meses. Renuncié en abril de 1966, porque prefería escribir. El equipo periodístico siguió siendo el mismo durante algunos años.

gentina estaba partida en dos, y la línea divisoria era infranqueable.

De vez en cuando me llegaban noticias sobre las acentuaciones de mi inexistencia. Una acuarela que yo amaba se había enmohecido en un desván ajeno, víctima de la humedad porteña; mis ropas, ya inútiles, fueron regaladas a gente de paso que las necesitaba: las ropas del muerto; alguien a quien confié parte de mi biblioteca la quemó, temeroso, en el baño de su casa. Hasta un miembro cercano de mi familia, interrogado en Tucumán sobre un libro que publiqué en 1973, *La pasión según Trelew*, declaró ingenuamente que yo no era el autor, con la ilusión de que me protegía. Quien firmaba la obra —dijo— era un usurpador de mi nombre. Sin advertir que esa persona había desistido ya de mi existencia, le escribí una carta, pidiéndole que me devolviera la autoría y que leyera ese libro como lo que de verdad es: la historia de una población alzada contra el terrorismo impune del Estado. Y que oyera el oscuro silencio que estaba manchando a todos en Tucumán, 1978. No recibí respuesta.

A comienzos de 1976, un diario de Caracas, *El Nacional*, me abrió sus páginas. Escribí allí obsesivamente sobre la Argentina, semana tras semana. Imaginen ustedes la irrisión de este diferente, extranjero sin remedio, esforzándose por invocar ante lectores enfrascados en su realidad los fantasmas de otra realidad, remota e indescifrable. Imaginen a este descolgado, cuya única herramienta de trabajo es la escritura, tratando de narrar, por ejemplo, la delirante aventura que nos lanzó a Rodolfo Walsh y a mí, en 1970, a seguir la pista del cadáver de Evita entre París y Bonn; o explicando por qué una novela como *Sophie's Choice* o una película como

Moonlighting —del polaco Jerzy Skolimovski— me hablaba a mí en un lenguaje que no era el de mis lectores venezolanos.

Una vez más miraba yo por la ventana, en Caracas, y afuera estaba la Avenida de Mayo. Una vez más, desde Buenos Aires o Tucumán, la dictadura o sus servidores me advertían: nadie puede oír tu lenguaje, el espacio del que has sido expulsado es irrecuperable. Quienes trazaban la línea divisoria entre los de allá y los de acá, los autores de esa frontera perversa declaraban, a coro con los militares: el que se va no existe. Y yo pensaba, en 1977 y 1978: ¿qué habrá sido de aquellos que, aun quedándose, se fueron? Pensaba: ¿en qué país andará Tito Cossa, en cuál el Turco Halac, Griselda Gambaro, Pajarito García Lupo, Federico Luppi: todos los que siguen en Buenos Aires y sin embargo se fueron? ¿A qué cursos de literatura recurrirán Enrique Pezzoni y Ricardo Piglia para sobrevivir dignamente en un espacio al que el poder militar ha condenado a la sordera y a la ceguera? Cuando pensaba así me sentía suspendido de la nada: sin espacio, en ninguna parte, inexistiendo.

Nadie, por supuesto, sale indemne de esos trastornos ontológicos. Ni los del lado de allá ni los del lado de acá, dondequiera que estén esos lugares. Ninguno de nosotros sobreviviría si se viera obligado a repetir el drama: a representar a la existencia y a soportar la inexistencia. El juego de los intelectuales ha terminado. Los verdugos tienen todas nuestras fichas de identidad. Hemos perdido por completo la inocencia: ya ni siquiera podríamos fingirla. A partir de ahora, mantenerse al margen del drama nos impondrá la marca del culpable. O, lo que tal vez sea peor, de servidores de los culpables.

En mayo de 1984 volví por primera vez a Buenos Aires al cabo de nueve años. Me sorprendió descubrir que mi lugar perdido todavía estaba allí. Ésa fue, sí, una curiosa representación. Alguien, tomándome del brazo, me decía, en tono de confidencia: "No sabés cuánto me alegro de que estés vivo". Y yo mismo, al descubrir en un café la cara de un amigo que creía perdido para siempre, repetía también para mis adentros: "Cuánto me alegro de que él esté vivo". Nos habían privado de todo, pero no de la felicidad de reconocernos en la vida. No éramos fantasmas. Ni fuera ni dentro habían podido convertirnos en las figuras de arcilla del emperador Qin Shi Hungdi. Volvíamos más frágiles del exilio, pero también más fuertes. Con el peso de los muertos en el corazón y a la vez sintiendo que habíamos vencido, los de allá y los de acá. Faulkner lo había expresado memorablemente treinta y cinco años antes: "Creo —dijo— que aun en el último crepúsculo rojizo y agobiante, la mezquina e inextinguible voz humana seguirá hablando y hablando. Creo que el hombre solo no perdurará. También prevalecerá". Habíamos, pues, prevalecido.

(1984)

Cuesta abajo

La fiesta

Una parte ínfima de la Argentina vive de fiesta. La fiesta es el rito central del poder, como la misa es el centro de la liturgia católica. La mayoría de los feligreses acuden a exhibir sus fortunas flamantes, alzadas a la velocidad del rayo y con un esfuerzo mucho menor que el de los relámpagos. Otra parte innumerable de la Argentina contempla, desde lejos, los resplandores. Debe pagar las cuentas con más impuestos, más horas de trabajos mal remunerados, peores o nulos servicios públicos y accesos a la educación más restringidos. Por extraño que parezca, a los espectadores de la fiesta no se les nota el menor resentimiento. Toleran cualquier precio, hasta el del abuso, con tal de que el peso se mantenga estable y la democracia siga a flote.

Otra parte de la Argentina roba a manos llenas las arcas del Estado, o de lo que solía ser el Estado. O espía a los estudiantes. O amenaza a los periodistas insumisos. O tiene súbitos accesos de ira y ejecuta de unos cuantos balazos, tras juicios sumarios y privados, a ladrones de comercios y de pasacassettes. Algunos aplauden a los improvisados verdugos. Otros aprueban las drásticas imposiciones de ley y orden. Otros más piensan, con tolerancia, que si los gobernantes del país robaron siempre, ¿por qué no habrían de hacerlo ahora?

Estos desmanes ocurrían también en el pasado, se explica, a modo de consuelo nacional. La impunidad del poder es una tradición que en la Argentina tiene casi dos siglos. Acaso sea verdad. Pero, con por lo menos cinco funcionarios del Ejecutivo convictos de corrupción o sospechosos y con un ex director de Aduana ante cuyas narices sirias se lavaron casi once millones de narcodólares, antes no se ganaban las elecciones. Ahora sí.

Pocos países pueden seguir indemnes después de dos generaciones de autoritarismo y de una dictadura que hizo desaparecer a casi treinta mil personas. Pero a España le fue peor con su millón de muertos de la guerra civil y con las mediocridades franquistas que la sucedieron. Alemania quedó en ruinas después de la pesadilla nazi. En ninguno de esos dos países, sin embargo, las distracciones oficiales permitieron a los módicos empleaditos de ayer comprar hoy casas de un millón de dólares en San Isidro o exhibir en las noches del hotel Alvear modelos de la ignota Elsa Serrano que cuestan cinco mil aunque sin duda valen la centésima parte. Por un abuso de influencias muchísimo más discreto que esas jactancias, el sevillano Juan Guerra hizo caer del pedestal a su hermano Alfonso, la mano derecha de Felipe González.

No son la dignidad, la decencia o el sentido del ridículo los que han cambiado. Es la actitud de la Argentina ante esos valores lo que se ha ido esfumando en la niebla de estos últimos años.

Ya que el poder sigue enarbolando las banderas del peronismo, tal vez sea útil recordar qué calamidades del peronismo genuino eran las que suscitaban escándalo hace cuarenta años. Los extranjeros que pasan por la

Argentina en estos días preguntan, extrañados, si el cinismo fue siempre tan popular entre nosotros. ¿Cómo responderles, sino con el pasado?

Hacia 1950, los desmanes se cometían con franqueza, a lo bruto o, más bien, sin las artes de simulación que dejó como herencia la última dictadura. A Evita, por ejemplo, se le reprochaban las joyas y los vestidos que llevó a Europa o los que se ponía para las veladas de gala del Colón. Los trajes eran de Dior, Henriette y Paco Jamandreu. Y aunque la propia Evita aclaró en su testamento de dónde habían salido esos lujos y quién debía heredarlos, una Junta de Recuperación Patrimonial los sacó a remate en 1956 como si fueran las joyas de la corona. No hubo quien pagara un centavo por ellos, porque ya estaban fuera de moda y porque la gente que podía comprarlos no quería recordar entonces que Evita había existido.

Otro de los escándalos de aquel tiempo eran los paseos dominicales de Perón en motoneta, con estudiantes secundarias como escolta. No es un secreto que una de ellas, de catorce años, se quedaba a dormir con el Presidente en la residencia de Olivos. Por ese crimen de estupro, Perón fue privado de sus insignias de general y separado con indignidad del Ejército. En 1962, ya exiliado, se vengó, casándose con Isabelita, a la que le llevaba treinta y siete años. Del presidente Carlos Menem se han contado historias más lujuriosas, todas sin pruebas, pero a nadie (con toda razón) le quitan el sueño. No puedo imaginarme, en cambio, qué hubieran escrito Borges o Ezequiel Martínez Estrada, a quienes "el tirano prófugo" arrancó las injurias más ilevantables, si a Perón le hubieran entretejido el pelo o le hubieran restaurado la imagen con afeites de colágeno.

Es verdad que los tiempos son otros y que ahora no serían posibles crímenes como el que, en julio de 1955, acabó con el médico rosarino Juan Ingalinella ni torturas como las que por esos mismos meses sufrieron el estudiante comunista Ernesto Bravo o el abogado radical Juan Ovidio Zavala. Las víctimas de las que se habla en 1993 no provienen de la intolerancia política sino de los malos hábitos policiales, a los que la democracia no ha sabido poner freno.

Durante el primer gobierno de Perón, las apariencias se defendían con un celo que ya se ha convertido en negligencia. A nadie le importa el qué dirán, lo que tal vez sea saludable cuando se trata de la vida privada, pero no cuando está en juego el patrimonio público. En la conducta del presidente Menem hay un estilo distendido que sus funcionarios menos inteligentes suelen imitar hasta la adulación. Lo peor es que ese estilo empieza a impregnar el país entero. La Argentina vive como en sordina, sin mirar hacia adelante ni hacia atrás, con una euforia ciega por los triunfos del presente, si es que hay otros triunfos aparte de la estabilidad y de la alucinada venta de las empresas estatales.

En los tiempos del primer peronismo, la Argentina se enorgullecía de su precaria industria que se llamaba entonces Flor de Ceibo, de la equidad en el reparto de las riquezas (a la que se definía como justicia social, con perdón por la vejez de esos términos) y de una cierta noción de soberanía, que a Borges solía indignarlo, porque se degradaba en nacionalismo. La modernidad no se concebía sin esos valores.

Los "cabecitas negras" y los "grasas" de las orillas inspiraban a la gente bien pensante de aquellos años el mismo terror por lo desconocido —o lo bárbaro— que un siglo antes habían sentido los unitarios ante los mazorqueros de Rosas o, más tarde, los "galeritas" conservadores ante "la chusma" radical de Hipólito Yrigoyen. Uno de los escándalos de 1946 era ver a los obreros recién convertidos en diputados presentarse a las veladas del teatro Colón con los fracs que alquilaban en Casa Martínez. La clase ilustrada y la burguesía dominante eran entonces una sola cosa. Ahora es al revés: la moda es ufanarse de ser inculto e ir al Colón con media joyería Ricciardi en los dedos y el escote. Ya no se trata de ocultar los bienes o los males habidos sino de que todo el mundo los vea, y los envidie.

Si el Presidente fuera reelegido, acaso debiera aprovechar su próximo período para restituir al país la ética que yace en pedazos, mordiendo el polvo, transfigurada en chabacanería y cholulismo. Atenuar la injusticia social está quizá fuera de su alcance, porque no le alcanzará el tiempo para restañar tanto daño, o porque el daño es ya irremediable. Pero los restos finales de decencia, que ahora están en peligro, no tendrían por qué perderse. No hay quien quiera comprar esa decencia, es imposible privatizarla y la única que tiene interés en ella es la Argentina que viene.

(1993)

Complejos de inferioridad

Una de las flaquezas de las que adolecemos los argentinos es suponer que el mundo está pendiente de todo lo que nos pasa. Cuando Borges regresó de su primer viaje al Japón, un periodista le preguntó en el aeropuerto: "¿Qué piensan allá de nosotros?". "Nada", respondió Borges con naturalidad. "Me parece que no piensan nada. Tal vez ni siquiera saben que existimos." "Son unos ignorantes, entonces", replicó el periodista, contrariado. "No", dijo Borges con irónica cortesía. "Sólo son distraídos."

Que el presidente argentino esté inquieto por lo que piensan de él en los Estados Unidos forma parte de esa exageración legendaria. Pocos saben quién es. Los Estados Unidos están demasiado enfrascados en sus propios intereses como para prestar atención a un aliado que los adula casi hasta el extremo del estorbo.

En sus viajes a Washington, Menem ha abrumado al presidente Bill Clinton ofreciéndole más cosas de las que le pidieron a cambio de casi nada. Los diarios de Buenos Aires informaron que a la Casa Blanca le entusiasmó la idea de establecer una alianza militar parecida a la de la OTAN. Tal alianza permitiría a las Fuerzas Armadas argentinas ofrendar tareas de inteligencia externa, apoyo logístico y control aéreo en la lucha contra el narcotráfico y el terrorismo. Esa oferta multiplica otros afanes anteriores del gobierno nacional por colaborar con los militares norteamericanos en la guerra del Golfo (1991) y en las misiones de paz a Bosnia y Oriente Medio. "La alianza con los Estados Unidos es absoluta e inconmovible", declaró Menem, como si nadie lo supiera.

El celo por agradar a Washington evoca el que algunos políticos advenedizos tenían por agradar a Perón en 1971 y 1972, cuando se vislumbraba que podía regresar del exilio y reconquistar el poder. En Puerta de Hierro fui testigo de un incidente memorable. Un ingeniero se apersonó con varios planos de un puente fastuoso —entonces utópico— tendido sobre el Río de la Plata, entre Buenos Aires y Colonia, que se prolongaba en una autopista de ocho carriles a Montevideo. El puente iba a llamarse Presidente Perón y el ingeniero ofrecía gestionar la construcción sin pedir nada a cambio: sólo el apoyo verbal del anciano exiliado. "La idea es muy buena", concedió Perón. "Usted métale nomás y ojalá tenga suerte." Casi en seguida, despidió al visitante con algunas palmadas en la espalda.

Creí que Perón estaba enterado de cómo se financiaría el costoso proyecto y le pregunté, cauteloso, si había empresas uruguayas y argentinas ya comprometidas. "Vaya a saber", respondió el General. "Usted oyó lo mismo que yo." Desconcertado, le dije: "No entiendo entonces por qué le dio su apoyo al ingeniero. Mire si todo es al final un papelón".

"Cada semana vienen a verme diez o quince personas con grandes ideas", me explicó Perón, "y a todas les digo que sigan adelante. ¿Para qué desilusionarlas oponiéndome? Si les va mal, yo no tengo nada que ver. Y si les va bien, ya me han asociado a su hazaña. Como se da cuenta, para mí es pura ganancia."

La Argentina no parece haber aprendido aún la lección que Europa conoce de memoria. Esa lección enseña que los Estados Unidos sólo se preocupan por otros países cuando afectan su armonía interna o amenazan su sistema de valores. México, por ejemplo, era un aliado imprevisible —y por lo tanto respetable—, sobre todo por su política de solidaridad con Cuba. Después del NAFTA y del socorro abrumador que Clinton debió enviar para que se atenuaran los efectos de la catastrófica devaluación del peso, México se ha convertido en un país domesticado. Su única amenaza tiene que ver con el descontrol migratorio que está cambiando, a paso rápido, la cara de California, Texas y Arizona.

Más complejo es el problema con Colombia, declarado "país de alto riesgo" para los turistas norteamericanos. Estados Unidos lo puso en la lista negra no sólo por la enloquecida marea de secuestros que aflige a los que viven allí o están de paso, sino también porque el presidente Ernesto Samper llegó al poder —se insiste— gracias a una campaña financiada por el narcotráfico. Los colombianos —incluyendo a los adversarios de Samper— replican que es difícil combatir la producción de drogas mientras Estados Unidos no desmantele las mafias de consumidores. Nadie quiere ceder un tranco en ese tira y afloja.

Quienes padecen las consecuencias del conflicto son los colombianos que se aventuran a viajar a los Estados Unidos. A fines de octubre, Mercedes Barcha —la esposa de Gabriel García Márquez— vivió un serio incidente en el aeropuerto de Newark, Nueva Jersey. Un oficial de la Aduana la declaró en situación de sospecha porque tenía "demasiados sellos en el pasaporte". Mercedes le aclaró que si viajaba tanto era por acompañar a su marido, "un escritor famoso que tal vez usted haya oído nombrar". El oficial decidió agraviarla. "El presidente de su país es más famoso —dijo— y cuando vino a Nueva York tenía diez libras de cocaína escondidas en el avión." Aludía al extraño incidente que había vivido Samper en setiembre, cuando antes de salir de Bogotá rumbo a la conferencia de las Naciones Unidas se descubrió que le habían plantado drogas en los paneles interiores del avión presidencial.

Si el terrorismo y el narcotráfico hacen sonar todas las alarmas del gobierno norteamericano, esas alarmas son también altamente sensibles a los síntomas de corrupción. La corrupción afecta la transparencia en los negocios y, potencialmente, los intereses de los Estados Unidos, como Menem debió aprenderlo en carne propia durante el episodio conocido como Swiftgate, un pedido de coimas a esa empresa de alimentos denunciado por el embajador Terence Todman. Por ahora, la Argentina no está en la primera línea de fuego. Problemas como las aduanas paralelas o las licitaciones arregladas son pálidos en comparación con los permisos mineros en Venezuela (que están destruyendo todo el sistema ecológico de la cuenca del Orinoco) o el tráfico de influencias en México.

Suponer que las quejas contra la corrupción se apaciguan con retóricas alianzas para la guerra o con oficinas de ética es entender sólo a medias las reglas de estas "relaciones carnales" en que nos hemos metido. Si la corrupción se acentúa o si salpica a las cabezas del Estado —como sucedió en Brasil con Fernando Collor de Melo— no servirán de nada las adulaciones ni las tropas en Bosnia o los barcos enviados a la guerra del Golfo. Para los Estados Unidos, no hay alianzas ni apoyos logísticos que estén por encima de los intereses de los Estados Unidos.

La Argentina debiera, quizás, aprender esa lección. En vez de preguntar qué piensan de nosotros allá afuera sería preferible mejorar las imágenes de adentro. Hay una generación entera de jóvenes desocupados que no sabe ahora qué hacer con el país, mientras el país tampoco sabe qué hacer con ellos.

(1995)

El dolor de ya no ser

El éxito de la Argentina como nación era un fenómeno que los europeos y los norteamericanos estudiaban, hace más de medio siglo, con una cierta curiosidad. En 1942, el periodista Colin Clark vaticinó que la economía argentina sería la cuarta del mundo antes de que pasaran veinte años. Los adolescentes que iban a escribir las grandes novelas y poemas latinoamericanos de los años siguientes aguardaban con avidez las entregas mensuales de revistas como *Sur* y *Leoplán*, colmaban sus bibliotecas con los libros de Losada, Emecé y Sudamericana, y se extasiaban en el secreto de los cines con las películas de Luis Saslavsky, Mario Soffici y Francisco Mugica. La cultura argentina impregnaba el continente y despertaba, a la vez, una genuina gratitud.

Aunque las esperanzas imperiales se derrumbaron después de la Segunda Guerra, los argentinos siguieron creyendo que su grandeza se mantenía intacta. La brecha abierta entre la pobre realidad del país y las ilusiones majestuosas de sus habitantes tornó antipáticos a los viajeros nacionales que se aventuraron por España, Venezuela o México a partir de los años sesenta. La leyenda del argentino fanfarrón, arrogante y ostentoso se instaló entonces en el imaginario latino con una intensidad difícil de modificar.

En 1965, Buenos Aires estaba representada para muchos por un Homero erudito y ciego que urdía fábulas con espejos y laberintos en una biblioteca infinita, o por un novelista de dos metros de altura que escribía, desde París, en un lunfardo universal: "Apenas él le amalaba el noema, a ella se le agolpaba el clémiso". Esas imágenes fueron prontamente sustituidas por la de Carlos Monzón exhibiendo cortes de manga en los rings y, más tarde, por la de Diego Maradona respondiendo a las provocaciones del público italiano con insultos y gestos de calibre grueso.

¿Cómo se construyó la ilusión de superioridad e, inversamente, como se vinieron abajo las esperanzas de grandeza? En uno de los mejores ensayos publicados durante 1990, Carlos Escudé supone que la "educación patriótica" impuesta desde 1908 en las escuelas primarias por José María Ramos Mejía es una de las simientes del autoritarismo, el militarismo y el nacionalismo enfermizo que se abatieron sobre la Argentina en las décadas siguientes.

Pueden —sin embargo— encontrarse signos anteriores de soberbia racial en *Conflicto y armonía de las razas en América*, de Sarmiento; en algunas *Causeries* de Lucio V. Mansilla, y en las paternalistas páginas de *En viaje* de Miguel Cané. Poco antes de partir a Colombia y Venezuela como ministro residente, en 1881, Cané escribía, exaltado: "Desde los extremos de la Patagonia a los límites con Bolivia, desde las márgenes del Plata al pie de los Andes, no se oye sino el ruido alentador de la industria humana [...] Las ciudades se transforman ante los ojos de sus propios hijos que miran absortos el fenómeno; las rentas públicas se duplican; el oro europeo acude a raudales, para convertirse en obras de progreso [...] Tenemos motivos de pura satisfacción. [...] El Uruguay, en cambio, no ha salido aún de la época difícil [...] El día que los orientales pidan, por la voz de un congreso, volver a ocupar su puesto en el seno de la gran familia, serán recibidos con los brazos abiertos y tendrán un sitio de honor en la marcha del progreso".

Antes y después del Centenario, algunos extranjeros ilustres desembarcaron en Buenos Aires para estudiar qué pasaría con tanta prosperidad. La mayoría celebró las ilusiones de grandeza. Sin embargo, el astuto Georges Clemenceau advirtió que los argentinos estaban aquejados de una cierta embriaguez. En sus apuntes de viaje escribió que, si bien la palabra "futuro" estaba en todas las bocas, había un exceso de confianza en que la riqueza nunca se acabaría. "El éxito suele perder a las naciones inmaduras", dictaminó.

Poco después, en la séptima serie de *El Espectador* (1930), Ortega y Gasset fue aún más implacable que Clemenceau: "Acaso lo esencial de la vida argentina es ser promesa", escribió. "... cada cual vive desde sus ilusiones como si ellas fuesen ya la realidad. [...] En el argentino predomina, como en ningún otro tipo de hombre, esa sensación de una vida evaporada sin que se advierta."

El estadista francés y el filósofo español expresaban, así, una misma imagen: los argentinos eran incapaces de sentir el presente. Se aferraban a los sueños del pasado o a las utopías del futuro. El presente se les escurría implacablemente de la vida, como un espejismo de mercurio, y cada vez que trataban de llegar a él, ya estaba lejos. La gloria de cien años que prometió Juan Carlos Onganía, la "Argentina potencia" predicada por López Rega, el país "derecho y humano" del dictador

Jorge Rafael Videla y las recientes ofertas gubernamentales de llegar a las puertas del Primer Mundo son metáforas de un país que se niega a verse tal como es y, por lo tanto, no entiende por qué le llueven los infortunios.

La irrisoria derrota de las Malvinas o las estadísticas funerarias de la dictadura no mellaron el orgullo nacional. La razón de la desdicha estaba siempre en otros, o en otra parte. En su *Patología del nacionalismo*, Carlos Escudé expone las sorprendentes síntesis de una encuesta de comienzos de los años ochenta: "Una mayoría de la población argentina cree que: 1) el mundo tiene mucho que aprender de la Argentina; 2) la Argentina no tiene nada que aprender del mundo; 3) la Argentina es el país más importante de América Latina; 4) en ningún país se vive tan bien como en la Argentina; 5) la Argentina merece un lugar importante en el mundo; y 6) los científicos y profesionales argentinos son los mejores del mundo".

Esas ilusiones de grandeza se traducen en intolerancia, veneración del orden y búsqueda de jefes fuertes y autoritarios tanto en el gobierno como en el trabajo y la estructura familiar. Los chauvinistas argentinos bajan líneas y no se interesan en saber cómo piensan o qué quieren los demás.

Los momentos de mayor riesgo son los de alteración social: a fines de mayo de 1989, cuando la inflación se descontroló y algunos supermercados fueron saqueados en Rosario y el Gran Buenos Aires, las nostalgias autoritarias recuperaron el nivel que habían alcanzado a fines de 1975. A veces, en lo peor de la realidad, una voz que viene de arriba promete que llegaremos a la grandeza por predestinación, por fatalismo, por un mero ímpetu de la voluntad.

En los últimos dos años, los argentinos empezaron a mirarse a sí mismos con ojos más escépticos. El antiguo esplendor de Buenos Aires se caía a pedazos. Las caravanas de familias escarbando en las bolsas de basura o disputándose los desechos de los mercados eran espectáculos que nadie podía soslayar. Una y otra vez, sin embargo, el Presidente afirmó que nos faltaba poco para figurar entre los veinte países más poderosos del mundo, tal vez sin advertir que para cumplir con el vaticinio la Argentina debe multiplicar por cinco su producto bruto anual durante diez años y esperar que países como Dinamarca, Holanda o Bélgica no crezcan nada en ese mismo lapso. Por ese camino, la ilusión siempre derrota a la realidad.

Mientras casi un sesenta por ciento de la población adulta sigue creyendo que "somos el país más importante de América Latina", para Europa y Estados Unidos la Argentina significa lo mismo —o casi lo mismo— que Sudán, Bolivia o Mongolia: un país de territorio gigantesco situado en el patio trasero de otro país mayor; *down there*, allá abajo, como solía decir Ronald Reagan.

(1992)

Lecciones de necrofilia

La pasión argentina por la mudanza de cadáveres tiene
una larga historia y ha suscitado infinitas conjeturas.
Hace medio siglo, los maestros de las escuelas primarias daban frecuentes clases especiales —por obligación o no— sobre las últimas palabras de los héroes.
Uno de las referencias favoritas era el creador de la
bandera, Manuel Belgrano, quien exhaló al morir este
lamento: "¡Ay patria mía!". Con frecuencia recons-
truían también las horas finales de un joven revolucio-
nario jacobino —Mariano Moreno—, que se ingenió
para gritar en alta mar, antes de que lo fulminara un
síncope: "¡Viva mi patria aunque yo perezca!". De San
Martín nada se sabía. Algunos maestros le atribuían la
queja final de Goethe —"¡Luz, más luz!"—, pero decían que era una leyenda.

En esa época —como ahora— los próceres eran
conmemorados el día de sus muertes, no de sus nacimientos. Una de las lecturas obligatorias de sexto grado
era el poema "Avellaneda", de Esteban Echeverría, que
refiere con detalles macabros el asesinato del jefe de la
conjura de la Liga del Norte contra la tiranía de Rosas.
El recuerdo de la última estrofa me convirtió hasta hoy
en un insomne incurable: "Se vio entonce a una especie
de esqueleto,/ de tez de azufre y lívida mirada,/ soltar

estrepitosa carcajada;/ y aflojando la rienda a su caballo/ de aquel sitio alejarse como un rayo,/ con voz ronca y preñada de rencores:/ 'Mueran', gritando, 'mueran los traidores';/ y millares de bocas repitiendo/ aquel grito feroz, suena estupendo".

El inventario necrofílico de la Argentina se enriquece a partir de ese poema. En 1840, Juan Lavalle, jefe de la oposición militar a Rosas, fue abatido por un balazo casual en la ciudad de Jujuy. Sus hombres quisieron preservar el cadáver de la inquina de los enemigos, que lo buscaban para degollarlo póstumamente. Condujeron el cuerpo a través de socavones y lechos de ríos muertos, con la esperanza de llegar a Potosí, en el Alto Perú. Era verano. Cuanto más avanzaban, más intolerable se les tornaba la compañía de aquel general marchito, en cuyo cuerpo la muerte hacía estragos. Resolvieron entonces detenerse a orillas de un arroyo y descarnar los despojos. Uno de los cincuenta y siete oficiales del cortejo saludó al esqueleto con esta frase inolvidable: "¡Al fin lo vemos sonreír, mi general, después de tanto llanto!".

En 1952, cuando el velatorio de Evita Perón convocó a setecientos mil dolientes que aguardaron durante días enteros bajo la lluvia helada de Buenos Aires, con la esperanza de acercarse al cadáver y tocarlo, las agencias internacionales de noticias supusieron que esa pasión por un cuerpo muerto era un hecho nuevo en la Argentina. Ya había sucedido de manera casi idéntica en 1838, durante las fastuosas exequias de Encarnación Ezcurra, la esposa de Juan Manuel de Rosas. Cientos de mujeres se desmayaron entonces al paso del cortejo fúnebre. La voracidad de las multitudes por acercarse a los féretros y por tocarlos deparó también algunas víctimas en los entierros de Hipólito Yrigoyen (1933), de Carlos Gardel (1935) y del boxeador Ringo Bonavena (1976).

¿Cómo no acordarse de las manos de Juan Perón, robadas de su tumba en la Chacarita el 1° de julio de 1987, sin que nunca se supiera cuál fue la razón? ¿O del corazón de fray Mamerto Esquiú, escamoteado de la catedral de Catamarca en octubre de 1990, aunque reapareció intacto a los pocos días, cuando el obispo estaba por pagar un rescate?

Por azar o por deliberación, el gobierno del presidente Carlos Menen ha estimulado la moda funeraria. En octubre de 1989, cuando su plan económico parecía a punto de naufragar, ordenó que se repatriaran las cenizas de Juan Manuel de Rosas, quien yacía exiliado desde 1877 en una tumba de mármol rosa del cementerio de Southampton.

Semanas después, entre noviembre y diciembre, el Congreso y algunos municipios peronistas, afanosos por imitar a Menem, fueron inundados de proyectos para trasladar tumbas de próceres y caudillos de una ciudad a otra. Ricardo López Jordán fue llevado a Paraná; Vicente López y Planes a la ciudad de Vicente López. Ciertos viajes póstumos quedaron providencialmente frustrados a última hora, como el de Sarmiento a San Juan, el del maestro William Morris al pueblo de William Morris y el del filósofo Alejandro Korn a la previsible estación ferroviaria de Alejandro Korn, cerca de La Plata. Jorge Luis Borges, Lola Mora y el ex presidente Héctor J. Cámpora figuraron por algún tiempo en las listas de posibles movilizados.

Uno de esos éxodos desdichados fue el de Juan Bautista Alberdi, cuyo féretro peregrinó desde la Recoleta a Tucumán el 4 de setiembre de 1991, en vísperas de una reñida elección para gobernador en la que competían Palito Ortega y Domingo Bussi. Aquél era aventajado en las encuestas por seis o siete puntos. El emotivo discurso federalista del presidente Menem y la exhibición del ataúd ante una multitud, en la plaza principal, ayudaron a invertir el resultado. Quien pagó el precio de la disputa no fue sin embargo Bussi —elegido de todos modos cuatro años después— sino los despojos de Alberdi, turbados con frecuencia por la tremolina de los bombos y el resoplido de los caballos policiales cada vez que hay marchas de protesta.

El 12 de julio de 1996, por pedido de su madre, Zulema Yoma, volvió a exhumarse el cuerpo de Carlos Menem junior, quien sucumbió en un accidente de helicóptero cerca de Rosario. Poco después de la muerte del hijo, Zulema, en una variante trastornada del drama de Antígona, insinuó la hipótesis de un asesinato: "A Carlitos —dijo— lo mató la mafia enquistada en el poder". Luego supuso que el cadáver enterrado en el cementerio islámico de San Justo no era el verdadero. Ciertos episodios alentaban sus sospechas: el cuerpo había quedado solo un cuarto de hora durante el velatorio, en la residencia de Olivos, mientras trabajaba un equipo de limpieza, y el ataúd de caoba original mostraba, meses después, algunas fracturas.

En la Argentina se prestó poca atención a esas protestas, quizá porque los nervios de Zulema —inestables, quebrados por las tempestades de su matrimonio— se le descontrolaron por completo después de la muerte del hijo. Un juez aceptó al fin sus reclamos. El cadáver fue exhumado un viernes a las cuatro de la madrugada y desplazado hasta la morgue judicial de la calle Viamonte, donde la autopsia tardó cinco horas. "Ahora sé, por fin, que se trata de mi hijo", admitió Zulema cuando le confirmaron la identificación. "Ahora voy a rezar tranquila ante su tumba."

La tumba, sin embargo, ya no es la misma. Recelosa hasta de su sombra, la ex primera dama retiró el cuerpo del panteón de su propia familia y lo trasladó a una bóveda nueva, a resguardo de secuestros y mudanzas que "podrían", como ella dijo, "ser decididos desde arriba". Después de tantos infortunios, imaginarios o reales, los despojos al fin le pertenecen por completo. Es un pobre consuelo, pero es mejor que el vacío, la nada y el silencio que siguen atormentando a Otras Madres.

Hay un acto de ese minué funerario que a Borges quizá le hubiera gustado contar. A fines de febrero de 1994, los despojos del poeta nacional Leopoldo Lugones fueron trasladados, con pompa y circunstancia, a la ciudad de Villa María, situada ciento cincuenta kilómetros al sur de Córdoba, pensando que se trataba de su pueblo natal. A última hora, alguien advirtió que Lugones había nacido en la casi homónima Villa de María, que está cuatrocientos kilómetros al norte de la anterior, sobre la misma ruta, pero ya no quedaba tiempo para hacer el cambio, de modo que el poeta yace ahora en un lugar equivocado.

La necrofilia florece —como las guerras— en los momentos de crisis nacional o de dudas sobre el futuro. Permite invocar las grandezas del pasado y, aunque sólo sea por algunas semanas, resucitar sus espejismos. En el fragor de un combate político en Corrientes, el gobierno de esa provincia sugirió trasladar los despojos de José de San Martín desde el santuario donde yacen, en la Catedral de Buenos Aires, hasta la casa natal de Yapeyú. También las urnas de los padres de San Martín debían ser desplazadas del cementerio de la Recoleta hasta el mismo sitio. Era una idea que nadie había osado tener hasta ese momento, en febrero de 1996. El testamento del Libertador es inequívoco sobre su destino último: "Prohíbo que se me haga ningún género de funeral; y desde el lugar en que falleciere se me conducirá directamente al cementerio sin ningún acompañamiento; pero sí desearía que mi corazón fuese depositado en el de Buenos Aires".

¿Cuál puede ser el sentido de tanta pasión hipnótica por la muerte? "Toda manifestación de necrofilia es una señal de autodestrucción", me ha dicho un psicoanalista. "En esas pulsiones de muerte que van y vienen por la historia argentina como un estribillo, puede leerse la voluntad de no ser: no ser persona, no ser país, no abandonarse a la felicidad". Un país que no sabe qué hacer con su pasado corre el peligro de no saber qué hacer con su porvenir.

(1996)

Primavera del '55

La memoria es arbitraria y ciertos recuerdos suelen desencadenarse porque sí. Una vez que se han instalado en la imaginación ya no quieren moverse y el único modo de librarse de ellos es contándolos. Casi toda escritura nace del tormento de algún recuerdo.

1955, el año en que me tocó servir como colimba, fue uno de los más caudalosos en golpes de Estado y acuartelamientos.

Colimba se le llamaba al servicio militar obligatorio en la Argentina, hasta que el asesinato de un soldado en Neuquén y el relato de otros abusos de oficiales que usaban a los conscriptos para sus servicios domésticos vieron la luz de la indignación nacional. No en vano *colimba* era la abreviatura de las tres misiones esenciales de los soldados forzosos: corre, limpia, barre.

Aquel año hubo dos revueltas contra Perón y un derrocamiento palaciego, el de Eduardo Lonardi. Los cincuenta conscriptos de mi batallón pasábamos casi todo el tiempo encerrados en el Comando de la V Región Militar, donde había sólo doce catres. Dormíamos en el suelo de las oficinas.

Setiembre fue el peor mes. Durante dos días nos ordenaron defender a Perón y al tercero nos pasaron al bando rebelde. No disparamos ni un solo tiro pero re-

121

gresamos como héroes. Había olvidado esas historias, pero todo vuelve. Lo que hemos vivido nunca termina de apagarse.

El gobierno de Perón se caía a pedazos desde junio, herido por la quema de la bandera, los incendios de las iglesias y la excomunión del Vaticano. La aviación rebelde había matado a doscientas personas en un bombardeo a la Plaza de Mayo, pero era a Perón a quien se le echaba la culpa de todos los males. El 16 de setiembre, por fin, le dieron el golpe de gracia.

Esa noche nos ordenaron subir a un camión y partir con rumbo incierto. Éramos treinta soldados y cinco suboficiales. Llevábamos la consigna de defender al gobierno. Al caer la tarde llegamos a Graneros, en la frontera sur de Tucumán. El teniente que estaba al mando nos hizo bajar junto a los cañaverales y ordenó que comiéramos unas galletas. Antes de seguir viaje, uno de los sargentos gritó "Viva Perón", y el teniente repitió "Viva", pero en voz baja.

A la mayoría de los colimbas nos habían sacado de la universidad. Ninguno era peronista, salvo el zapatero Ruiz. Le habían enseñado a leer y a coser zapatos. Los oficiales le mostraban revistas europeas y él copiaba los modelos, reforzando las punteras y los tacos para que durasen más. Ruiz los calzaba a todos.

Esa noche, el 17 de setiembre, unos sordos paredones de viento nos advirtieron que estábamos en Córdoba. Acampamos a las puertas de las salinas y, apenas amaneció, salimos a la caza de enemigos. A veces creíamos avistar patrullas que merodeaban por la blancura y nos lanzábamos cuerpo a tierra, al amparo de los camiones militares, acechando sus movimientos. El aire era blanco, quemado por unos puntos blancos que iban y venían como mariposas, y en el horizonte sólo había un resplandor liso y afilado. Tal vez pasaran por allí los enemigos, pero nadie quería acercarse a nadie en aquel infierno sin orillas.

A la noche siguiente, el teniente que nos guiaba oyó unas informaciones por radio e informó que el batallón completo se pasaba, desde ese momento, al bando rebelde. Nos hizo subir al camión y emprender el regreso. Antes de que amaneciera nos detuvimos en un bosquecito de mistoles y jarillas espinosas donde nos desgarramos los uniformes. Allí supimos que Perón había caído y que andaba fugitivo. Nos dijeron que en las calles de Tucumán la gente daba gracias a Dios caminando de rodillas.

Debió de ser así, porque nos recibieron con lluvias de flores y ramitas de laurel. Sobre el río Salí, en el puente que separa la ciudad de los ingenios aledaños, habían desplegado un gran letrero en el que se leía: "Bienvenidos/ Gloria al ejército vencedor".

Sobrevinieron dos o tres días de jolgorio y la disciplina se relajó. Aunque no hubiera razones, yo sentía desazón y tristeza. Ante la puerta del Comando pasaban autos descapotados arrastrando imágenes de Perón y las radios difundían a todo volumen la marcha de San Lorenzo y las voces de algunos locutores de Córdoba. Sin embargo, también vi a gente que lloraba en las paradas de los ómnibus suburbanos. Desde los techos donde montábamos guardia, descubrí a un par de albañiles mientras recogían de la vereda los pedazos destruidos de un busto de Evita y los escondían en una bolsa de arpillera. Por las noches, en la cuadra, oí cómo el zapatero Ruiz suspiraba conteniendo el sollozo. Yo no entendía muy bien por qué mi familia odiaba a Perón ni por qué otros lo querían tanto. Lo único que entendía era que el golpe militar de setiembre había dado felicidad pero también desdicha, y que por mí no pasaba ninguno de esos sentimientos. Yo sólo tenía tristeza, y la sensación de estar en ninguna parte.

Una semana después de la caída de Perón, cuando pensábamos que ya todo había terminado, nos ordenaron formar fila en el patio con uniforme de fajina. Los oficiales que nos mandaban eran casi todos nuevos. Algunos de ellos se habían retirado del ejército durante los años del peronismo, pero el nuevo gobierno estaba reincorporándolos y ascendiéndolos de grado. Uno de los nuevos —creo que un teniente coronel de apellido Rauch— ordenó que sacáramos del arsenal el armamento pesado y que nos preparásemos para un enfrentamiento. A mí me habían entrenado como artillero de una ametralladora de agua, que tosía cien municiones por minuto, pero nunca la habíamos echado a andar. Cuando supe que debíamos reprimir una manifestación de dos mil obreros que avanzaban desde los ingenios hacia Tucumán, cantando la marcha peronista, sentí miedo. El odio de unos contra otros era tanto que esta vez —me dije— sólo podía terminar en muerte.

Salimos a eso de las dos. Un sol húmedo y vigoroso nos hundía en el cuerpo las municiones y los arneses. Cada uno de los soldados debía de llevar encima treinta o cuarenta kilos. Estábamos a las órdenes del capitán de aeronáutica que nos había entrenado meses atrás en un campo de deportes y al que luego perdimos de vista. Se rumoreaba que lo habían tenido bajo arresto por conspirar contra Perón. Ahora estaba de vuelta. Era un hombre ceñudo, retacón, que nunca se reía. A veces, cuando teníamos algún examen en la universidad, nos mandaba a la enfermería para que pudiéramos estudiar. Ni se nos ocurría darle las gracias.

A las dos y media nos apostamos en un extremo del puente, de espaldas a la ciudad, y pusimos vallas en toda la estructura. El río se veía escuálido como siempre, y los ranchos de las orillas parecían vacíos. Yo aprontaba mi ametralladora de agua y, al lado, otros artilleros hicieron lo mismo. Detrás, de pie, dos filas de infantes cargaban sus máuseres. Si los manifestantes franqueaban las vallas, teníamos orden de disparar. "¿Matarlos?", había preguntado el zapatero Ruiz. "Ésa es la orden", respondió el capitán. "Si cruzan las vallas, tenemos que matarlos."

El sol subió, entre vahos de humos anaranjados, y el turbio olor de la melaza cayó sobre la tarde. Pasamos media hora en silencio. Las moscas zumbaban y se posaban sobre las armas. De pronto, los vimos venir. Los dos mil hombres aparecieron en la otra punta del puente con sus overoles de trabajo y sus alpargatas raídas. Llevaban machetes, palos, lanzas con cuchillos en la punta y, de a ratos, los alzaban en son de amenaza. Cantaban la marcha peronista, como nos habían dicho, pero al entrar en el puente algunos se pusieron a gritar "¡La vida por Perón!".

El capitán ordenó que preparáramos las armas.

Los manifestantes avanzaron a paso rápido por el puente y antes de que pudiéramos darnos cuenta dejaron atrás las primeras vallas. "¡Soldados, listos!", gritó el capitán. En ese momento supe que no sólo yo sino ninguno de nosotros dispararía. Preferíamos ser fusilados antes que convertirnos en ejecutores de una matanza. Yo apunté mi ametralladora de agua hacia el ciclo y los demás soldados hicieron lo mismo con sus armas. El capitán nos miró de reojo y tal vez comprendió, pero no hizo ningún gesto. "Apunten", dijo, y por la mira vimos las nubes pálidas de arriba y las bandadas de pájaros.

Cuando llegaron a la mitad del puente, los manifestantes se abrieron en abanico. Los hombres se situaron en la retaguardia y pusieron delante a las mujeres y a los niños. No dejaban de cantar y gritar. A medida que avanzaban, cantaban con más fuerza. Dentro de poco los tendríamos encima.

El capitán vaciló un instante. Luego subió a un jeep, enarboló su pañuelo blanco y fue al encuentro de la muchedumbre. Lo vimos bajar, hablar con algunos de los obreros y señalar hacia nosotros. No sé qué les diría. Sólo recuerdo que al cabo de un rato la gente guardó los machetes y, dando media vuelta, empezó a desandar su camino. Una de las mujeres alzó los brazos y, volviéndose hacia nosotros, hizo la V de la victoria. El zapatero Ruiz también alzó las manos, con los dedos abiertos.

Nunca volví a saber del capitán ni de Ruiz. Después de la dictadura de Onganía echaron abajo el Comando y lo convirtieron en una playa de estacionamiento. He pasado muchas veces por esa calle y he vuelto a cruzar el puente sin sentir ningún recuerdo. Pero la historia siempre ha estado allí, esperando que alguien la contara.

(1994)

Con el pasado que vuelve

Si por azar me preguntan qué cosas del pasado recuerdo con más intensidad, contesto con una involuntaria paradoja: "Lo que más recuerdo es lo que no he visto". Así lo siento, exactamente: recuerdo lo que no he tenido, trato de incorporar a mi memoria lo que no sé. Y lo que más extraño (que es la otra manera de nombrar lo que más recuerdo) son, casi siempre, experiencias colectivas argentinas en las que no estuve y que siguen conmoviendo todavía la imaginación de la gente. Pienso en las grandes mareas históricas convocadas por los entierros de Gardel, de Evita y de Bonavena, en la vigilia del 17 de octubre, en el regreso de Perón a Ezeiza, en las ilusiones de diciembre de 1983. Sobre esas historias escribo. Nada se recuerda tan hondamente como lo que no se pudo vivir.

Hace poco revisé algunos archivos de 1934/35, cuando el mundo era otro. La voz humana, que hasta entonces sólo se podía conservar en unos cilindros rígidos, empezaba a ser grabada en cintas flexibles que cabían en el bolsillo. En Canadá nacieron las quintillizas Dionne, que pesaban menos de un kilo y que sobrevivieron a la infancia pero no a las desdichas de la celebridad. Las tenistas profesionales, que llevaban por primera vez faldas cortas, fueron protegidas del entusiasmo masculino en Wimbledon con un sistema de radios en miniatura. El legado pontificio Eugenio Pacelli —que sería Papa cinco años después— presidió en Buenos Aires el Congreso Eucarístico. Allí repartió seis mil hostias de dos centímetros de diámetro en la gran cruz que se alzaba frente al Monumento de los Españoles, en Palermo. Esas historias me sorprendieron, pero no sentí por ellas la menor añoranza. Había, sin embargo, un episodio que me hubiera gustado recordar: el vuelo del dirigible Graf Zeppelin sobre las atónitas azoteas de Buenos Aires.

En el Museo del Aire y el Espacio de Washington se exhiben partes del Zeppelin. No sé si es el mismo que aterrizó en Campo de Mayo a fines de junio de 1934, pero tampoco importa: todos se parecían. Las literas de dos pisos copiaban las de los barcos alemanes, con altas ventanas que daban al cielo abierto. En el enorme comedor cabían unos cincuenta comensales, que debían sentarse a las mesas vestidos de gala. La distracción del largo viaje era caminar por los pasillos como por las veredas de una plaza, contemplando a un lado el horizonte de nubes e imaginando bajo los pies el vientre enorme del dirigible, compuesto por células metálicas infladas con helio, dentro de las cuales había miles de otras células llenas de hidrógeno.

Sesenta años atrás, viajar en zeppelin era el capricho supremo de los millonarios. El célebre charlista Federico García Sanchiz, que convocaba multitudes, explicaba una vez por semana, desde el escenario del cine Ópera, las bellezas de la travesía. Los asistentes pagaban cinco pesos, que era entonces una barbaridad. Pero el pasaje entre Recife, al nordeste de Brasil, y Friesdrischafen, al sur de Alemania, costaba mil dólares, el precio de un automóvil de lujo.

Al principio, antes de que hubiera vuelos regulares desde Río, los expedicionarios salían en un hidroavión Cóndor desde la Costanera sur y llegaban tres días después a Recife. El viaje comenzaba al amanecer y duraba unas setenta horas. Poco después de sobrevolar la isla Fernando de Noronha, el capitán de la nave entregaba a cada pasajero un certificado que celebraba el cruce del Ecuador. Rara vez se superaban los 215 metros de altura. El Atlántico parecía interminable, pero los altavoces anunciaban la inminencia de cada paisaje nuevo. Pasaban junto a la boca del volcán Pico da Coroa en las islas de Cabo Verde, sobre los minaretes de Mogador, Casablanca y Tánger, atravesaban Gibraltar y esperaban en Almería el tercer amanecer para contemplar de cerca las siluetas aéreas de Cartagena, Valencia y Barcelona, en España.

Aunque en las colas del dirigible se desplegaban las cruces svásticas del Tercer Reich, nadie reparaba en esa minucia. Los desmanes del nazismo eran aún "respetables esfuerzos patrióticos", y las deportaciones de judíos o las confiscaciones de bienes parecían tragedias pasajeras. Hay que leer los diarios argentinos de aquellos tiempos para advertir con cuánta fuerza los vientos de la historia soplaban en la dirección equivocada.

El piloto de los dirigibles, Hugo Eckener —que detestaba a los nazis, dicho sea de paso—, era en 1934 una celebridad que suscitaba tanto respeto como Einstein o Madame Curie. Cuando apareció en el cielo de Buenos Aires al timón del Graf Zeppelin, el domingo 30 de junio a las 8 de la mañana, suscitó un éxtasis que tardó semanas en aplacarse. Ese domingo, antes de que amaneciera, las azoteas y los balcones altos del centro de la capital hervían de curiosos. Centenares de automóviles quedaron atascados en Haedo, Caseros y Palomar sin poder llegar al polígono preparado para el descenso. Cuando el zeppelin voló sobre el Congreso, miles de mujeres con mantillas, que salían de la Catedral, se arrodillaron en la Avenida de Mayo y dieron gracias a Dios por haberles permitido ver esa señal del progreso. A las 12, cuando la nave despegó rumbo a Montevideo, una enorme cabeza de Geniol fue paseada por la Avenida con una leyenda que decía "¡Espléndido!", la palabra favorita del doctor Eckener.

Los expertos predecían que el zeppelin iba a ser insuperable en los viajes transatlánticos, por "su perfección técnica y su innegable seguridad". Tanto se confiaba en la nave que *La Nación* envió un año después a su mejor cronista, Manuel Mujica Lainez, para que observara en Friesdrischafen los últimos portentos que salían de los hangares del doctor Eckener.

El cronista, que aún no era célebre y al que sólo en la intimidad llamaban Manucho, escribió seis o siete crónicas de extremo barroquismo, en las que ponderó todo lo que pasaba en Alemania por aquellos años: el "fantástico" planetario de Jena, los "magníficos" estadios de los Juegos Olímpicos, las "severas" tumbas de Goethe y de Schiller en Weimar, la "aristocrática" universidad de Heidelberg. En alguno que otro párrafo, se quejaba de las estridencias plebeyas de los nazis y deslizaba veladas advertencias sobre la fiebre militarista de los alemanes.

"Dejo correr la pluma sobre el papel finísimo", escribía Mujica Lainez mientras observaba desde el Zeppelin, al otro lado de las ventanas de mica, los últimos pueblos de Francia. "No se crea que esta maravilla implica sacrificio alguno: ruido incómodo de motores, almuerzos rápidos en los pequeños hoteles del Brasil, escasez de higiene en el dirigible, donde cada kilogramo de peso tiene una importancia fundamental para el equilibrio de la aeronave. Nada de ello. Aquí se viaja tan holgadamente como en el más agradable de los transatlánticos." Para Mujica Lainez, como para casi todos los demás jóvenes escritores argentinos (incluido el incorruptible Roberto Arlt), el Zeppelin era la metáfora de un mundo mejor.

Antes de tres años, sin embargo, esa metáfora se consumiría en llamas. El 6 de mayo de 1937, el Hindenburg, un dirigible mucho más grande que el Graf Zeppelin, explotó sobre un campo de aterrizaje en Lakehurst, Nueva Jersey, nadie sabe (ni aun ahora) por qué. Los tripulantes y casi todos los pasajeros se carbonizaron. Decenas de expertos dictaminaron que los dirigibles y globos aerostáticos eran vulnerables y los hangares de Friesdischafen fueron desmantelados. Los sueños del pasado cayeron de un día para otro en el olvido. Eckener se exilió: acabó sus días en 1954 como jefe de máquinas de la fábrica Goodyear en Akron, Ohio.

Quizá porque he querido siempre recordar lo que no pude vivir, más de una vez me veo a mí mismo a bordo del Graf Zeppelin, regresando a un Buenos Aires en el que nunca estuve. El pasado no se mueve de su sitio, Gardel sigue cantando en el cine Real de la calle Esmeralda y las primeras cuadrillas de albañiles empiezan a demoler la calle Corrientes. La memoria es, al fin de cuentas, una cuestión de lenguaje. Así empezó el mundo, con el Verbo, y tal vez así termine.

(1997)

Videla: las cuentas pendientes

Veinticinco años después del golpe militar que cambió la historia de la Argentina, un vasto coro de voces oficiales insiste en que es preciso "reconciliar los espíritus" para disipar los desencuentros del pasado y avanzar hacia una comunidad nueva y mejor. Pero no hay reconciliación posible si antes no se entiende por qué le pasó al país lo que le pasó, qué clase de comunidad éramos en 1976 y qué residuos de aquella comunidad sobreviven en la de ahora.

Casi todos los debates librados durante la democracia pusieron el acento en la indignidad y enormidad de los crímenes cometidos por el Estado dictatorial de 1976-1983. Con menos frecuencia se ha subrayado que esos crímenes no podrían haberse cometido sin el consentimiento y hasta la aprobación entusiasta de casi toda la sociedad. Los debates han disimulado o soslayado el hecho de que en la Argentina cotidiana había algo perverso, enfermo, y que esa perversión puede seguir ahora, larvada bajo otros signos.

Si todavía siguen discutiéndose con encono la dictadura de Juan Manuel de Rosas, la conquista del desierto que decidió el exterminio de miles de indígenas, los bombardeos a la Plaza de Mayo y los incendios de iglesias en junio de 1955, ¿por qué habría de esperarse una reconciliación obligatoria sobre lo que sucedió hace apenas un cuarto de siglo? Los crímenes de 1976-1983 afectaron demasiadas vidas, desbarataron demasiados principios morales, corrompieron a la sociedad pero, sobre todo, hicieron de la Argentina un país peor. Los males de ese pasado son, en buena medida, causa de los males de este presente. Quedan todavía demasiadas cosas por aclarar y por discutir antes de alcanzar la reconciliación. Nadie niega que sea necesaria, pero sin un franco debate previo, es prematura.

Algunos de los defensores de la reconciliación señalan que la "guerra sucia" —como la bautizó uno de sus protagonistas, el ex general Jorge Rafael Videla— fue desencadenada por la agresión previa de la guerrilla contra las instituciones del Estado. Ciertos adversarios de las leyes de obediencia debida, punto final y amnistía —gracias a las cuales cientos de saqueadores, criminales y torturadores se salvaron de la cárcel— señalan que la guerrilla nació de las injusticias creadas por un poder ilegal. Ambas posiciones parecen no tomar en cuenta que también esas violencias fueron consentidas por una mayoría de la población: que había una caudalosa simpatía por los Montoneros y todo lo que ellos simbolizaban entre marzo y junio de 1973, durante la transición entre los gobiernos de Alejandro Lanusse y Raúl Lastiri; que el país celebró como héroes a los generales grises que asaltaron el Estado en 1966 y 1976, y que no reaccionó, por pasividad o por temor, contra los abusos y las ridiculeces del siniestro José López Rega, que ejerció un poder casi absoluto durante las presidencias consecutivas de Juan Perón y de su viuda, Isabel.

La celebración del autoritarismo —aun por dos de los intelectuales más ilustres de la Argentina: Jorge Luis

Borges en 1956 y 1976, y Ernesto Sábato en 1966—, los signos de intolerancia y de resentimiento que se multiplicaron desde 1930, y la sumisión ciega a poderes tan perversos como extremos, todas esas cualidades que estaban en "el espíritu de la comunidad" argentina, son las que abrieron paso a las aberraciones cometidas por Videla, Massera y sus cómplices. Aunque a escala menor, y dentro de un contexto menos explosivo, la sociedad argentina de 1976 no difería demasiado de la sociedad alemana de 1933, el año en que surgió el nazismo.

Si la Alemania del siglo XXI ha empezado a reconstruirse como una comunidad moderna y diversa es, precisamente, porque allí se libra todos los días, y en todos los tonos, un debate sobre el pasado autoritario. Desde la ex comunista Christa Wolf hasta el escéptico Gunther Grass —un incrédulo de la unificación—, nadie se calla la boca. La reconciliación se construye a partir de la discusión, y no al revés. Aun así, los alemanes están todavía lejos de haberse reconciliado. En un libro ya clásico, *Los verdugos voluntarios de Hitler*, el historiador norteamericano D.J. Goldhagen conjeturó que los fermentos antisemitas instalados en la conciencia de toda Alemania desde hace siglos fueron el inequívoco origen de los abusos del nazismo. En una obra más reciente, *The Third Reich: A New History*, el académico inglés Michael Burleigh supone que la intolerancia y el odio crecieron lentamente, alimentados a la vez por un poder mesiánico y por un pueblo frustrado, ávido de un jefe providencial que le devolviera el orgullo. Esa interpretación me parece más correcta y se asemeja, creo, a lo que les sucedió a los argentinos.

Soldado hasta la exageración, hasta los extremos más obtusos, celoso de los reglamentos y de la misión redentora del ejército, Jorge Rafael Videla sin embargo violó esos modelos al mentirle al Supremo Tribunal Militar que lo interrogó en 1984. Dijo que no sabía de la existencia de campos clandestinos de concentración e insistió en que, cuando se detenía a una persona durante su gobierno, se la ponía a disposición de los jueces. Mintió muchas otras veces, antes y después.

En una reciente biografía sobre el dictador, dos historias definen al personaje y también a su época. Una de ellas es asombrosa. Videla conocía a las monjas Alice Domon y Léonie Duquet, porque ambas habían cuidado con extrema solicitud y ternura a su tercer hijo, Alejandro, que tuvo el infortunio de nacer con deficiencias mentales. Cuando ambas monjas fueron secuestradas por un comando conjunto del ejército y la marina, vejadas, torturadas y asesinadas, Videla no hizo nada para impedirlo. Nada. Vivía en el perpetuo presente de los reglamentos, o en el limbo del Fin Mayor que justifica cualquier medio.

La otra es la obsesión de Videla por la disciplina y los límites, lo que también indica poca fe en su buen juicio. Según el propio hijo del dictador, "es el tipo de persona al que, si se le prohíbe salir fuera del hogar, por las dudas no va a salir ni al balcón; más aún, va a dejar una franja sin pisar, varios centímetros antes de la puerta, para no incurrir en el riesgo de incumplimiento".

Durante décadas, la Argentina sucumbió a la seducción de seres sin imaginación alguna: Onganía gobernaba a través de organigramas escrupulosos; Isabel Perón, cuando no sabía qué hacer, tenía ataques de histeria; Videla, impasible, siguió los dictámenes de terror que otros declaraban imprescindibles y que él mismo, en nombre de la disciplina, aprobaba y encabezaba. Como los grises ejecutores del Holocausto, como Himmler, como Eichmann, como Hoess, Videla forma parte de esa estirpe que ha revelado la mediocridad del Mal y ha demostrado que el demonio puede encarnarse en un hombre cualquiera.

Mientras no se entiendan las razones por las cuales la mayoría de los argentinos vivió con los ojos cerrados el terror cotidiano, como si fuera algo natural y necesario, la reconciliación es una empresa de fracaso. No hay futuro sin una comprensión clara y franca del pasado. En *La vida de la razón*, George Santayana escribió, hacia 1905, una frase que ahora es un lugar común: "Aquellos que no recuerdan el pasado están condenados a repetirlo". Después del nazismo, después de las dictaduras latinoamericanas de los años setenta, después de Videla, la sentencia podría formularse de otra manera: cerrar para siempre el libro del pasado es condenarse a abrirlo de nuevo, todos los días.

(2001)

La identidad perdida

En agosto de 1998, un joven de veintiún años hijo de un ex oficial de la Marina argentina, encontró en Internet una fotografía de su padre junto a las de otros oficiales que habían participado en las torturas y secuestros de los llamados Grupos de Tareas, que actuaban en la Escuela Superior de Mecánica de la Armada (ESMA) bajo las órdenes del ex almirante Emilio Eduardo Massera. La fotografía reveló al joven algo que no había advertido hasta ese momento: una absoluta falta de semejanza física con quienes decían ser sus padres.

En los días siguientes, otras páginas de la web acentuaron su sobresalto. Entre los nietos perdidos que buscaban las Abuelas de Plaza de Mayo había uno que coincidía con su edad y con sus rasgos: el de un niño nacido en una cámara de tortura de la ESMA a mediados de setiembre de 1977. Esas coincidencias lo decidieron a dar un paso inusual. A comienzos de setiembre se presentó ante uno de los juzgados federales, en Buenos Aires, y dijo: "Me llamo Javier Gonzalo Vildoza, pero tal vez soy otro. Quiero saber quién soy. A lo mejor soy hijo de desaparecidos".

Su historia condujo, como se sabe, al arresto de Massera, que en sus tiempos de gloria megalómana se hacía llamar Comandante Cero o el Supremo. A la vez, añadió otros detalles siniestros a una historia cuya barbarie exagera las ya exageradas barbaries de este siglo.

Durante más de siete años, los argentinos estuvieron sometidos a la violencia de un régimen que se adjudicó los derechos de Dios: suprimió la vida de miles de personas sin juicio ni condena previos, negó saber dónde estaban las personas que tenía secuestradas, enterró a muertos con identidad conocida en tumbas anónimas, se apropió de bienes ajenos y de niños, falsificando sus nombres e imponiéndoles otros dueños y otros padres. No por repetidos, esos datos pierden su carácter abominable. Cuanto más se los piensa, más indignos parecen de la condición humana.

El caso de Javier Gonzalo Vildoza ilustra esa indignidad casi hasta el extremo. Cuando sus padres fueron secuestrados y encerrados en la ESMA, el 13 de julio de 1977, Cecilia Viñas —la madre— estaba embarazada de siete meses. Del padre real, Hugo Reynaldo Penino, nadie supo nada más. La historia de Cecilia es uno de los insondables misterios de la democracia: cuatro meses después de la asunción de Raúl Alfonsín como presidente constitucional, seguía llamando a sus padres desde un teléfono secreto, vigilada por sus carceleros, quienes al parecer la mataron entre marzo y abril de 1984. Nunca conoció a su hijo ni supo qué había pasado con él.

Javier es ahora un muchacho de pelo enrulado y oscuro, que convive con uno de los hijos mayores (y reales) del matrimonio Vildoza. Ha logrado establecer una relación afectiva más o menos cercana con un hermano de su madre verdadera y con los once primos que viven en Mar del Plata. Pero todavía no sabe quién es, en verdad. Tiene un pasado que no quiso, una educación y un sistema de valores inculcados no por sus padres sino por el posible asesino de sus padres.

Uno de los más crueles y más inolvidables legados de la última dictadura es su casi inverosímil violencia contra el sagrado derecho a la identidad. Miles de seres humanos fueron, de pronto, un solo No-Ser, sin lugar, sin nombre, sin existencia, sin destino. O fueron dos y tres personas a la vez, como Javier Gonzalo Penino/Vildoza y los otros centenares de hijos de desaparecidos.

Seguí de cerca estas crueles historias gracias a Víctor Penchaszadeh, jefe de la división de Medicina Genética en el Beth Israel Medical Center de Nueva York, quien colabora con la organización Abuelas de Plaza de Mayo desde 1982, cuando algunas de ellas viajaron a los Estados Unidos para denunciar las desapariciones de sus nietos ante las Naciones Unidas y la Organización de Estados Americanos. En esos tiempos, las Abuelas ignoraban que hubiera técnicas para identificar a los nietos perdidos sin recurrir al imposible análisis de la sangre de los padres. Fue Penchaszadeh —providencialmente salvado de un secuestro y exiliado desde 1976— quien les aconsejó que establecieran esas filiaciones a través de los parientes cercanos.

Penchaszadeh ha seguido trabajando desde entonces con las Abuelas. En sus incontables viajes a Buenos Aires —cuatro a cinco veces por año— conoció a algunos de los jóvenes recuperados. De las muchas historias con las que ha convivido, vale la pena evocar dos, que ilustran situaciones casi opuestas.

Ximena Vicario tenía ocho meses en febrero de 1977, cuando sus padres fueron detenidos en las oficinas de la Policía Federal, donde habían ido en busca de sus pasaportes. Los tres se desvanecieron en el aire hasta que, ocho años más tarde, la adopción de la niña por una enfermera de la Casa Cuna llamó la atención de las Abuelas. Hubo un proceso escandaloso y, aun después de probarse genéticamente que Ximena era hija de Juan Carlos Vicario y Stella Maris Gallichio —seguramente asesinados—, la niña se resistió a vivir con los abuelos que la reclamaban. Fue una larga y desgarradora batalla con un final afortunado. Ximena es ahora una aventajada estudiante de Economía con una noción clara de lo que fue y dejó de ser en el pasado. Más de una vez Penchaszadeh la vio en la sede de las Abuelas, frente al antiguo Mercado de Abasto de Buenos Aires, trabajando en el esclarecimiento de casos que se parecen a su vida.

La historia de los mellizos Gonzalo y Matías Reggiardo es en cambio uno de esos interminables enredos jurídicos sin pies ni cabeza, como los de *Casa desolada*, la novela de Charles Dickens. Sucedió casi al mismo tiempo que la de Ximena, en febrero de 1977. Juan Reggiardo y su esposa María Rosa Tolosa, embarazada de siete meses, fueron secuestrados y llevados a un campo clandestino. Algunos testigos sobrevivientes supieron que María Rosa había dado a luz mellizos el 22 de abril. Todos ellos se evaporaron también, como los Vicario: los padres fueron asesinados, los mellizos dejaron de ser quienes eran.

Ocho años más tarde, las Abuelas se enteraron de que un comisario de la Policía Federal llamado Samuel Miara —acusado de torturas y violación de prisioneras en los centros clandestinos— se había apropiado de los mellizos y les había impuesto su nombre. La falsificación no era fácil de probar. La familia Reggiardo había sido diezmada por la represión y el único pariente cercano de los mellizos —un tío materno— vivía en los

Estados Unidos. Los indicios eran tantos, sin embargo, que las Abuelas llevaron el caso a la justicia. La lentitud de los trámites permitió que Miara huyera con los niños a Paraguay. En 1989 se logró por fin la extradición. Pero cuando por fin se completaron los análisis y quedó plenamente probado que los mellizos eran hijos del matrimonio Reggiardo, un juez invalidó las pruebas genéticas porque se habían hecho fuera de la Argentina. Al cabo de otros ocho años, Miara fue enviado a la cárcel. Sólo entonces se ordenó a los mellizos vivir con sus parientes legítimos. Era tarde. Ya en el final de la adolescencia, ambos se negaron. Durante casi dos décadas los habían educado para que odiaran sus orígenes y el pasado de sus padres. ¿En qué identidad podían refugiarse sino en la única que conocían?

Todos los días, en la infinita historia, los seres humanos imaginan una manera nueva de llevar el odio más allá de la muerte. Pocas veces, sin embargo, las consecuencias fueron tan crueles como en la Argentina de 1976 a 1983. Ese pasado está todavía dentro de nosotros, y a pesar de los castigos a Videla y a Massera, no hemos sido capaces de abarcar todavía su inmensa malignidad.

(1998)

Una dinastía sudamericana

Perón y Menem entran en el paraíso

Peronismo fue siempre una palabra maldita en los Estados Unidos. Evocaba las escenografías del fascismo, los delirios de grandeza de Napoleón III, las calamidades del autoritarismo y de la demagogia. Hay por lo menos dos libros que equiparan a Perón con el gobernador Huey Long, un caudillo populista de Louisiana que a mediados de los años treinta trató de competir con Franklin D. Roosevelt.

Los teóricos norteamericanos de las ciencias políticas, que durante décadas se quemaron las pestañas descifrando las escrituras del Conductor y de Evita, con la ilusión —vana— de vislumbrar en ellas un sistema lógico de pensamiento, o aunque sólo fuera el esqueleto de una doctrina, abandonaron hace ya tiempo la tarea y emitieron un dictamen desconsolador: el peronismo es algo que se siente y no algo que se piensa.

Ciertas claves acercan el peronismo a las ideas de Ronald Reagan y George Bush. Gracias al presidente Carlos Menem, los teóricos se han dado cuenta de que Perón nunca quiso decir lo que dijo, sino todo lo contrario. Expliquémoslo con más claridad: todas las frases de Perón deben leerse al revés, como una foto en negativo.

Los ejemplos abundan. En algunos actos oficiales, la marcha peronista se sigue cantando como en los tiempos de Rodolfo Sciamarella y Hugo del Carril, con los mismos incómodos estribillos del pasado. El error consistió siempre en tomar al pie de la letra frases como "combatiendo al capital". En un suplemento de ocho páginas sobre la Argentina que *The New York Times* publicó el 24 de agosto de 1991 en su sección Business Day, un especialista patrio explica que el combate contra el capital es en verdad "una revolución capitalista". Se trataría, entonces, de la primera revolución que consigue mejorar el humor de los hombres de negocios.

En 1947, cuando Evita viajó a España, se desvivió por explicarle al generalísimo Franco que el peronismo consistía en lograr "que hubiera menos ricos y menos pobres". Perón repitió varias veces la frase en su exilio de Puerta de Hierro, y hasta intentó llevarla a la práctica cuando ordenó a su ministro José Gelbard, en 1973, que los beneficios empresarios fueran distribuidos por partes iguales entre patrones y obreros. El pragmatismo de los años noventa ha descubierto, sin embargo, que es inevitable un mundo en el que los ricos sean más ricos, y los pobres, más pobres.

Fue también Evita quien, en 1949, bregó para que los llamados Derechos de la Ancianidad se incorporaran al cuerpo de la doctrina. En un discurso del 16 de diciembre de 1949 dijo: "No puede haber país grande donde no se respete la ancianidad y no puede haber país grande, tampoco, donde no se tiene en cuenta a aquellos que, habiéndolo dado todo en su juventud, en el ocaso de la vida no encuentran al Estado y a sus compañeros dispuestos a tenderles la mano de igual a igual". Cuarenta años después, se mantiene un respeto sacrosanto por lo que predicaba Evita, pero al revés. Ochenta por ciento de los jubilados percibe la mitad de lo que necesitaría para alimentarse. Si los nuevos mercados exigen argentinos en condiciones de competir, ¿qué se puede hacer con los ancianos, que ni siquiera tienen fuerzas para correr?

Pero el mejor descubrimiento de los teóricos es el de la tercera posición. Llevaban décadas devanándose los sesos con el tema. ¿Qué significaba eso? ¿Equidistancia de los dos bloques? ¿Cómo entender la idea en los años noventa, cuando el descalabro de los países socialistas ha dejado sólo uno de los bloques en pie? El propio Perón sembró la confusión. El 11 de agosto de 1946, en una entrevista con un corresponsal de la United Press, declaró, suelto de cuerpo: "La Argentina es una parte del continente americano e inevitablemente se agrupará junto a los Estados Unidos y las demás naciones americanas en todo conflicto futuro". Los nacionalistas pusieron el grito en el cielo. ¿Y la soberanía?, dijeron. En los artículos que poco más tarde iba a publicar en *Democracia* con el seudónimo Descartes, Perón los apaciguó. La Argentina no olvidaba, dijo, que subordinarse por completo a los Estados Unidos era un peligro: "El día de mañana podemos opinar de manera diferente a la de ellos en un conflicto internacional y entonces, ¿cómo podríamos justificarnos si ya hemos aceptado nuestra dependencia? Ellos se mostrarían implacables y nos mandarían a los *marines*".

Veinte años después, en el exilio, el ex presidente solía repetir esta última frase para demostrar que había sido un visionario: "Ahí tienen ustedes lo que les pasó a los cubanos en Bahía de Cochinos", solía decir. "Y a la Guatemala de Arbenz en 1954, y a los pobres dominicanos en 1966". Error. El Perón de 1946, que jugaba a un modesto liderazgo argentino en el sur del continente, era mucho más lúcido como estratega que el insolente Perón de 1951. La tercera posición, ahora se sabe, significaba algo muy simple: no estar de pie ni acostado sino de cualquier otra manera. Sentado a veces, a la espera; o con las rodillas gachas, en actitud de súplica. Develado el secreto, los teóricos suspiran con alivio, como si hubieran resuelto la cuadratura del círculo.

La Argentina se puso por fin en sintonía con su destino cuando decidió apartarse del Movimiento de Países No Alineados —una variante anticuada de la tercera posición— porque, como bien dijo el presidente Menem, "sus miembros no respetan la libertad ni los derechos humanos ni el pluralismo ideológico". La admonición habrá caído penosamente sobre la conciencia de países que sí se han quedado en el Movimiento, como la India, Venezuela, Jamaica o Senegal, cuyos gobernantes carecen de la imaginación necesaria como para indultar a genocidas y postular al mismo tiempo la pena de muerte, lo cual es como el desiderátum de los derechos humanos.

Los enigmas del peronismo sucumbieron por completo el 23 de agosto de 1991, cuando el presidente George Bush y el canciller Guido Di Tella coincidieron en condenar "la tenaz tiranía" de Cuba ante la asamblea general de las Naciones Unidas. No resultó demasiado alentador descubrir, a la mañana siguiente, que *The New York Times* publicaba el discurso completo de Bush —como era obvio— y desplegaba en dos columnas el del presidente brasileño Fernando Collor de Mello, sin dedicar ni una miserable línea a la valerosa arenga del ministro argentino.

Sin embargo, la edición de aquel mismo día trajo el

consuelo de ocho páginas —aunque pagadas, ay—, en las que una pléyade ilustre de argentinos ponderaba las ventajas de invertir ahora en un país como el nuestro: estable, previsible, que había echado por la borda la abominable justicia distributiva sustituyéndola por el paraíso del sistema capitalista.

Mi orgullo patrio se atenuó cuando pasé por la esquina de la calle 42 y 6a. Avenida, en Nueva York, donde un letrero luminoso informa, a la velocidad del relámpago, cuál es la deuda interna de los Estados Unidos y cuánto de esa deuda le corresponde a cada familia. A las tres de la tarde, la cifra era escalofriante: tres billones y medio de dólares en total, lo que equivale a más de cincuenta y cinco mil dólares por cabeza. Advertí entonces que la semilla de ocho páginas lanzada en *The New York Times* tal vez no había caído en el mejor momento.

Pero, por fortuna, el peronismo ha ganado ante los ojos del Gran Padre del Norte el prestigio que nunca tuvo. Los expertos en ciencias políticas respiran aliviados al reconocer, por fin, que las famosas Veinte Verdades debían leerse al revés. Y, sobre un horizonte de rascacielos, resplandece la imagen de Carlos Menem.

Conceder todo el mérito a Menem me parece injusto con Perón. ¿No fue nuestro Conductor, al fin y al cabo, quien enseñó antes que nadie cómo debía leerse la doctrina? ¿No fue acaso él quien, leyendo los tratados estratégicos del conde Schlieffen, pensó en aplicarlos a la política? Schlieffen enseñaba que antes de una batalla debía diseñarse un plan perfecto, pero que al empezar la lucha era preciso hacer las cosas al revés: si el derecho es perfecto, ¿por qué el revés no habría también de serlo?

Se ha tardado muchos años en entender una verdad tan simple, pero valió la pena. Argentina vive, por fin, su hora más gloriosa.

(1991)

Esas cosas pasan

A medida que el tiempo pasa, el presidente Carlos Menem se parece más a Ronald Reagan. A los dos la gente les cree casi todo lo que dicen, aunque sea lo contrario de lo que dijeron el día anterior. Usan el tiempo presente en vez del pasado, aunque también podrían emplear el futuro. Con ellos, al fin de cuentas, todo da lo mismo. Reagan y Menem dan por sentado —tal como hacían los nominalistas del siglo XIV— que las palabras no se refieren a existencias objetivas. Suponen que son *flatus voci*, meras declaraciones verbales. Las frases que lanzan a los vientos pueden tener distintos y hasta opuestos sentidos, o pueden no tener ninguno.

Menem anuncia que ha declarado la guerra sin cuartel contra la corrupción. ¿Cómo no creerle, si lo hace al mismo tiempo en que su cuñada Amira Yoma es declarada inocente de lavar dinero por aparente falta de pruebas? Reagan hacía esas cosas. En 1987, el ex presidente declaró que se investigaría "hasta las últimas consecuencias" a los funcionarios complicados en el *affaire* ilegal conocido como Irán-Contras o Irangate, que consistía en la venta clandestina de armas al gobierno enemigo de los ayatollahs para financiar en secreto a los contras nicaragüenses. Mientras Reagan y George Bush estuvieron al mando de la nave, poco o nada se supo.

Después, en 1993, se demostró por fin que Reagan conocía todos los detalles de la operación y que las últimas consecuencias terminaban en él. Su popularidad, sin embargo, no decreció ni un milímetro. ¿Cómo explicarlo? Los analistas políticos suponen que el norteamericano medio no puede digerir una noticia tan grave. Es como si la casa se le cayera encima. Prefiere mirar para otro lado, no darse cuenta, creer que jamás sucedió lo que ya ha sucedido.

En la historia del poder aparecen siempre esos jefes providenciales a los que ciertos votantes perezosos siguen más allá de todo bien y de todo mal. Usan el lenguaje con impunidad, porque imaginan que la gente olvida los discursos con rapidez (lo cual es cierto) y que tiene menos inteligencia que sus dirigentes, lo que en el caso argentino suele ser al revés.

Reagan no podía justificar ante sus electores transacciones inmorales como las del Irangate, porque tanto el equilibrio de los tres poderes como los prejuicios puritanos de su país no se lo hubieran permitido. Prefirió entonces mentir (o mentir a medias) con la esperanza de que no lo descubrieran. Lo descubrieron, pero tarde.

El presidente Menem, en cambio, es más arriesgado. Declara que algunos episodios gravísimos no tienen importancia y, cuando se demuestra que la tienen, patea la pelota para otro lado. Su actitud ante el asesinato del soldado conscripto Omar Carrasco fue, en ese sentido, ejemplar. Primero reaccionó ante el hecho con tres palabras sorprendentes: "Esas cosas pasan", lo que podría significar también: "Los crímenes como ése son normales" o "Si pasan esas cosas, no hay modo de impedir que vuelvan a pasar". Luego, les echó la culpa a "periodistas subversivos" que insistían en abrir heridas de discordia entre el pueblo y sus fuerzas armadas. Eso era ya más difícil de interpretar: ¿los abusos y crímenes en las guarniciones se cometen sólo porque alguien tiene la osadía de denunciarlos, o es que alguien, por denunciarlos, se convierte en "periodista subversivo"? Y además, ¿qué significa un "periodista subversivo"? Para el régimen cuyo lenguaje ahora reproduce, el Presidente fue también, en los primeros años de la dictadura, un compañero de ruta de la subversión. Su libertad se demoró algunas semanas en julio de 1978 porque un brigadier informó (erróneamente) que Menem mantenía contactos con la guerrilla riojana.

Por fortuna, desde la orilla que menos se esperaba, el jefe del Estado Mayor del Ejército situó el grave episodio del soldado Carrasco en el lugar adecuado. No dijo: "Esas cosas pasan". Dijo: "Esas cosas no debieran pasar. Si alguien tiene datos sobre el crimen, sería una cobardía que los callara".

Como a Reagan, al presidente Menem le hubiera gustado ser periodista. Tal vez no en la prensa escrita, porque eso exige una relación con el lenguaje y una minucia en la búsqueda de los datos precisos que no condice, tal vez, con el carácter de ninguno de los dos. Pero en la televisión, ¿qué duda cabe? Ambos comunican sus ideas con cierta destreza, ambos son convincentes y, en el caso de Menem, ¿cómo no recordar que más de una vez se puso en el lugar de los entrevistadores y hasta condujo (a medias) algunos de esos programas de entretenimiento informativo?

Por suerte, el periodismo no se les dio. Reagan, como se sabe, confundió más de una vez Bolivia con Brasil. Debió de aprender esos errores en los libros de su autor favorito, Louis L'Amour, cuyas obras completas no se consiguen en las bibliotecas de los Estados Unidos (como tampoco, dicho sea de paso, las de Sócrates, que Menem declara haber leído con avidez). Pero tales errores son inofensivos. Lo hubieran echado de su primer trabajo en un diario (o en una radio y hasta quizás en algún canal de televisión) si se hubiera puesto a repartir rumores con ventilador, como hace nuestro presidente cuando su partido pierde una elección. El 12 de abril de 1994 dijo que había una denuncia de fraude "comprobado" en Chos Malal, "donde aparecen votos del Frente Grande que superan el número de votos en por lo menos dos urnas". Pero no había ninguna denuncia, o la denuncia aludía a otro lugar. Un juez federal tuvo que aclarar cómo eran las cosas.

Menem insistió por otro lado: "Hay un rumor por ahí, no sé hasta qué punto puede ser cierto, de que (Jesús Rodríguez) habría dispuesto que su gente vote por el Frente Grande". Es el presidente de la República quien habla, no un aprendiz de entrevistador. Alguien con responsabilidades tan extremas no puede echar al aire historias que no sabe hasta qué punto pueden ser ciertas. En eso, Menem supera a Reagan: el ex mandatario norteamericano (que al jubilarse se puso repentinamente canoso) nunca se hubiera animado a lanzar versiones sin pruebas. Cometía desatinos peores, pero no ésos.

Tales de Mileto, uno de los filósofos anteriores a Sócrates, escribió —ése sí— que la responsabilidad es la condición —más que la cualidad— central del hombre político. "Gobierna pensando en los otros", aconsejaba Tales; "habla midiendo los límites de tu vergüenza". Maquiavelo cambió las reglas del juego al preconizar que una ley beneficiosa para el gobernante vale más que una ley responsable con los gobernados. La tesis de Maquiavelo se perpetuó en la *Realpolitik* e impregnó los discursos autoritarios de los años ochenta. Reagan tomó la idea de allí.

Se empieza por las impunidades del lenguaje, por afirmar con un labio lo que se borra con el otro, y se termina quién sabe dónde. Francis H. Bradley, un filósofo inglés que le gustaba mucho a Borges, escribió en sus *Ethical Studies* que nadie tiene tanta conciencia de su Yo como el gobernante; y por eso mismo, nadie sabe mejor que él cuándo puede ser sancionado por lo que dice o hace. Reagan esquivó esa ley con habilidad inédita. Supo que podía ser sancionado y, sin embargo, siempre estuvo seguro de que no lo sería.

Menem también sabe cuál es su límite. Con estabilidad podrá hacer y decir lo que quiera. Si la estabilidad se cae, la gente dejará de mirar para otro lado. Lo que para los Estados Unidos es un problema de principios, para los argentinos es una simple cuestión de supervivencia. Como diría Reagan (¿o era Menem?), esas cosas pasan.

(1994)

La sangre menemista

La historia argentina es caudalosa en presidentes megalómanos, en vocaciones autoritarias, en intolerancias a veces asesinas. Pero jamás, desde la Primera Junta de 1810 en adelante, se había dado el insólito caso de un gobernante que, como Carlos Menem, haya consolidado su poder en cuatro años sin respetar las alianzas o compromisos previos, como era la costumbre, sino desprendiéndose poco a poco de todos ellos. Menos frecuente que los sectores desplazados (casi toda la sociedad, en rigor) acepte ese absolutismo como un hecho natural al que es necesario resignarse.

Antes de Menem, hubo dos corporaciones (o instituciones, o como quiera llamárseles), sin cuyo consentimiento era difícil manejar el país: la Iglesia Católica y las Fuerzas Armadas. A un costado de las dos —pero no debajo— los jefes de las grandes empresas añadían sus propios dibujos al telar del poder, ya fuera encumbrando a ministros/testaferros como José Alfredo Martínez de Hoz, o derribando a presidentes que navegaban contra la corriente de sus intereses, como sucedió con Arturo Illia en 1966 y como parece haber sido, en 1989, el caso de Alfonsín.

Menem es, quizás, el primer mandatario que ha logrado disminuir a su ínfima expresión el papel tutelar que la Iglesia y el Ejército tenían sobre el manejo de la Nación. Eso no tiene nada de malo (más bien es un punto a su favor); lo deplorable es que ha ocupado ese espacio con valores (o desvalores) todavía más retrógrados. Como bien escribió Juan Bautista Alberdi en 1872, la democracia es también, o sobre todo, una cuestión de forma. Por suponer que la forma es algo secundario, "la América está sin un gobierno serio y eficaz desde hace cincuenta años".

Si bien es cierto que la Iglesia y el Ejército quedaron heridos en un ala después de la última dictadura, se mantuvieron respirando a pleno pulmón durante la administración de Alfonsín: el Ejército hizo trastabillar al ex presidente, como se sabe, con tres cuartelazos, a los que sobrevivió después de pronunciar las frases más infortunadas de su mandato; la Iglesia, por su parte, le hizo la vida imposible con la ley del divorcio, en la que los argentinos llevábamos varias décadas de atraso.

Con Menem, en cambio, la Iglesia ha mostrado la mansedumbre de un cordero, tal vez porque tiene las manos atadas para expresar cualquier otro sentimiento. ¿Qué hubiera hecho la Iglesia hace diez años o menos con un presidente que decide su separación conyugal a los pocos meses de asumir el cargo? A Raúl Alfonsín lo reprendían desde los púlpitos por mucho menos. Ahora, en cambio, los obispos elaboran sus críticas con lenguaje de orfebres, y si por la mañana se lamentan por "lo pesado del costo social", a la noche del mismo día van —algunos de ellos— a comer con el Presidente en Olivos, pero para hablar de otra cosa.

¿Y los sindicatos? Ésa es otra historia de no creer. Sólo aquellos que se han plegado a la voluntad presidencial tienen voz, aunque no velas en el entierro. A los demás, Menem los trata como si no existieran. Roídos los tuétanos de la Justicia, asfixiados los legisladores por presiones que les caen encima como un cielorraso cotidiano, el único poder real que mantiene su influencia sobre el presidente es el de las corporaciones económicas. Se oye decir que Menem puede gobernar cómodo porque sirve a los intereses de esos sectores. Si no les sirviera (se oye), ya le habrían movido el piso. No es tan seguro: tal como van las cosas, lo más probable es que el Presidente conseguiría un piso en el que podría seguir, impasible. ¿A quién se le hubiera ocurrido que era posible administrar la Argentina sin erosionar los privilegios de los dueños de campos? Menem no sólo pateó ese tablero: también se dio el lujo de asistir a la Rural sin que lo silbaran, aunque ha quedado debiéndole ese favor a las fuerzas, también agrarias, que salieron a protegerlo desde el Mercado Central.

Nada de lo que aquí se dice es nuevo ni original. Lo único sorprendente de todo esto es que Menem haya logrado, con una popularidad muy inferior a la de Perón o Yrigoyen (que siempre sumaron más del cincuenta por ciento de los votos) un poder menos compartido y, por lo tanto, más tentado por la arbitrariedad. A Yrigoyen lo volvieron loco las agitaciones obreras de la primera presidencia; en la segunda, la desconfianza del Ejército y de los pontífices empresarios acabó por voltearlo. Perón fue en extremo complaciente con la Iglesia durante su primer período. Pero la Iglesia misma lo aniquiló cuando, en el período siguiente, lanzó su inesperada declaración de guerra. Se sabe de sobra hasta qué extremos fue Perón intolerante con los sindicatos que desobedecían sus órdenes o con la prensa independiente. Pero con las agresiones físicas era hombre precavido. La vez que se atrevió a gritar "¡Leña!" desde la Plaza de Mayo, lo pagó muy caro: ése fue el principio de su fin. Y es por consentir a la Triple A* que ahora le está faltando el pedestal a su estatua.

Menem parece estar en otra cosa: da la sensación de que la historia le importa un bledo. Construye no como un arquitecto sino como uno de esos albañiles de pueblo chico que trabajan sin plomada, levantando las paredes a ojo y pateando los estorbos para el costado. De sus penurias con los militares aprendió mucho de lo que sabe: es socarrón, responde a las críticas con indiferencia superlativa, preocupado sólo por mantenerse a flote, aunque los socios se le vayan cayendo. Los militares le enseñaron, a golpes, la lógica del sobreviviente. Ahora él se la está enseñando al resto de la sociedad. Le tuerce el cuello a los servicios públicos, despluma al Estado vendiéndolo con apuro, y con el kikirikí de la estabilidad convence a medio país (o al cuarenta por ciento) de que estamos en el primer mundo. Eso es sobrevivir, pero con las alas cortadas.

Horacio Verbitsky acierta de pleno cuando señala que las opiniones del periodismo (por ácidas que sean) dejan indiferente a Menem, y que se lo ve lastimado sólo cuando los hechos lo ponen al descubierto. Al Presidente le irrita que la realidad sea tan audaz como para oponérsele. Si no es posible cambiar la realidad silenciándola, como sucedió con todos los escándalos que le silbaron al lado de la cabeza, alguien de su entorno (¿o acaso un adulador espontáneo?) intenta enderezarla a golpes y

* Alianza Anticomunista Argentina, grupo parapolicial comandado por el ministro del Interior José López Rega, que durante el último gobierno de Perón (1973-1974) comenzó una carrera que llegaría a más de dos mil muertos en treinta meses.

con amenazas. El poder que ciertos funcionarios del gobierno atribuyen ahora a la prensa deriva de un hecho simple: la prensa es el único reflejo verdadero que le queda a la realidad en la Argentina. Y eso es lo que desespera al albañil que hay en Menem: por más que patea y patea ese estorbo, sigue ahí, enhiesto, reflejándolo.

En poco más de cuatro años, una parte de nosotros ha sufrido ya, de manera irreparable, transfusiones de sangre menemista. Menem ha terminado convenciéndonos de que nosotros ponemos el voto y él hace lo demás. La Argentina entera se ha convertido en un suburbio de Anillaco.

Para consumar esa obra maestra de metamorfosis, Menem ha tardado menos que Rosas, menos que Perón y casi lo mismo que la última dictadura militar, que pretendió reorganizar la nación sobre un desierto de instituciones arrasadas. El actual presidente ha conservado la fachada de las instituciones pero las ha vaciado de sus esencias al cambiar las reglas del juego político y las normas de convivencia. Como diría Alberdi, ha hecho trizas "la forma". Para llegar tan lejos, enarboló tan solo dos banderas sencillas: la del mercado libre e impiadoso (aunque estable) y la de una oposición a la que le faltan osadía y proyectos alternativos.

Después de diez años de democracia, lo menos que nos merecemos los argentinos es un país en serio. Tal como dice Henry James en la última, admirable frase de *Las alas de la paloma*, "Ya nunca más seremos lo que éramos". Eso es verdad, pero todavía nos queda la oportunidad de ser mejores.

(1994)

El gran partido de Abasto Juniors

La realidad latinoamericana tiende a parodiar, cada vez con más frecuencia, algunas parodias de la literatura. En 1967, Adolfo Bioy Casares y Jorge Luis Borges publicaron un cuento desopilante, *"Esse est percipi"*, título tomado de una frase del filósofo George Berkeley que significa "Existir es percibir" o, dicho de un modo más libre, "Soy y, por lo tanto, veo o comprendo". Aunque el texto ha cumplido ya tres décadas, su fábula explica con más lucidez que cualquier meditación reciente los desatinos que están sucediendo en la Argentina.

El sencillo argumento merece ser narrado con cierto detalle. Sorprendido de que el monumental estadio de River Plate haya desaparecido de su lugar de siempre, Bustos Domecq se entrevista con don Tulio Savastano, el gordo presidente del club Abasto Juniors. El visitante llega a la cita impresionado por el importante lugar que el gordo ocupa en la sociedad y, sobre todo, por el gol que, en el partido del último domingo, convirtió Renovales, uno de los ases del Abasto, tras un "pase histórico de Musante".

El gordo inaugura el diálogo con una revelación sin par: "Y pensar —dice— que yo inventé esos nombres": el de Musante y hasta el de Limardo, ídolo de las multitudes. Todos ellos son apellidos sin cuerpo, no personas reales. Bustos Domecq queda paralizado por la sorpresa. Antes de que pueda reponerse, llega al despacho del presidente Savastano el célebre Ferrabás, locutor de moda que transmite los partidos con "voz pastosa" y anima "la sobremesa cordial de las 13 y 15 y del jabón Profumo". Amedrentado por la gloriosa presencia, Bustos Domecq amaga con marcharse, pero el gordo lo detiene: quiere demostrar que Ferrabás es sólo una pieza dentro de un juego mucho mayor.

Con apropiada voz autoritaria, Savastano dictamina que, el domingo siguiente, Abasto tiene que perder por dos a uno. "Hay juego recio", le explica al locutor, "pero no vaya a caer, acuérdese bien, en el pase de Musante a Renovales, que la gente lo sabe de memoria". Luego, volviéndose hacia Bustos Domecq, le explica que el fútbol es ahora una representación. No hay partidos, ni equipos ni resultados. Los viejos estadios se caen a pedazos. Los partidos sólo suceden en la televisión y en la radio, jugados por actores o imaginados por un locutor en una cabina. En verdad —insiste Savastano— los deportes y hasta la conquista del espacio son sólo eso: actos de una vasta comedia representada para un género humano que no se mueve de su casa, hipnotizado ante una pantalla.

Antes de marcharse, Bustos Domecq promete guardar el extraordinario secreto, pero el gordo, desdeñoso, lo tranquiliza: "Diga lo que se le dé la gana, nadie le va a creer".

Trasladar esa fábula a la política argentina de los últimos meses es un recurso simple. Más complejo es identificar los personajes. Desde 1998, el presidente de la República instaló en la televisión, en la radio y en los diarios, un hecho que es imposible en la realidad: su segunda reelección. Ese partido de fútbol dejó de jugarse, como diría el gordo Savastano, cuando se sancionó la nueva Constitución, el 23 de agosto de 1994. Sin embargo, asistido por una corte de locutores tan eficaces como Ferrabás, el presidente de la República ha conseguido que la afición siga creyendo en los partidos que transmite.

Desde el remoto lugar donde vivo, en los Estados Unidos, la ilusión se ve con tanta claridad que nadie entiende por qué se está prolongando tanto. El diputado demócrata de un condado cercano me preguntó: "¿Por qué hay tanto alboroto en la Argentina? ¿Por qué a nadie se le ocurre que hay que obedecer la Constitución, y punto? Si Clinton se presentara ahora como candidato para un tercer mandato, la gente pensaría que está loco. A nadie se le ocurriría decir que, si no se presenta, es porque lo han proscripto".

El presidente de la República dista de estar loco, por supuesto. Por lo contrario: es de una astucia muy superior a la del gordo Savastano. Desde el principio supo que un tercer mandato era imposible, pero se tiró el lance. Quien revuelve las aguas, siempre logra alguna ventaja. Y la que Menem consiguió con el fantasma de la reelección es un maremoto tan caudaloso que durante mucho tiempo van a seguir contándose las víctimas.

Una de las tácticas que suscitó mayor admiración en el diputado demócrata de Nueva Jersey fue la misión que Alberto Kohan, secretario general de la Presidencia, cumplió ante Eduardo Duhalde, titular del Partido Justicialista y aspirante a la jefatura del Estado nacional, ofreciéndole que el Presidente renunciaría a la reelección a cambio de asegurarse el mando de ese partido. "Aquella fue una obra maestra", me dijo el diputado, "porque la ofrenda que llevaba Kohan era puro aire, y lo que pidió a cambio era casi todo. No me atrevería a jugar al póker contra un hombre tan diestro para los *bluffs* como su presidente". Le hice notar que Kohan había sido desautorizado y avergonzado en público por Menem, quien dijo que desconocía la maniobra. "¿Y usted también se tragó esa píldora?", me reconvino el diputado. "Se ve que el cuento de Bioy y Borges no le ha enseñado nada. Desautorizar a Kohan era parte de la representación. ¿Desde cuándo hay un pase de Musante a Renovales que no esté ordenado por el gordo Savastano?".

La Argentina lleva meses en vilo asistiendo a un partido de fútbol que, como se sabe desde el principio, el inexistente equipo de Abasto Juniors va a perder por dos a uno. Aunque el juego está terminando, los heridos siguen tendidos en el campo de juego. Dirigentes políticos de fuste han discutido, insomnes, sobre la conveniencia de consultar o no a los argentinos si la Constitución en la que todos estuvieron de acuerdo puede ahora ser violada; jueces de los más altos tribunales han perdido horas en dictámenes que examinan si hay palabras en el artículo tal o cual de la ley suprema que no significan lo que el sentido común indica que significan. Los diarios han prodigado kilómetros de información sobre el preciso instante en que Renovales le hacía un pase histórico a Musante y convertía un gol de humo. El país serio se transformó, de pronto, en un país de opereta. "Diga lo que se le dé la gana, nadie le va a creer": la fatal sentencia del gordo Savastano podría aplicarse a la Argentina entera. *Esse est percipi*. Ser es percibir, es ver. Pero hace ya tiempo vemos sólo fantasmas.

(1999)

¿Te acordás, hermano?

Como Rosas en 1834 y Menem en 1992, también Perón anunció al país que no aceptaría ser reelegido. Y como a Menem, nadie lo tomó en serio. Pero su continuidad como presidente estuvo a punto de frustrarse en 1949 por un guiño de falsa modestia que no entendieron los constituyentes. Si no fuera porque Evita lo rescató del pantano, otros vientos hubieran soplado en aquellos años alegres de la historia argentina.

El 1º de mayo de 1948, cuando Perón ya había acumulado el poder que necesitaba para reformar la Constitución (el justicialismo controlaba todas las bancas del Senado y más de dos tercios en la Cámara de Diputados), inauguró las sesiones parlamentarias con un discurso de tres horas en el que aludió, como de paso, a la reelección del presidente. "Es peligrosa", dijo, "y abre el camino a las dictaduras".

Como era de suponer, la corte de aduladores puso el grito en el cielo. Se invocó el antecedente de Hipólito Yrigoyen quien, por respetar los seis años de intervalo había llegado demasiado viejo a su segundo período. Héctor Cámpora, que era el nuevo presidente de la Cámara de Diputados, adujo que la democracia argentina sería imperfecta si uno de los artículos de la Constitución impedía que el pueblo expresara su libre deseo de perpetuar al presidente en el mando. En señal de desagravio, presentó un proyecto en el que pedía para Perón el título de "Libertador de la República".

Las elecciones para la reforma arrojaron el triunfo abrumador que el peronismo esperaba: ganó en todos los distritos y consagró a ciento diez convencionales (61,38 por ciento de los votos) contra cuarenta y ocho de la oposición (26 por ciento). En la pugna personal, el candidato más popular fue Domingo A. Mercante, gobernador de Buenos Aires: obtuvo medio millón de sufragios, aventajando de lejos a Cámpora —quien llegó en vigésimo lugar— y arrebatándole así la presidencia de la Convención.

Perón había encomendado un primer proyecto de reforma a su secretario de Asuntos Técnicos, el catalán José Figuerola, quien impuso al justicialismo el acento corporativista que tuvo en los primeros años. Tardó seis meses en el estudio y ofrendó al General un trabajo impresionante, que ponía en manos del Estado el control absoluto de la producción. Eran otros tiempos, por supuesto.

Figuerola era un obsesivo del orden. Su plan analizaba en las columnas de la izquierda cada artículo de la vieja Constitución y, en las columnas de al lado, las modificaciones que se sugerían. Tres anexos examinaban las ventajas de cada cambio, estudiaban los antecedentes parlamentarios y clasificaban por materias una decena de constituciones extranjeras. Era un total de mil páginas, con un índice analítico de ciento cinco mil fichas. En 1970, Perón aún solía evocar con orgullo aquel aluvión de cifras y detalles.

Flanqueado por las imponentes estadísticas de Figuerola, el Presidente recibió el 11 de enero de 1949 a los convencionales de su partido. Su tono, alentado por la victoria electoral, ya era otro: "Contra mi voluntad, el proyecto de reforma prevé mi reelección", dijo. "No se trata de que la acepte o no la acepte. Al ritmo en que trabajo, creo que cuando termine mi período no voy a quedar en condiciones. Pero a nuestro movimiento no le faltan los hombres que puedan reemplazarme con ventaja."

A mediados de enero, Evita dejó caer en los oídos de Perón las críticas contra el proyecto corporativo de Figuerola que se acumulaban en todos los rincones del justicialismo, y el secretario de Asuntos Técnicos se vio forzado a renunciar. El artífice de las nuevas reformas fue Arturo E. Sampay, un profesor de Derecho Constitucional que, al comenzar las reuniones plenarias, introdujo en su discurso una ardorosa defensa de los derechos humanos y de la democracia social. Inhábil en los trucos de la política, cometió una torpeza. Dio a entender que se podía modificar el artículo 77 (que impide reelegir al presidente y al vice a menos que haya un período de intervalo) sólo para permitir un segundo mandato de Perón. Después de eso —insinuó— el artículo podía volver a su lugar.

La frase desató un incendio. Moisés Lebensohn, adalid de los radicales, advirtió que si la Constitución se reformaba sólo para permitir la reelección del presidente, todo el proceso era una farsa. "Desistimos de continuar el debate", dijo. "Los radicales se van." Los cuarenta y ocho convencionales opositores abandonaron la sala, obligando a que la nueva Constitución fuera sancionada sólo con los votos peronistas. En medio del tumulto, Mercante conservó la calma. Hizo sonar la campana y levantó las manos: "Señores", dijo. "Sigue la sesión."

TOMÁS ELOY MARTÍNEZ

El gobernador de Buenos Aires no sabía que también su muerte política se avecinaba. Las insistentes negativas de Perón a ser reelegido alentaron el rumor de que Mercante podía sucederlo. Era la tercera figura del peronismo y el más eficaz de los administradores provinciales. A diferencia del jefe del movimiento, no desatendía los consejos de la oposición. Esa actitud condescendiente suscitaba recelos e iras secretas. Al final, precipitó la ruptura.

A comienzos de febrero de 1949, un grupo de convencionales peronistas acudió a la quinta de Olivos para almorzar con el Presidente. Eran cinco o seis. Querían sondearlo sobre la reelección. Necesitaban salir de allí con una idea clara. Estaban Cámpora, Mercante, el diputado Emilio Visca, el ministro Rodolfo Valenzuela. Hacia los postres, alguien (quizá Cámpora) pronunció un breve discurso contra el artículo 77. Perón meneó la cabeza: "No, señores", dijo. "Ese artículo está muy bien. Protege al país de gobernantes con ínfulas monárquicas." Y observó a Mercante con el rabo del ojo. Valenzuela sugirió entonces que se insertara una cláusula provisional, que autorizara al presidente ser reelegido "por esta única vez". "No", volvió a decir Perón. "Yo dejaría las cosas tal como están."

Perón usaba entonces, como siempre, un lenguaje sesgado, indirecto, que exigía la insistencia o el ruego de los demás. Sus *no* eran con frecuencia *sí*, pero también podían ser *no* muy enfáticos. La política era, como él solía decir, "una cuestión de hermenéutica".

Los convencionales se marcharon de Olivos convencidos de que Perón no quería reformar el artículo 77. Esa misma tarde retiraron el tema de las comisiones. Uno de ellos deslizó la noticia a un reportero de *La*

Nación, que la publicó al día siguiente en primera página: "El peronismo ya no insiste en la idea de la reelección".

Evita le contó al diputado Eduardo Colom que Perón no durmió esa noche. "Se las pasó —le dijo— dando vueltas en la cama. A veces se ponía de pie y despotricaba contra Mercante. Lo acusaba de intrigar para quedarse con la sucesión presidencial. ¿No se dan cuenta de que en estas cuestiones, uno tiene que hacerse de rogar?", decía. Poco antes del amanecer, Evita llamó por teléfono al diputado Ángel Miel Asquía y le ordenó que llevara adelante la reforma del artículo 77. "Si Perón deja de ser presidente en el '52 —le dijo— el país se va a la mierda." *La Nación* tuvo que corregir un día después su noticia de primera página: "El sector peronista sigue en favor de la reelección".

Quien pagó los platos rotos de la historia fue Mercante. Perón lo recibía a regañadientes y, en 1953, lo expulsaron del movimiento que había contribuido a fundar "por inconducta partidaria y deslealtad".

En 1970 le pregunté a Perón si aquel desencuentro de 1949 fue lo que desencadenó la caída en desgracia del gobernador. López Rega, que siempre andaba por allí, se apresuró a contestar que no: "Lo que pasaba —dijo, con su tradicional delicadeza— es que el tipo había metido la mano en la lata". Perón lo corrigió: "Lo acusaron de despilfarrar fondos de la provincia", dijo. "Pero Mercante no cayó por eso, sino por nepotismo. Metió a toda la familia en el gobierno. Tenía un hermano allí, un sobrino y tres o cuatro cuñados. La provincia de Buenos Aires se convirtió en un negocio de familia. ¡Cómo sería, que a la casa de gobierno de La Plata la llamaban 'la Flota Mercante'!"

Perón no soltó la carcajada, como solía hacer en esas ocasiones. Habló con tono melancólico. En 1970, la Constitución reformada, que le había permitido gobernar tres años más, yacía en el olvido. Como ahora.

(1994)

La otra reelección

En 1995 no se supo, hasta los primeros recuentos de votos, si los argentinos habíamos decidido que Menem nos gobernase por un segundo período consecutivo. En 1951, cuando el candidato oficial era Perón, nadie dudó de los resultados finales. Lo que se discutía entonces eran enigmas menores: si ganaría o no en la Capital Federal, si alcanzaría el sesenta por ciento, si las mujeres (que votaban por primera vez) lo preferirían en la misma proporción que los hombres.

El 11 de noviembre de 1951 llovió casi todo el día en Buenos Aires, pero no por la noche, cuando en los barrios pobres se destaparon sidras para festejar la victoria de Perón por dos a uno contra el bimonio Balbín-Frondizi. Aunque la Argentina sufría ya las primeras brumas de la peor crisis económica desde 1930 (nada, si se la compara con la de ahora), y aunque Evita empezaba su agonía de ocho meses, los comicios —como se decía entonces— eran un acto de felicidad, de optimismo. El país elegía para estar mejor, no para seguir como siempre.

En Tucumán, donde yo vivía, ese domingo nos azotó una tempestad de polvo. Después de un mes atroz, en que el calor había rajado el vidrio de los termómetros, se vio llegar de pronto un viento espeluznante, que venía desde el río Bermejo. En las trenzas del viento volaban pájaros muertos, mangas de langostas desorientadas, varas de sauces y chapas de zinc que degollaban todo lo que les salía al paso. Hacia el mediodía, desde los campos, aparecieron en la casa de mi abuela unas mujeres enlutadas que rezaban el rosario con los hijos en brazos. Los cuartos, invisibles tras los velos de polvo, se impregnaron en seguida de olor a leche de madre y a pañales rancios. Mi abuela, que era gorda y asmática, dirigía los rezos desde una mecedora repitiendo, cada tanto: "Castigo de Dios, castigo de Dios".

En una familia de radicales y conservadores, todos conocíamos la razón de ese castigo que nos estaba cayendo a todos. Era porque Perón, a quien mi abuela odiaba, quería perpetuarse en el poder, y porque Evita —según ella— fingía estar enferma para que a su marido lo votaran por lástima. Mientras mi abuela entonaba su letanía de los castigos, la radio iba contándonos lo que pasaba en Buenos Aires.

Perón votó a las ocho de la mañana, vestido con un traje de seda azul, camisa blanca y corbata moñito a lunares. En la escuela que le tocaba —Coronel Díaz 2180— no se habían apilado todavía las boletas y, mientras esperaba, el Presidente se entretuvo posando para los fotógrafos con esa sonrisa inmensa que él se ponía y se quitaba cuando le daba la gana.

En marzo de 1951, quince meses antes de que terminara su mandato, el Presidente había decidido acelerar las elecciones. Tendrían que haber sido en febrero del '52, pero la fiesta económica ya no daba para más. Había que apretar fuerte los cinturones. Se decidió, entonces, que fueran en noviembre. Perón ni siquiera necesitó hacer campaña. Otros la hicieron por él.

La primera, como siempre, fue la Iglesia, que tres años después se convertiría en su enemiga mortal. El 31 de julio, el Episcopado emitió una pastoral que ordenaba a los católicos "votar por los que parezcan más aptos para procurar el mayor bien de la Religión y de la Patria, aunque no pertenezcan al partido propio". Eso afectaba a los radicales, que cuatro años antes había cerrado filas contra la ley de enseñanza religiosa.

El segundo fue el general de caballería Benjamín Menéndez, un aficionado a los golpes que se alzó contra el gobierno el 28 de setiembre. Aunque la rebelión duró menos de diez horas, dejó un tendal de presos y fortaleció a Perón. Dos semanas más tarde, el Presidente dijo por radio que, después de mucho averiguar quién estaba detrás de los golpistas, ya lo había descubierto. "¿Saben a quién encontré?", preguntó, satisfecho. "¡A los Estados Unidos! ¡Otra vez los Estados Unidos!" Después de eso, la campaña se organizó sola bajo el mismo lema de cinco años antes: "Braden o Perón".*

Otros que hacían propaganda todo el tiempo eran los hermanos Sojit, que transmitían los partidos de fútbol, y Juan Manuel Fangio, que ganó el campeonato mundial de automovilismo el 28 de octubre y le dedicó el triunfo al Presidente.

La heroína de la jornada fue, sin embargo, Evita. Aunque los enfermos y los muertos siempre han sido una eficaz arma de batalla en las elecciones argentinas, esa vez el país estaba conmovido hasta la médula por las agallas de una mujer que no se dejaba vencer por ninguna fatalidad. Gracias a un permiso de la Junta Electo-

---

* Spruille Braden era el nombre del embajador de los Estados Unidos en Buenos Aires.

ral, Evita votó a las once de la mañana. Seis días antes, al internarse en el policlínico de Avellaneda donde el cirujano George Pack la operó de un cáncer ya sin remedio, había grabado un mensaje conmovedor y violento en el que decía que "no votar por Perón era traicionar a la patria".

David Viñas, un flaco aspirante a novelista que tenía veintidós años, asistió al voto de Evita como fiscal radical y dejó un relato memorable de las mujeres que rezaban arrodilladas en la vereda, bajo la lluvia, tendiendo las manos hacia la urna tocada por la enferma, "en una escena digna de Tolstoi".

También las mujeres que acompañaban a mi abuela en los últimos estragos de la lluvia de polvo debían estar rezando en secreto por la curación de Evita. Hacia las diez de la noche, la radio anunció que Perón había ganado en la Capital por 832 mil votos contra 607 mil de los radicales, aunque, por un complicado enredo con las circunscripciones electorales, los peronistas consiguieron veintitrés diputados y sus adversarios sólo cinco.

El Presidente necesitaba un poder casi absoluto para imponer sus medidas de austeridad. Lo obtuvo ese domingo, y al día siguiente se acabó la fiesta. Entre noviembre y junio de 1952, el poder adquisitivo del salario se vino abajo, se dejó de comer carne una vez por semana y empezaron los apagones eléctricos en todo el conurbano. En las cuatro décadas que siguieron, los argentinos fuimos acostumbrándonos a privaciones mucho peores, pero en aquellos tiempos de orgullo y derroche (no el derroche de sólo unos pocos privilegiados, sino el derroche de todos), ajustarse el cinturón o "pasar el invierno" eran realidades imperdonables.

Perón no perdió popularidad porque el trabajo sobraba, después de todo, y porque Evita se estaba muriendo. Al revés de lo que creía mi abuela —que el 11 de noviembre a medianoche tuvo el peor ataque de asma de su vida—, las mujeres amaban a Perón porque se identificaban con Evita, y siguieron votándolo a raudales. En 1951, ganó en casi todas las mesas femeninas y el porcentaje final de su victoria fue, allí, superior al sesenta y cuatro por ciento. En mi casa contaron que a tres maestras las echaron de sus escuelas porque, al meter su voto en la urna, el sobre se les había rasgado, dejando al descubierto las siglas de la UCR, pero aunque entonces me indignó la noticia, ahora creo que ésos eran inventos de mi familia contrera.

Un mes antes de las elecciones, Perón había vaticinado que así como había ganado la primera vez con los hombres, iba a ganar la segunda con las mujeres y la tercera con los niños. La profecía se le cumplió veinte años más tarde, en 1973, poco antes de que empezaran los tambores de la infamia cuyos ecos siguen oyéndose.

(1995)

Papá cumple cien años

John William Cooke definió, hacia 1957, que el peronismo era "el hecho maldito del país burgués". Quería decir, tal vez, que era lo inaceptable, el aliento de las profundidades, la transformación de los cimientos. Vaya a saber en qué se ha convertido el peronismo, pero hace ya tiempo que ha dejado de ser un "hecho maldito". Se lee, ahora, como otra de esas escrituras sacramentales de la historia sobre las que hay muchas interpretaciones y casi ninguna discusión.

Más de una vez me quejé de que los biógrafos escribieran sobre Perón como si no tuviera pasado y hubiera nacido, en verdad, el 17 de octubre de 1945. Los años de formación, el Colegio Militar, la vida con la abuela, el primer matrimonio, las travesías a Chile y a Italia en vísperas de la Segunda Guerra: todos ésos eran episodios que los biógrafos —sobre todo los adictos— despachaban en pocas páginas. El propio Perón esquivaba esas historias remotas. Hablaba con dispendio de sus obras de gobernante pero cuando se le preguntaba —es un ejemplo— por su primera mujer, respondía con parquedad filosa: "Era una buena chica, concertista de guitarra. La llamaban Potota".

Conocí a Perón la aciaga noche del derrocamiento de Arturo Illia, en 1966. Hablé con él durante tres horas, pero de ese diálogo se publicó sólo una página, menos de trescientas palabras, en la edición especial que el semanario *Primera Plana* dedicó al golpe militar. Después, cada vez que yo pasaba por Madrid (un par de veces por año), llamaba al General por teléfono para preguntarle por su salud y por sus planes. Dejábamos caer un par de frases triviales y eso era todo. En aquellos años, Perón era algo así como un enfermo contagioso para el periodismo argentino. Lo frecuentaban poquísimos amigos: Jorge Antonio, el cantante Carlos Acuña, el boxeador Gregorio Peralta. El dictador Francisco Franco no le contestaba las cartas.

El ostracismo del General no se había atenuado en 1969, cuando la editorial Abril me mandó a París para que sirviera como corresponsal europeo. Su importancia política era tan tenue que no se me hubiera ocurrido entrevistarlo si Norberto Firpo, entonces director de *Panorama*, no me lo hubiera sugerido.

Una mañana de febrero de 1970 llamé a la quinta 17 de Octubre, en Puerta de Hierro, con la vaga intención de pedir una cita. Para mi sorpresa, el propio General atendió el teléfono.

—Quisiera hacerle una entrevista —le dije, con una torpeza que no consigo olvidar.

—Hasta fines de marzo no va a ser posible —me contestó—. Tengo que ir a Barcelona para que el doctor Puigvert me saque unos cálculos de la vejiga. Déjeme ver —lo sentí barajar sus propios tiempos al otro lado de la línea—. Venga el 26, a las ocho de la mañana. —El General solía imponer a sus visitantes esas horas de tormento.

—Ahí voy a estar —le dije.

—Espérese —me atajó—. ¿Qué me va a preguntar?

Por un segundo interminable quedé con la mente en blanco. No tenía la menor idea de un cuestionario que le interesara a él y a los lectores. Los montoneros y las Fuerzas Armadas Revolucionarias no habían aparecido aún en el horizonte, esgrimiendo su nombre como bandera.

—Me gustaría que me cuente su vida, desde el principio —le respondí, por instinto—. Tal vez ya es hora.

Sentí su silencio al otro lado: las lentas plumas del pasado cayendo sobre su cabeza.

—Tiene razón —dijo—. Ya es hora.

Desde el 26 de marzo hasta el domingo 29 —cuatro días—, grabé las memorias que el General había dictado a su secretario/mayordomo de aquellos tiempos, el cabo retirado José López Rega. A veces, Perón incorporaba digresiones al relato e iba llenando los vacíos. Otras veces, López corregía los recuerdos de Perón o los aderezaba con comentarios insólitos. La historia que me llevé de Madrid, la noche del 30, era plana, convencional, limpia de emociones. Tardé casi una semana en ensamblar los pedazos y componer una versión con la que Perón estuviera de acuerdo. Más de una vez me había pedido que detuviera el grabador o que no tomara en cuenta alguna de las frases involuntarias sobre su madre o su prima María Amelia, que se le habían caído de la lengua en momentos de cansancio. Respeté todas esas decisiones, una por una.

El 6 de abril le envié a Madrid un primer borrador, que él me devolvió al día siguiente con siete u ocho páginas suprimidas, en las que se aludía —recuerdo— a Evita y a Augusto Vandor. Esas memorias aprobadas por el General aparecieron en la revista *Panorama* a mediados de aquel mes. Otras declaraciones —sobre la muerte de

Vandor y sobre "la liberación de los pueblos"— se publicaron como entrevistas en los dos números siguientes. A comienzos de mayo, llamé a Perón por teléfono para preguntarle si estaba conforme.

"Completamente", me dijo. "Estoy diciéndole a los muchachos que ésas son mis memorias canónicas."

Yo no estaba satisfecho, en cambio. Me parecía que el texto tenía demasiadas lagunas y que, en algunos puntos, difería de los documentos invocados en la conversación. Cuando volví a la Argentina, a comienzos de 1971, entrevisté a dos amigos de la infancia del General —uno de ellos era su prima hermana—, a ex compañeros de promoción en el Colegio Militar, a una de sus ex cuñadas —María Tizón— y a decenas de testigos de otros episodios de su pasado. A la vez, como los datos que el propio Perón me dio sobre el noviazgo de sus padres eran imprecisos y contradictorios, conseguí en el Registro Nacional de las Personas una copia de la partida del matrimonio de Mario Tomás Perón con Juana Sosa. Supe entonces que el General era hijo ilegítimo, lo que a comienzos de siglo hubiera podido arruinar su carrera militar, pero que, al casarse en 1901, los padres lo habían reconocido a él y a su hermano Mario Avelino, cuatro años mayor.

En aquella época yo tenía una fe tan ciega como ingenua en las verdades históricas y me parecía que, si el General había falseado muchos datos de su biografía, era por inadvertencia o por desconocimiento y no porque quisiera convertir su vida en lo que López Rega llamaba "un monumento inmaculado".

Entre agosto y setiembre de 1971 le envié copia de todos esos certificados y relatos, y le pedí permiso para incorporarlos a una versión anotada de las memorias.

Tres meses después no me había contestado. El aire de Madrid hervía entonces de mensajeros y de presagios. Perón tenía el cadáver de Evita en el jardín de invierno de su casa, estaba trenzado con Alejandro Lanusse en una feroz pulseada por el poder, y no pasaba semana sin que recibiera a uno u otro representante de "la juventud maravillosa", ante los que predicaba las virtudes de la violencia.

Dos o tres veces le mandé cartas con algún emisario encareciéndole que me contestara hasta que por fin, en marzo de 1972, Diego Muniz Barreto regresó con la noticia de que "el General quería dejar sus memorias tal como estaban", sin tocar una coma. "El Viejo está podrido de todo eso. No hay que joderlo más", me dijo Diego.

Décadas después, cuando volví a leer esos papeles amarillos, comencé a entender por qué Perón quería que su vida comenzara sólo a los cincuenta años.

(1995)

El General en Nuremberg

"Vean a los veinte acusados", dijo el locutor de Court TV con una voz deslucida, sin drama. "La gente de toda Europa que ha viajado a esta ciudad en ruinas sólo para expresarles su odio ahora permanece muda, decepcionada. Véanlos sentados en su doble fila de butacas grises, con trajes baratos y caras de aflicción. Se parecen a cualquiera de nosotros. Pasarían inadvertidos en la multitud. Nadie diría que son criminales feroces, capaces de matar a sangre fría. Ahora, esta mañana, empieza su juicio. Los amos y señores del Tercer Reich van a ser sometidos a un tribunal en el que hay letrados de cuatro naciones: Estados Unidos, Francia, Gran Bretaña y la Unión Soviética."

De pronto, la cámara salió a la intemperie y se paseó por las desiertas avenidas de Nuremberg: aparecieron torres descabezadas, largos dedos de piedra señalando la inclemencia del cielo, estatuas de reyes y guerreros a quienes las bombas de la Royal Air Force habían segado las espadas, los hombros, la apostura. En un edificio que debió ser majestuoso sobrevivían cinco agujas góticas de las que colgaban unas pocas gárgolas sombrías.

"Éstas son las ruinas de Nuremberg, el 20 de noviembre de 1945", dijo el locutor de Court TV. "La ciudad medieval donde nacieron el clarinete y el reloj de bolsillo quedó destruida por completo después de once ataques aéreos. Hitler la había elegido para las grandes ceremonias místicas del nacionalsocialismo. En el Palacio de Justicia, uno de los pocos edificios intactos, va a celebrarse el juicio. Vamos a verlo todo: las defensas, las condenas, el veredicto. El lunes 20 se cumplirán cincuenta años del día en que empezó. Cincuenta años y, sin embargo, el mundo no aprendió la lección. Otras matanzas enloquecidas como las del nazismo se han repetido en Camboya, en Chile, en Argentina. Y no han cesado. Ahora la muerte se oye también en Bosnia y en Ruanda."

Argentina, pensé. El locutor había dicho: "Argentina". Cada vez que el juicio de Nuremberg se evoca en las cadenas de televisión norteamericanas (a través de series documentales, testimonios de sobrevivientes y películas viejas), el recuerdo de otro juicio, en Buenos Aires, suele asomar en la voz de los historiadores y de los analistas políticos. No fue sólo por eso, sin embargo, que la palabra "Argentina" me encendió la conciencia. Fue porque, entre las oscuridades de la memoria, volví a oír la voz de Perón hablándome de Nuremberg.

Sucedió un sábado de marzo, en 1970. El General y yo habíamos dedicado la mañana a repasar su historia de amor con Evita. A escondidas de su mujer, Isabel, Perón fumaba —recuerdo— un cigarrillo Saratoga. Yo estaba preocupado por el grabador, que comenzaba a carraspear. No sé cómo la conversación se desvió a las calamidades de la Segunda Guerra y desembocó en el juicio de Nuremberg. El General solía repetir sus relatos más de una vez, casi con las mismas palabras, y mucho de lo que me dijo ese día sobre sus experiencias en la Italia de Mussolini y en la España recién conquistada por Franco es casi lo mismo que le había contado a Félix Luna y al uruguayo Carlos María Gutiérrez. De la misma manera, casi todas las opiniones que le oí sobre Nuremberg y los nazis se parecen a las que repetiría después ante los grabadores de Esteban Peicovich y de Eugenio P. Rom.

"Entre 1945 y 1949", me dijo Perón, "les abrí los brazos a muchos de los pobres muchachos que escapaban de un país humillado y derrotado como era la Alemania de aquellos años. Los recibí por un sentido de humanidad y porque varios de ellos eran técnicos y científicos de primera, que nos hacían falta para fortalecer nuestras industrias. Alemania había invertido millones de marcos en capacitarlos. A nosotros sólo nos costaban un pasaje de avión y el pasaporte que les daban nuestros cónsules".

Recuerdo que el mediodía era helado y transparente, como de vidrio. Recuerdo el vuelo de los pájaros entre los fresnos y los rosales de la quinta. En la cinta achacosa, vuelvo a oír la temblorosa danza de las cucharitas en las tazas de café.

"Esa pobre gente se había quedado sin patria", siguió Perón. "En Nuremberg se estaba consumando entonces una infamia sin nombre que todavía sigue pesando sobre la conciencia de la humanidad. Se estaba celebrando un juicio indigno, donde los vencedores se comportaban como si no lo fueran. Ahora nos damos cuenta de que esa gente merecía haber perdido la guerra. Muchas veces, durante mi gobierno, me ocupé de condenar lo que pasó en Nuremberg, porque ese juicio me ha parecido siempre una barbaridad sin perdón".

"Goering", me oigo decir entonces en la cinta, con una voz que trataba de ser desafiante. "Kaltenbrunner", le dije. "¿Se acuerda de Kaltenbrunner? Fue el que organizó la Gestapo y los campos de la muerte. Hans Frank", le dije. "Frank, al que llamaban 'el carnicero de los judíos de Cracovia'. Alfred Rosenberg, Wilhelm Frick. Esos dos escribieron las leyes que ordenaban el exterminio de los judíos. ¿Qué hubiera hecho con ellos, General? Si usted hubiera estado en Nuremberg, ¿qué hubiera hecho?"

"Yo", contestó, "pude haber llenado de sangre a la Argentina. Pude haber dejado el tendal de muertos y no lo hice. Si en 1955 yo le ordenaba a la CGT que se movilizara, habríamos tenido una matanza. No lo hice. Nunca he tomado medidas contra nadie. "¿Sabe por qué? Porque no son necesarias. Los hombres se castigan solos".

El General solía tener ráfagas de sentimientos contradictorios cada vez que hablábamos de los hombres fuertes. Pero esa mañana de 1970, sin López Rega ni Isabel rondando por la cocina, bajó la guardia y elogió a todos: a Napoleón, a Bismarck, a Hindenburg, a Mussolini. Había llenado la Argentina de nazis y no se avergonzaba de su hazaña. Exhibía, orgulloso, una panoplia de amistades a las que llamaba "heroicas": Skorzeny (el aviador que había liberado a Mussolini de su prisión en el Monte Sasso), Kurt Tank, Eichmann, Edward Roschman (conocido como "el verdugo de Riga") y un extraño veterinario al que el General identificaba como Helmut Gregor y que, según supe luego, era Josef Mengele, el siniestro médico del campo de Auschwitz.

No sé qué habría pensado el General si hubiera oído las discusiones que oí por Court TV la semana pasada. Uno de los mejores especialistas en Nuremberg, Joseph Persico, explicó que las matanzas aluvionales de los nazis, cometidas sin que hubiera ninguna justificación militar, no podían dejarse sin castigo. En Dachau, en Auschwitz, en Treblinka, "los esbirros de Hitler libraron", dijo, "la más sucia de las guerras posibles: una guerra de exterminio contra enemigos que no tenían ya fuerza para ser enemigos. Creo que sin las penas capitales que se dictaron en Nuremberg, la democracia no sería posible hoy en Alemania. No puede haber democracia verdadera mientras no se laven las barbaries del pasado".

La cámara voló de nuevo sobre las calles de Nuremberg. Era otoño. Oí decir que era el otoño cálido de 1994. Vi parques, estatuas nuevas, las torres medievales de la ciudad reconstruida. Vi la enorme planicie donde hace tiempo, más de medio siglo, el arquitecto Albert Speer —condenado en Nuremberg a veinte años de cárcel— organizaba las vastas escenografías que glorificaban a Hitler. Y me di cuenta de que esa historia, tan lejana, tan ajena, se había retirado de Alemania pero había golpeado a la puerta de la Argentina, invadiendo nuestra casa indefensa y cambiándonos el aire. Vi que nosotros éramos, de algún modo, el Nuremberg de 1945, con un pasado sin resolver.

Un pasado peronista, me dije entonces: tal como el General quería.

(1995)

Los herederos de la promesa

Se tiende a pensar en la historia como en una sucesión de presentes o en una sucesión de pasados, pero con frecuencia la historia es sólo la transformación del pasado en presente. La historia siempre regresa, aunque los espejos en los cuales se mira nunca son los mismos.

Ramón Bautista Ortega, un ex cantante desafinado que se hizo famoso como *Palito*, acaba de ser elegido por el presidente argentino Carlos Menem como secretario de Acción Social y eventual sucesor en el gobierno. El irresistible ascenso de Palito al cielo del menemismo resuena en mí de dos maneras que quizá no sea inútil evocar. Una tiene que ver con su propio nacimiento como figura pública, hace más de tres décadas. La otra —vaya uno a saber por qué— con la elección de Juan Carlos de Borbón como sucesor de Francisco Franco. Quizás ambos relatos sean diferentes maneras de contar lo mismo.

Conocí a Ortega en marzo de 1964. El semanario *Primera Plana* investigaba el fenómeno musical que la televisión difundía como El Club del Clan y una foto de Ortega había sido elegida para ilustrar la portada. Acudí a entrevistarlo una noche, en un departamento que tal vez estaba (la memoria, en ese punto, me esquiva) cerca de la Avenida 9 de Julio. Me impresionó el relato franco de su vida, en la que abundaban el azar y las desdichas. Era hijo de un electricista de Lules, en Tucumán, y a duras penas había terminado el sexto grado. A los nueve años voceaba el diario *La Gaceta* por las calles del ingenio Mercedes, donde vivía; a los diez, lustraba zapatos frente al cine Plaza, en la capital de la provincia.

Me contó —recuerdo— que hacia 1957 había subido a uno de esos trenes lecheros que tardaban tres días en llegar a Buenos Aires y, ya en "la ciudad dorada" —como él la llamaba— había compartido con tres correntinos, "cabecitas negras" como él, un cuarto de pensión en la calle Billinghurst. Soñaba entonces con llamarse Nery Nelson y con vestir un traje brillante, de seda. Hacia 1960 lo descubrió el letrista Dino Ramos, de cuya mano *Palito* —con su nombre artístico recién estrenado— grabó dos canciones que fueron sendos fracasos: "María" y "Escalofrío". No le importaba ser desafinado y melancólico. "Llegué adonde llegué porque siempre quise ser lo que soy", me dijo, con tanta parquedad como llaneza. Todavía estaba, sin embargo, casi en ninguna parte. Su fama súbita nació al compás de dos canciones, "Dejála, dejála" y "Sabor a nada". Si algo lo hacía diferente de los otros cantantes del Club del Clan era que jamás sonreía.

"Es dócil, talentoso, sabe sacar partido de todas las oportunidades que le pasan por delante", me dijo Leo Vanés, que en esa época le servía como asesor de publicidad. "Pero cada vez que le queremos arrancar una sonrisa, le sale forzada. Preferimos exhibirlo tal como es: con ese gesto de tristeza y desamparo."

En menos de quince años, Ortega ya no necesitaba padrinos: tenía una empresa próspera que hasta se arriesgaba a contratar a Frank Sinatra para que entretu-

viera, en Buenos Aires, a la Argentina de los dictadores.
Hacía películas que eran —con las de Porcel y Olmedo— las niñas mimadas del régimen: una de ellas, *Dos
locos en el aire* (la primera que dirigió, en 1976), exaltaba
a la Fuerza Aérea; otra, *Brigada en acción*, de 1977, ponderaba las virtudes de la Policía Federal. Después llegó
tan lejos como quiso, siempre o casi siempre a la sombra de Menem: primero como gobernador de Tucumán, ahora como virtual candidato peronista a la presidencia de la República, si acaso fracasan las aspiraciones
de su protector.

Ya en 1964 le oí a Ortega una frase que no he olvidado, porque es quizá la que mejor define tanto su carrera de cantante como la de político: "Tengo una sola
divisa en la vida: saber lo que quiero y hacia dónde voy.
Soy leal a muerte, pero sólo con los que me son leales".

Esa vocación de simpatía y esa lealtad a sí mismo,
que jamás lo desvió de sus metas —ni en las democracias ni en las dictaduras— construye una historia en la
que no hay golpes de suerte sino lisa y llana ambición.

La historia del otro delfín, Juan Carlos de Borbón,
difiere por completo de la de Ortega en sus inicios, pero tal vez apunte hacia el mismo final. En 1969 —cuando *Palito* era ya el autor de "La felicidad" y se había ca-
sado con la chica de sus sueños— Francisco Franco, el
caudillo de España, concedió que no era inmortal y eligió como sucesor a Juan Carlos, tras una larga batalla
entre falangistas, monárquicos y pretendientes carlistas.
A la muerte de Franco, en 1975, el heredero juró como
rey y jefe del Estado dentro de los términos establecidos por la constitución del dictador. A los ojos del mundo, era un títere domesticado por la férrea mano del
amo, que iba a ser pronto derribado por la moderniza-

ción de España. Lo llamaban —todos lo recuerdan— "Juan Carlos el Breve".

El Rey también sabía, desde el principio, hacia dónde iba: sus objetivos centrales eran consolidar la monarquía y restablecer la democracia. El segundo de esos proyectos estaba en las antípodas del franquismo. Juan Carlos, por lo tanto, no podía ser "leal a muerte" con los residuos de un pasado que nunca le sería leal. Mientras su país optaba primero por transiciones moderadas y luego por los cambios más drásticos impuestos por el socialismo de Felipe González, el Rey se quitaba de encima toda sospecha de deuda con los militares de Franco. En febrero de 1981, jugó hasta las últimas cartas de la monarquía a favor de la democracia, cuando las instituciones fueron amenazadas por el golpe del coronel Antonio Tejero Molina. La derrota definitiva del franquismo fue, de hecho, su mayor victoria.

La suerte de Ortega es sin embargo más clara que la de Juan Carlos en 1969: sabe que es sólo una pieza mayor en el juego de ajedrez que otros están jugando; sabe también —como lo sabía el rey español antes de serlo— que si lo mueven de un lado a otro no tiene nada que perder. Todo es pura ganancia. Lo único que no puede medir es la opción de hierro que vendrá después: ser leal a Menem o ser leal a sí mismo. Porque llegará el momento (y en eso la historia es infalible) en que deberá elegir, y en que, cuando elija, ya no tendrá regreso.

(1998)

Fin de fiesta

Con las elecciones del 26 de octubre de 1997 llega a su fin la fiesta menemista. Las cifras importan menos que las enseñanzas de las semanas previas: la Argentina expresó su voluntad de cambiar el estilo de vida que el Presidente impuso cuando su gobierno inició un audaz vuelo de crucero.

Si en mayo de 1994 Menem conquistó la reelección a pesar del creciente descontento y de la caída libre de su popularidad fue porque los votantes concedieron un voto de confianza a la estabilidad que el Presidente reivindicaba como un triunfo personal. Esta vez, sienten que la estabilidad es algo que la nación debe más a su propio sacrificio que a un acto de voluntad política y, de algún modo, quieren que las cuentas queden claras. La Argentina era otra en 1989. Tal vez no sea inútil mirar hacia atrás y contemplar las ruinas del festín.

¿Quién era Menem entonces? Elegido en mayo de aquel año con el cuarenta y nueve por ciento de los votos, alcanzó el poder sin revelar programa alguno de gobierno y sin que tuviera necesidad de hablar demasiado. Como el fundador de su partido —Perón—, Menem había brotado casi de la nada. Un año antes, en 1988, era sólo el gobernador folklórico de la provincia más pobre de la Argentina. Educado en la fe islámica, resignado a un matrimonio que sobrevivía con dificultad a separaciones cada vez más frecuentes y estrepitosas, su afán por copiar la estampa bárbara del caudillo Juan Facundo Quiroga suscitaba el desdén y hasta la burla de los políticos respetables. Su tardía conversión al catolicismo lo tornaba sospechoso para la jerarquía de la Iglesia; su populismo irritó a los comandantes de la dictadura, que lo confinaron en diversas prisiones desde 1976 hasta 1981.

Pero a los pocos meses de asumir el poder, Menem ya era considerado por el clero y los altos oficiales del Ejército como un hijo de sus propias legiones; los empresarios lo adulaban y trataban de fotografiarse a la luz de su aureola. El nuevo presidente, que había llegado al poder como un *outsider*, estaba creando en la Argentina una nueva cultura, y el país lo aplaudía. De acuerdo con sus códigos, importaban más el fin que los medios, el éxito que los sacrificios, los privilegios que la solidaridad. Eran valores pragmáticos, completamente novedosos en una sociedad que había engendrado a utopistas como Evita y el Che. En la Argentina de los noventa, alcanzar el éxito llegó a ser —sin embargo— insuficiente. Para gozar de la fiesta menemista, era preciso exhibirlo.

El propio Presidente comenzó dando el ejemplo. A fines de 1992 ordenó pagar sesenta y seis millones de dólares por el Boeing 757 que desde entonces lo lleva de una a otra parte del mundo. El avión fue dotado de sofisticaciones que desconocían hasta los gobernantes de las siete grandes potencias económicas: ducha de agua caliente que elimina el vapor, salón de peinados, monitores con videocasetera en los veinte asientos y suites con sistemas completos de comunicación. A fines del año siguiente sucedieron las refacciones por tres millones en la residencia de Olivos y la compra, por dieciséis millones, del helicóptero S-70 Black Hawk, uno de los treinta aparatos de ese tipo que había entonces en el mundo. "El presidente merece esos lujos y más", se dijo entonces en la Cámara de Diputados, sin pensar en que la palabra "lujo" era, en sí misma, una denuncia.

El ejemplo presidencial se expandió a la velocidad de la luz. Desde entonces, una vasta *nomenklatura* de nuevos ricos se dedicó alegremente a tirar manteca al techo: abundaron los concejales y los jefes de reparticiones públicas que exhibían en sus livings obras de arte compradas por catálogo en Sotheby's o Christie's, que derrochaban piletas olímpicas, saunas privados y jacuzzis babilónicos. Más de un funcionario, embriagado por la impunidad del poder, cometió algún error grave y debió someterse a la vergüenza pública de un juicio. Casi todos, alentados por jueces complacientes, fueron absueltos. Y en cada ocasión el Presidente declaró, remando contra las evidencias: "No hay corrupción en el país".

Cada momento histórico encuentra en un diario o en una revista su reflejo perfecto. El decenio de Guido, de Illia y de Onganía quedó retratado para siempre en los semanarios *Primera Plana* y *Gente*; los años de fuego de Lanusse y Cámpora tuvieron su espejo en *La Opinión*; los de la última dictadura en las revistas de la editorial Atlántida. El estilo de Menem quedó cristalizado en las páginas de *Caras*, que reprodujeron la casa de mil metros cuadrados para los veranos de Emir Yoma en Punta del Este, los cumpleaños pantagruélicos de Bernardo Neustadt, las abrumadoras cirujías que Zulema solía hacerse antes de sus tragedias, las preocupaciones sociales del empresario Jorge Triaca en su castillo de Pinamar.

Otro de los lenguajes que la década menemista legará a la historia es el de los grandes crímenes sin resolver, el mayor de los cuales es el del atentado que destruyó la Asociación Mutual Israelita Argentina (AMIA). En los Estados Unidos, esos crímenes son los que más sombra arrojan sobre los éxitos económicos del elenco gobernante.

En pocos años a la mayoría de los argentinos se nos fueron durmiendo la capacidad de asombro, la capacidad de participación, la capacidad de indignación, a la vez que se nos estropeó el paladar por la frivolidad y el cholulismo. En esa obra maestra de metamorfosis cultural, Menem tardó menos que Rosas y menos que Perón, pero quizá la historia no le haga justicia y lo recuerde menos también que a esos precursores.

Hay una línea, en los *Cuartetos* de T.S. Eliot, que refleja muy bien la atmósfera de este fin de fiesta: "*People change, and smile; but the agony abides*" ("La gente cambia y sonríe, pero la angustia sigue allí"). Es una línea abrumadora, y sin embargo, se la ve amanecer a diario sobre la Argentina, donde los tiempos están a punto de ser otros.

(1997)

Seres de odio

Los nuevos mesías

Lo que estalla y nos hace pedazos es, casi siempre, lo que está más cerca de nosotros y no queremos ver. Nadie quiere aceptar que hemos vivido, ciegos, junto a nidos de fanáticos que aparentaban ser buenas personas, educadas y corteses. Sucedió en Oklahoma y sucede todos los días en Nashville, en South Bend y en Nueva Orléans, donde porteros de colegios y obreros metalúrgicos que sueñan con ser mesías o salvadores de su patria, predican mensajes de odio y destrucción a ciegas.

Nos sucedió a nosotros en la embajada de Israel y en la AMIA. Tal como en Oklahoma, los primeros sospechosos fueron "los de otro lado": los fundamentalistas islámicos, los emigrantes, los apátridas. Siempre a la especie humana le ha costado mucho admitir que también adentro, en la propia familia, puede estar el infierno.

En 1933, Adolfo Hitler era el salvador de Alemania, el mesías del Nuevo Orden. El 30 de abril de 1945 se disparó una bala en la sien y, al mismo tiempo, mordió una cápsula de cianuro, porque un superhombre con tal conciencia de inmortalidad sólo podía morir si se suicidaba dos veces. Dejó una estela de veinte millones de víctimas y aun ahora, después de siete mil libros que tratan de explicar ese delirio, no hay una sola respuesta satisfactoria.

La mejor —y la más siniestra— que conozco es la que oyó Primo Levi cuando era químico esclavo en el campo de Auschwitz. Se la dijo uno de sus verdugos, un SS: "Acá no hay porqués". No hay porqués. El odio se sitúa por encima —o por debajo— de la lógica, de los sentimientos, de la condición humana. El odio es, para las legiones del Apocalipsis, la verdadera forma de Dios.

Me acuerdo de lo que nos pasó a fines de marzo de 1976. Yo vivía entonces en Caracas, Venezuela, exiliado durante el gobierno de Isabel Perón por la cólera de su ministro José López Rega. Al día siguiente del golpe militar del 24 de marzo leí, espantado, el plan de nueve puntos que la junta de dictadores argentinos exponía a la nación atribulada. "Nos proponemos —decían— erradicar no sólo la subversión sino también las causas que favorecen su existencia."

Más de un amigo se quejó de mi espanto. "Estás lejos —me decían— y no te das cuenta de que ha triunfado la línea moderada: Videla en vez de Menéndez, Massera en vez de los halcones de la marina." Me parecía que, por estar lejos, yo veía, precisamente, más claro.

Estamos rodeados de falsos mesías y no los vemos. Como no los vemos, no sabemos cómo defendernos de su agresiones fanáticas y ciegas. ¿Qué quiere un mesías? En última instancia, lo único que quiere es sentir su poder. Quiere ejercerlo contra los enemigos, por lo general imaginarios, que han brotado de sus pesadillas: negros, inmigrantes, cabecitas, judíos, todos lo que no son como uno o no piensan como uno.

Suelen ser tan anónimos, tan insignificantes, que pasan de largo sin que uno los advierta. Eso fue lo que casi les sucedió a los policías de Oklahoma con Timothy James McVeigh, el buen muchacho de Pendleton, Nueva York, que había ganado dos estrellas de bronce en la guerra del Golfo, se oponía al control de armas del gobierno federal y sentía que la muerte de David Koresh en Waco, Texas, era una irremediable injusticia de Washington.

Después del atentado en Oklahoma City, McVeigh subió tranquilamente a un Mercury amarillo modelo 77 y se fue manejando por la ruta nacional 35 hacia el norte, sin violar ninguna regla de tránsito. Había cometido sólo un error: en la parte de atrás, el auto no tenía chapa. Llevaba casi una hora de apacible paseo y ya estaba por entrar en Kansas cuando, a la altura de Perry, lo detuvo el patrullero Charles Hanger.

Hanger es famoso por su celo policial. En el café Kumback, donde se detiene a desayunar todos los días, uno de los cocineros ha colgado en un marco la boleta que le hizo Hanger por "exceso de velocidad": manejaba a noventa kilómetros por hora en vez de ochenta y ocho (cincuenta y cinco millas), la máxima permitida.

Fue Hanger, entonces, quien —sin tener idea de la tragedia que acababa de suceder en Oklahoma City— detuvo a McVeigh y le pidió el registro y los papeles del auto. Todo estaba en orden. Pero cuando McVeigh se inclinó para cerrar la guantera, Hanger advirtió que llevaba en el cinturón un cuchillo con una hoja dentada de trece centímetros. Lo hizo bajar y lo llevó a la comisaría para interrogarlo. McVeigh se comportó durante todo el procedimiento con extrema urbanidad. "Sí, señor", decía; o "Por supuesto, señor".

Quedó arrestado sólo porque Hanger no quería dejarlo ir hasta no verificar sus antecedentes.

—¿De dónde viene usted? —le preguntó.

—De Michigan —contestó McVeigh.

—¿Y qué anda haciendo por acá?

—Estoy dando vueltas por el país —dijo.

A Hanger le pareció rarísimo que, para una excursión como ésa, se hubiera vestido de traje y que no llevara ninguna valija. Por ley, no podía retenerlo en prisión demasiado tiempo. Media hora antes de dejarlo marchar, Hanger cayó en la cuenta de que McVeigh se parecía al identi-kit de John Doe Nº 1, uno de los dos hombres más buscados de la Unión. Y así comenzó todo.

McVeigh pasó más de una semana sin abrir la boca y a todo lo que se le preguntaba respondía con su nombre y su grado militar. Por su aspecto casi afable, por su flacura y por su cara de piedra recuerda muchísimo a un tal Jorge Rafael Videla, que tiene más muertos que él sobre su sorda conciencia y que, también, se negaba a contestar las preguntas.

He leído que el general Martín Balza, en su discurso autocrítico, aludió a una década de "violencia y mesianismo". Al decirlo, quizá pensaba —no podía sino pensar— en Videla, en Viola, en Menéndez, en los comandantes que eran entonces sus superiores jerárquicos. Todos ellos se creyeron mesías seculares, jinetes de un apocalipsis que nos llevaría a los cielos de Dios, la Familia y el Ser Nacional, aunque nunca explicaron bien qué era esto último. "Somos *casi* todos culpables", dijo también Balza. Esa culpabilidad tiene, sin embargo, grados. Ya desde Aristóteles se sabe que el mal no es un valor absoluto: Massera, Videla y Camps —como Hitler y Goering— son *infinitamente* más culpables que quienes decían "Por algo será" o "Los argentinos somos derechos y humanos". Unos son cómplices, sumisos, débiles, tal vez atormentados. Agravaron el infierno de las víctimas pero no lo crearon. Sin los primeros, en cambio, el infierno no habría sido posible.

"Tiempos difíciles se avecinan", anuncia el Apocalipsis. Eso es verdad. Lo peor es que creíamos que esos tiempos ya se habían ido y, al parecer, sólo ahora están empezando.

(1995)

Mano de obra desocupada

La historia está poblada de fanáticos que se creen encarnaciones de Dios, brazos de Dios, héroes de una cruzada contra males que sólo ellos ven. Esos enfermos de omnipotencia están, a la vez, aquejados de paranoia. Para sentir el poder, necesitan que haya enemigos. Los enemigos son su obsesión pero también su razón de ser.

Entre los años sesenta y ochenta, los golpes militares de América Latina fueron el más fértil caldo de cultivo para esa raza de fanáticos. Cuando las dictaduras se evaporaron, todos ellos quedaron sueltos por ahí, indemnes, en busca de enemigos que ya no existían. "Mano de obra desocupada" se los llamó en la Argentina; "escuadrones de la muerte" en Brasil.

Sobrevivientes de una época en la que disponían de la vida de sus semejantes a los que simulaban proteger, les quedó el hábito del gatillo fácil y una sensación de infinita invulnerabilidad. Como el único entrenamiento que recibían fue el de matar, las épocas de paz y la ausencia de enemigos solían ponerlos incómodos.

Casi todos los días, en uno u otro país de América Latina, esos fanáticos salen otra vez a la luz y cometen alguna depredación. En los primeros tiempos de la democracia, la sorpresa de haberse quedado sin poder los mantuvo sosegados. Pero en los últimos años, al amparo de instituciones cómplices y del mal llamado "espíritu de cuerpo", han vuelto a creerse invulnerables y a sacar la cabeza. La definición argentina de esos personajes es la más precisa y descriptiva de todas: cuando alguno de ellos no tiene nada que hacer, la sociedad civil debe ponerse a temblar.

La mayoría son ex oficiales y suboficiales de las fuerzas de seguridad, a quienes en los tiempos de dictadura se los dotaba de armas, entrenamiento para la matanza y promesas de indemnidad. Muchos de ellos, retirados desde hace años, no saben qué hacer ahora con sus vidas. Otros han conservado su trabajo. Cuando se jubilan son un problema, porque sus especialidades —el uso de las armas, la vigilancia, la defensa— carecen casi de aplicaciones en estos tiempos sin guerras frías.

A mediados de febrero de 1997, alarmado por la abundancia de policías acusados de crímenes —abusos de autoridad, extorsiones, robos, secuestros—, el gobernador de la provincia de Buenos Aires hizo saber que dejaría cesantes a mil ochocientos funcionarios sospechosos. Prometió pagarles el sesenta a setenta por ciento del sueldo y mantenerles el seguro familiar de salud hasta que consiguieran otro trabajo, pero sólo durante un plazo de tres años. Quedarían privados del arma y del derecho a usar el uniforme. Se convertirían en parias, a la espera de enemigos que les devolvieran su razón de existir.

Lo que esos hombres sin destino serían capaces de hacer es un enigma que suele encontrar, en la realidad, ciertas desoladoras respuestas. Fueron, al parecer, policías retirados los que el penúltimo viernes de febrero de ese mismo año bajaron de un ómnibus, en San Pablo, a cinco adolescentes de entre catorce y quince años que no tenían dinero para el boleto, los obligaron a tocar el piso con la frente y les pegaron un tiro en la nuca después de maniatarlos. Un funcionario trató de justificar a los asesinos explicando que eran vigilantes contratados por la compañía de ómnibus y que las víctimas estaban "molestando a los pasajeros".

El episodio no difiere demasiado del que protagonizó en Buenos Aires el mayor retirado Osvaldo Agustín Matorras. La víspera de Navidad de 1993, tres chicos de dieciocho años estaban encendiendo fuegos artificiales en el vecindario. El mayor, irritado por el ruido, les ordenó que se fueran. "Un último petardo y nos vamos", le respondieron. Matorras no pudo tolerar la desobediencia. Con el arma que aún no había devuelto al ejército baleó a uno de los chicos en una pierna, a otro en un pie, al tercero en la cadera.

Más patético aún es lo que sucedió la madrugada del año nuevo de 1997 con otro militar argentino, el coronel jubilado Norberto Eduardo González. Estaba de vacaciones en Punta del Este con su esposa y dos nietos de ésta. El mayor de los nietos cumplía quince años ese día y la abuela le dio permiso para que se fuera de fiesta por separado. A las tres de la mañana, cuando el coronel regresó a su casa, advirtió una sombra a través de la ventana. Casi maquinalmente sacó el revólver y, desde una distancia de tres o cuatro metros, disparó a la cabeza del intruso. Se trataba —por supuesto— del nieto. En su defensa, el coronel González adujo que había confundido al adolescente con un ladrón. "Si ése fue el caso, el agresor tiene una errada jerarquía de valores", opinó un juez argentino. "Prefiere los objetos que hay en su casa a la vida de un ser humano."

Las dictaduras de América Latina propusieron la creación de sociedades educadas por el terror, la opresión y el castigo: una cultura paternalista edificada a través de órdenes inapelables. Desobedecer, disentir, reclamar, eran culpas que se sancionaban con la muerte. Los ejecutores de esa política mafiosa no saben cómo comportarse cuando las reglas de juego cambian y el lenguaje común es el de la libertad.

No es fácil convivir con miles de fanáticos sueltos que se ven a sí mismos como encarnaciones de Dios. Al estudiar la paranoia, Sigmund Freud señaló que el fanático sólo se apacigua cuando cree que todos los hombres han muerto menos él. Se apacigua cuando descubre que ha quedado solo. La mejor defensa de la democracia, entonces, es segregar a los fanáticos y a los autoritarios: demostrarles que están solos, al margen, rumiando para nadie sus oscuros e insaciables odios.

(1997)

La luz y la oscuridad

Siempre he llevado mis libros a la ciudad natal antes que a ninguna otra parte porque, si no lo hago, me siento huérfano y perdido. Me parece que, sin ese ritual, mis textos nacen a medias. Pero en julio de 1995, cuando viajaba a presentar *Santa Evita* en Tucumán, algunos amigos me sugirieron que no lo hiciera, en señal de protesta por el triunfo en las elecciones para la gobernación de Domingo Bussi, el represor que gobernó la provincia durante la última dictadura. "Ya nada debe ser allí como antes", me dijeron.

Quienes piensan así es porque no conocen a los tucumanos, que han recorrido todas las formas de la adversidad y que las sobreviven, enaltecidos por un coraje histórico. Y, en verdad, pocas experiencias fueron tan intensas para mí como las de este último regreso. Aunque las aguas de las opiniones políticas están ferozmente divididas y los redobles del encono y de la decepción se oyen a cada paso, nadie baja la guardia. Hasta los devotos del bussismo, que ahora exhiben con orgullo su filiación en los cafés del centro de la capital provinciana y en las hosterías de los cerros cercanos, saben que al Júpiter tonante de 1976, acostumbrado a los dicterios de la fuerza, no le resultará sencillo gobernar con los corsés de la democracia.

Escudado en argumentos de fuego, Bussi logró en un año y medio (1976-77) el portento de enlutar a setecientas familias y amordazar a otras miles, limpiar la provincia de mendigos abandonándolos en los páramos de Catamarca, y reparar los cordones de las veredas con trabajadores esclavos arrebatados a las cárceles. Ahora tendrá que administrar el desconsuelo tucumano ya no con vozarrones de amenaza sino con decretos y leyes concertados en las mesas de negociaciones.

Si hay algo inédito en esta experiencia es el largo cortejo de viudas y huérfanos de las víctimas, que hace veinte años sufrió a Bussi como verdugo y ahora debe tolerarlo como gobernante. Que yo recuerde, eso no había sucedido antes, acá o en otras partes. Los verdugos dejan su estela de sangre y luego tienen la costumbre de morir o de esfumarse en un destierro dorado. Los oprimidos quedan con las entrañas desgarradas pero, al menos, pueden respirar. No en este caso. Bussi vuelve con todos sus fantasmas. El único otro ejemplo de resurrección letal que me viene a la memoria es el del general guatemalteco José Efraín Ríos Montt, que entre 1978 y 1983, presa de un extraño delirio místico, exterminó al diez por ciento de sus compatriotas. En 1995 se presentó como candidato presidencial, con altas posibilidades, hasta que el gobierno prohibió sus nominación por sus violaciones a los derechos humanos.

Sentir que el verdugo de la familia vuelve a imponer su ley y su orden en la propia casa es una especie de condena bíblica, uno de esos suspiros del infierno que debieron de lacerar el corazón de Job cuando advirtió que Dios lo abandonaba. La noche en que presenté mi novela percibí una ráfaga de aquel horror.

Estábamos en un anfiteatro de la Universidad de Tucumán. Ya habían terminado las series de preguntas sobre la santidad o la mundanidad de Evita Perón y los asombros por las copias que se hicieron de su cuerpo modificado cuando, desde la última fila de butacas, se alzó la mano de una mujer tímida, cuya voz apenas se oía. "Estoy llorando", dijo. "No sólo por mí sino por todos nosotros. Quiero hablar en nombre de mi hijo de dieciocho años." Sentí que la garganta se le desgarraba. "Quiero hablar por la voz que ya no tiene y por el amor que ya no puede dar. Quiero que todos oigan mi vergüenza y mi pena porque los tucumanos hemos elegido como gobernador a nuestro propio asesino."

Media sala quedó desconcertada. La admonición de la mujer parecía no tener vínculo alguno con el libro que se estaba presentando aunque tal vez, en el fondo, hablaba de lo mismo. Estallaron unos pocos aplausos y se deslizaron dos o tres silbidos, hasta que los aplausos convirtieron los silbidos en cenizas y la gente empezó a marcharse. Vivir con los verdugos, me dije. ¿Qué puede haber pasado con un país que pone sus esperanzas en los verdugos?

Me acordé en ese momento de mi amiga María Julia Daroqui, que se exilió en Caracas a fines de 1977, cuando la dictadura de Videla y Massera secuestró para siempre a dos de sus hermanos, y luego a un tercero mientras estaba averiguando dónde los habrían recluido. María Julia volvió a la Argentina a comienzos de 1985 con la esperanza de encontrar alguna señal de los desaparecidos, que se llamaban Jorge Arturo, Daniel Alberto, Juan Carlos y que eran, según ella los recuerda, alegres, buenos mozos, reservados, una maravilla con la guitarra. Supo que a Juan Carlos lo habían torturado

atrozmente en el Club Atlético y que en las desesperaciones del sufrimiento aún tenía fuerzas para confiar en
un mundo mejor. De los otros oyó dar referencias vagas
en el juicio a los comandantes. Desde entonces ni ella
ni su familia han cesado de buscarlos y de poner avisos
en los diarios todos los 15 de julio, en los aniversarios
del desastre, con la esperanza de que alguien los haya
visto por última vez, de que una voz compasiva les diga
dónde los han sepultado. Golpean todas las puertas que
pueden, invocando la ley internacional que protege el
derecho a saber qué pasó, y que en la Argentina sigue
siendo letra muerta.

Nunca oí a María Julia hablar de esas desdichas
mientras vivió en Buenos Aires, enseñando literatura
latinoamericana en la Facultad de la calle Puán. Conocí
la historia de su familia casi tres años después, cuando la
amnistía presidencial de los criminales y la pesadilla de
encontrárselos por la calle la devolvió a Caracas, donde
retomó su cátedra en la Universidad Simón Bolívar y
persistió en reconstruir los hilos sueltos de la atroz historia. Sé que no deja de recordar los ojos marrones y
tristes de Daniel, que tenía veintitrés años; la fuerza
apasionada de Juan Carlos, que andaba por los treinta,
los interminables chistes de Arturo, que —como ella dice— "encontraba siempre una salida para todas las dificultades", hasta que el horror le amordazó la sonrisa de
un día para el otro.

Sé que María Julia vio o creyó ver una tarde, en un
café de Talcahuano y Corrientes, al policía que torturó
a sus hermanos. Lo descubrió en una plática apacible
con el hombre que, fingiéndose familiar de un deteni-
do político, había delatado a Juan Carlos en Villa Ade-
lina. Aquellas imágenes del espanto la derrumbaron y

fue en ese momento cuando decidió irse, correr hacia cualquier parte, dejar atrás estas tinieblas sin castigo.

Tres mujeres humildes se me acercaron, con hojas de cuadernos en las manos, para que les escribiera alguna frase sobre Evita. No sabía qué decir y les confesé mi desconcierto. "Ponga que Evita está viva", me dijeron. "Ponga eso nomás y nos vamos a ir tranquilas." Una de ellas se ofreció a leerme libros, a escribir resúmenes de obras ajenas. "¿Sabe?", me dijo. "No consigo trabajo en ninguna parte." No era la primera voz desesperada que oí en esos días. Tampoco fue la última. Me sentía ajeno al tiempo, llevado y traído por la marea de hechos que estaban fuera de mí. No sabía qué decir ni cómo ayudar. Debí de mirar a las tres mujeres con sorpresa. No sé ya qué palabras garabateé en las hojas. "Hemos perdido todo", me dijo una de ellas. "Hemos perdido el trabajo, la tranquilidad y también hemos perdido la historia. Lo único que nos queda es Evita."

La sala se había quedado a oscuras, pero en el rincón donde estábamos hablando quedaba un poco de luz. Tal vez la última luz de esa noche inolvidable.

(1995)

Tucumán arde

Tucumán nunca parece lo que es. En 1838, el letrado
Marco Manuel de Avellaneda se quejaba, en una carta a
Juan Bautista Alberdi, de la pereza provincial. "Aquí no
tengo nada que hacer", decía. "Los sentimientos de la
gente son profundos, todo es profundo, excepto el
odio." Tres años después, Avellaneda era degollado con
una lentitud que sólo el odio extremo podría explicar.
Sacaron lonjas de su espalda para trenzar maneas y expusieron su cabeza en una pica, frente a la casa del gobernador.

En 1991 la victoria del ex represor Antonio Domingo Bussi parecía irremediable. En una esquina de la
plaza Independencia, sujetando con una mano la irrisoria corbata de moño y aferrando con la otra un megáfono a pilas, el diputado nacional Exequiel Ávila Gallo
profetizaba, rengueando, que la maldición de Dios cae-
ría sobre la provincia si Bussi volvía a gobernarla. "¡Yo
soy el doctor Frankestein!", se enardecía el diputado.
"¡Yo inventé al monstruo! Yo conozco sus bajezas mejor
que nadie."

En 1987, Ávila Gallo ofreció a Bussi la gobernación
de Tucumán en nombre del partido provincial Bandera
Blanca, que había cosechado entre quinientas y seis-
cientas boletas en las últimas elecciones. A última hora,

el general atendió sus ruegos y logró, por el mero magnetismo de su nombre, que el caudal de Bandera Blanca subiera a casi cien mil votos. Los jubilados, las clases medias empobrecidas, los millares de obreros golondrina que rondaban sin trabajo por las turbias orillas de la capital tucumana, veían en el general a un hombre de carácter, a quien le bastarían pocos meses para poner orden en la yerma economía de la provincia. ¿No había sido, acaso, el único interventor de los años de fuego capaz de infundir miedo en los industriales tucumanos y de limpiarles los bolsillos para construir sesenta y seis kilómetros de caminos y ochenta escuelas? Se le atribuían —es verdad— trescientos ochenta y nueve crímenes y el control directo de por lo menos diez campos de concentración durante los primeros veinte meses de la dictadura. Pero el general ya había respondido a esos cargos explicando que "no hay guerra sin alguna que otra víctima inocente".

A la mayoría de los industriales desvalijados también les complacía que el general volviera. Compartían con él las divisas de la paz, el orden, la decencia. Y sobre todo, sentían que su temperamento vigoroso los protegería del encumbramiento de la chusma, encarnada por el cantante Palito Ortega.

Casi todos los profesores, los artistas y los opositores a la dictadura con quienes hablé en Tucumán a fines de julio de 1991 se disponían, en cambio, a votar por Ortega. Admitían que el cantante había sido un propagandista fervoroso de los dictadores Videla y Viola, que había exaltado a la "valiente muchachada de la Armada" cuando los héroes de la fuerza se llamaban Astiz, Massera y el *Tigre* Acosta, y que sus cualidades de administrador eran tan frágiles como las de Bussi. "Pero si él gana —dijeron—, Tucumán no deberá explicar ante la historia por qué, en plena democracia, eligió como gobernador a un asesino."

Es improbable que la gente recuerde aquellas semanas de julio de 1991 veladas por la resignación y la incertidumbre. Han sucedido, desde entonces, demasiadas cosas que nadie imaginaba. La historia se mueve con la velocidad de un tren expreso, y nadie puede reconocer las siluetas que están detrás de las ventanillas.

Pero en Tucumán nada es lo que parece, y los confiados acólitos de Bussi deberían haberlo adivinado. ¿Qué fue lo que cambió la historia? No la infancia pobre de Palito, que de "changuito cañero" y "cabecita negra" sin horizonte se convirtió, por sí solo, en empresario con casa en Miami. No, tampoco, el romántico apoyo de su esposa Evangelina Salazar. En una provincia tan escéptica y maledicente como Tucumán, esos factores atrajeron, tal vez, sólo algunos insuficientes votos rurales. Creo que si Ortega venció fue por la simple razón de que es tucumano. El norte argentino se sintió siempre despojado por la pampa húmeda. En el colegio solían enseñarnos que el país verdadero es el que nace en Córdoba, y que lo demás es tierra de advenedizos.

Aunque al presidente Menem debía darle lo mismo que ganara el general o el cantor, fue él quien inclinó la balanza a favor de Ortega cuando decidió trasladar los restos de Juan Bautista Alberdi desde la Recoleta hasta la plaza Independencia, resucitando la pasión federalista de los tucumanos. Para la provincia, la biografía de Alberdi es quizá la metáfora más nítida de sus propias desgracias. El olvido, el ostracismo, la miseria, la desolación que padeció Alberdi en sus años finales, abandonado por los gobernantes de la orgullosa Buenos Aires, es como el propio destino de Tucumán: una historia de intrusiones y desgarramientos.

Medio siglo de gobiernos militares impusieron a las provincias el olvido de sus propias autonomías. Los interventores llegaban a la *terra incognita* y la convertían en un rápido apéndice de la metrópoli, acomodando la economía lugareña a las necesidades del puerto. Esa ceguera indujo al dictador cursillista Juan Carlos Onganía a desmantelar la industria azucarera sustituyéndola por fábricas ilusorias, e hizo suponer a Bussi que sus batallas finales contra una subversión ya en retirada bastaban para conquistar el agradecimiento eterno de los tucumanos.

Los primeros —y abrumadores— éxitos electorales de Bussi se debieron a que, invocando el federalismo, hizo suponer que los gobernantes tucumanos ya no tendrían necesidad de seguir mendigando en Buenos Aires; que alzaría la voz ante los presidentes y ministros y les reclamaría el dinero de la provincia que la nación había administrado mal durante décadas. Eran —palabras más, palabras menos— las mismas promesas que el interventor nacionalista Alberto Baldrich había formulado en agosto de 1943. Aquella vez, Baldrich había pronunciado también otros inolvidables desatinos: "El comunismo desaparecerá solo cuando desaparezcan el liberalismo y el capitalismo, que son los responsables directos del error intelectual marxista y de la desesperación de las clases trabajadoras".

Me dicen que los campesinos tucumanos comenzaron a caer en la cuenta de que Bussi era nativo de Entre Ríos y que debía de pensar como los hombres de la pampa húmeda: con el corazón en el puerto y la boca abierta hacia el interior. Otros, en Aguilares, Concepción y Monteros —las tres ciudades mayores, después de la capital—, vieron una película llamada *La redada*, que refiere la desventura de un centenar de mendigos abandonados por el general en los desiertos de Catamarca, una noche invernal de 1977. Algunos servían como andrajosos bufones de una sociedad en ruinas. Que Bussi los expulsara hacia la muerte fue como si hubiera incendiado el paisaje. Ningún tucumano podía haber hecho eso.

Fue entonces cuando los golondrina dieron en pensar que Palito era como ellos: que había nacido entre las malojas de Lules, con los pies en el barro. Y fue también entonces cuando los aliados del general en lo que la dictadura llamó "el exterminio de la subversión" recordaron que el cantante no había militado en el bando contrario. Al unísono repitieron que un tucumano sin experiencia de gobierno era preferible a un forastero probado. Y en menos de una semana dieron vuelta la historia.

Tucumán nunca es lo que parece. Exequiel Ávila Gallo seguirá lamentando con su megáfono que el monstruo esté despierto y que ni siquiera el doctor Frankestein puede hacer nada ya para desmantelarlo. Los doscientos setenta mil votos de Ortega son apenas una tregua. El general sigue de pie, lamiendo la nuca de la provincia con su aliento sulfuroso, a sólo treinta mil pasos de distancia. Contra lo que decía Marco Manuel de Avellaneda, en Tucumán todos los sentimientos son profundos, pero ninguno es tan profundo como el odio.

(1991)

El precio de ser cómplice

Para que un culpable pueda salir indemne de cualquier acto de justicia es preciso que detrás de él haya una vasta red de cómplices. No hay culpable a salvo si a la vez no hay muchos cómplices: beneficiarios de favores, padrinos, sicarios, guardaespaldas, voceros, secretos albañiles de la ratonera que le sirve de protección. Si el culpable deja de ser invulnerable, todos sus encubridores corren peligro.

Durante las semanas que pasé en la Argentina a mediados de 1997 tuve la sensación de que el país estaba dominado por un espeso tejido de corrupciones: todos los crímenes o estafas sin descubrir, aun los más escandalosos y flagrantes —como el atentado a la AMIA y a la embajada de Israel, la ejecución mafiosa del fotógrafo José Luis Cabezas en Pinamar y las causas aún abiertas contra decenas de funcionarios próximos al presidente Menem— parecían estar atados entre sí. Ya no se trata de lo que la gente sabe o no sabe, sino de lo que la gente cree. La gente cree a ciegas aquello que le parece más próximo a la verdad. En una cultura como la argentina, construida sobre una larga maraña de falsías oficiales, la verdad es aquello que la gente acepta como tal. La colectiva falta de fe en la justicia ha engendrado el dudoso principio de que toda figura pública con una imagen culpable tiene —para corregir esa imagen— que demostrar su inocencia.

Si uno solo de los crímenes se esclareciera —se oye decir— todos los demás saldrían a la luz. La sensación de que algunos privilegiados gozan de plena impunidad ha permitido que la sensación de inseguridad crezca aceleradamente. Los argentinos estamos volviéndonos paranoicos. En los colectivos, en los cafés y, por supuesto, en las conversaciones de los periodistas, siempre se menciona a un culpable preciso. O, para explicarlo mejor, se habla de un Gran Culpable y de un Gran Cómplice, al que se menciona también como el gran beneficiario de ese tejido de corrupciones y, al mismo tiempo, como el gran prisionero. Pero nadie tiene pruebas suficientes. Si alguien hablara, quizás aparecerían las pruebas. No hay quien se atreva, sin embargo. La gente tiene miedo de ese poder secreto que parece estar en todas partes y que ha contaminado el aire del país. Los periodistas, que son los que disponen de más datos, han dibujado más de una vez, casi siempre entre líneas, ese feroz poder mafioso que se agazapa en la oscuridad. Pero no saben cómo lo pueden tocar ni cuándo podrán hacerlo sin jugarse la vida.

Los últimos días de julio de 1997 tuve entrevistas informales, en Washington, con tres figuras notorias de la política norteamericana, dos de los cuales son miembros del Parlamento. Los tres, que llevan años defendiendo el modelo económico argentino y lo que ellos ven como una "clara modernización" de nuestra sociedad, se mostraron de pronto alarmados por la cada vez más acentuada imagen de corrupción e impunidad de personajes cercanos al gobierno.

Todos habían oído alguna vez, en los últimos meses, la versión de que algunas empresas del llamado Grupo Yabrán nacieron y crecieron con el dinero sucio de represores de la última dictadura militar. A los oídos de todos llegó también el rumor de que esas empresas contaron con el amparo de funcionarios del gobierno radical y, sobre todo, del actual gobierno menemista, pero ninguno de ellos les dio importancia. En los pasillos del poder de Washington circulan a diario cientos de noticias como ésas. Pero los vínculos entre militares de la dictadura y empresas de Yabrán denunciadas a fines de julio ante el juez español Baltasar Garzón hicieron temer a los tres funcionarios norteamericanos por el destino futuro del presidente Menem.

¿Qué va a pasar con él cuando termine su mandato?, se preguntó uno de los parlamentarios. Si no limpia ahora mismo su propio terreno contaminado, puede esperarle una vida de fugitivo, como la de su ex colega mexicano Carlos Salinas de Gortari. "El mayor problema de Menem ahora —me dijo el otro— es que le garanticen una retirada en paz. ¿Pero quién podría darle esas garantías? No se las va a dar su propio aliado Eduardo Duhalde, porque no habría peor lastre para Duhalde que hacerse cargo de los compromisos de su antecesor. Tampoco se las van a dar los radicales ni los dirigentes del Frepaso. Alfonsín ya no es para Menem un aliado confiable. El ex presidente tiene la suficiente conciencia histórica como para saber que no puede firmar otro pacto de Olivos. ¿Quién podría hacerlo, entonces? El único que podría hacerlo es Alfredo Yabrán. No hay nadie más en la Argentina que pueda ofrecerle al Presidente su cabeza a cambio de una transición institucional limpia."

Pero si lo que se dice de Yabrán fuera verdad, si fuera cierto que Yabrán encarna un poder tentacular y mafioso que ha enredado a cientos de oficiales de seguridad y de hombres muy próximos a Menem, jamás concedería tanto —ni su cabeza ni su indemnidad—, porque la fuerza de esa clase de personajes consiste en retener bajo su dominio a todos los que le deben algún favor, en volverlos cada vez más y más culpables. Cuanto más culpables sean los cómplices, tanto más invulnerable será el jefe.

Quien está pagando el más alto precio por los crímenes y corrupciones sin esclarecer es la propia Argentina. No sólo empieza a declinar a toda velocidad el prestigio alcanzado durante la democracia, sino que también —adentro— cunde el escepticismo. Son cada vez menos los que siguen teniendo fe en las instituciones y en la justicia, si es que acaso quedan algunos. Como el país ha aprendido en carne propia, lo que se gana en un mes a fuerza de sacrificios, la corrupción puede dilapidarlo en un día.

Hay ciertos síntomas inquietantes, como la aparición de afiches y revistas insidiosos contra periodistas, ex funcionarios y adversarios políticos del gobierno, cuya difusión ha de costar mucho dinero. Parecieran cortinas de humo que tienden a velar —o a distraer— los crímenes y graves casos de corrupción que tardan tanto en resolverse: a ocultar, por lo tanto, las verdaderas noticias.

Para las tres personalidades norteamericanas con las que hablé en Washington, el mayor peligro que afronta ahora la Argentina es que los grandes crímenes sigan sin aclararse: el de Cabezas y el de la AMIA. Todo el sistema quedaría impregnado de sospecha si continúa la impunidad. Mientras no se descubra a los culpables —dicen— puede haber más víctimas. Y cuantas más víctimas haya, habrá también más cómplices y será, por lo tanto, menos fácil llegar a la verdad. Cuando hay una historia de ruindad, todos saben cómo empieza pero no cuál será su fin, si es que puede haber alguno.

(1997)

La impunidad y el poder

Es difícil entender por qué los grandes crímenes de la Argentina tardan tanto en aclararse o no se aclaran nunca. Basta que la sombra del poder se mezcle con un crimen para que de entrada se pierda la esperanza de encontrar a los culpables. Cuando una bomba aniquiló a un centenar de inocentes en la sede de la AMIA escribí, con ánimo provocador, que si al cabo de un mes no se descubría nada, tal vez el enigma no tendría ya nunca solución. El desalentador presagio ha resultado verdadero.

Más que en México, más que en Colombia —países donde abundan las mafias y el poder sigue aquejado por el estigma de asesinatos no resueltos—, la impunidad ha dejado de ser en la Argentina una catástrofe de la historia para convertirse en una costumbre. El crimen del fotógrafo José Luis Cabezas, baleado y quemado en el balneario de Pinamar, amenaza con quedar para siempre en la oscura lista de las cuentas pendientes. Como sucedió después del bombardeo de la AMIA, el gobierno se deshizo en promesas de justicia y hasta aceptó correr algunos riesgos: hubo ofertas de recompensas caudalosas, purgas policiales, arrestos de sospechosos y rastreo de pistas ciegas. Pero, igual que antes, los criminales y sus instigadores se han desvanecido. Eso es lo que inquieta: que los culpables estén en alguna parte, no al margen de la sociedad sino influyendo sobre ella, simulando que son hombres decentes y ejerciendo —a lo mejor— alguna forma de poder, sin que haya la posibilidad de señalarlos o de defenderse. Elías Canetti expresó muy bien ese peligro en *Masa y poder*: "Los hombres que saborean la impunidad terminan sintiéndose también invulnerables. Uno olvida que esta gente no sale sola a sus aventuras. Lo que realmente necesitan, aquello de lo que ya no pueden prescindir, es la voluntad renovada de seguir sobreviviendo a sus víctimas".

Los asesinos caen tarde o temprano en Colombia, porque el poder político —ya demasiado comprometido por intrigas internas y por las sanciones económicas de los Estados Unidos— necesita identificarlos a tiempo para salvar la cara. En México, la justicia es más perezosa o más cómplice, como lo demuestran los nudos gordianos que aparecen en el crimen del ex candidato presidencial Luis Donaldo Colosio. En la Argentina, en cambio, no hay culpables. Si se los descubre, se los perdona. Y cuando no se los descubre, se hace todo lo posible para que se evaporen en el olvido.

Encontrar a los asesinos de un gobernante o de un líder político no es empresa fácil, porque en torno de ellos hay un espeso tejido de intereses que ensombrecen la investigación. Pero cuando se trata de un periodista, ¿dónde puede estar la dificultad? En Colombia se tardó diez años en apresar al asesino de Guillermo Cano, director del diario *El Espectador* de Bogotá. Desde hacía mucho tiempo se conocían los nombres de los sicarios —quienes también habían sido exterminados— y del inspirador del crimen, Pablo Escobar Gaviria, jefe del cártel del Medellín. Sólo faltaba que cayera el hombre que había organizado el complot: un agente financiero llamado Luis Carlos Molina. A mediados de febrero lo descubrieron en el norte de Bogotá y lo arrestaron. Aun en esa situación extrema, Molina —acostumbrado a la impunidad— intentó sobornar a los agentes que lo tenían cercado. Les ofreció medio millón de dólares y, cuando los vio vacilar, dobló la suma. No tuvo éxito.

Cada culpable de un crimen impune requiere la protección de muchos otros culpables: padrinos, influyentes, a veces policías, a veces jueces, todos ellos beneficiarios de las ventajas económicas o políticas que se derivan de esa muerte. En el asesinato de Guillermo Cano, lo que se intentaba era suprimir las infatigables denuncias de *El Espectador* contra la mafia del narcotráfico. En el caso de José Luis Cabezas, ¿qué se intentaba silenciar? ¿A quién le interesaba que ese periodista o sus colegas no investigaran más en terrenos prohibidos?

Habrá que buscar, quizá, por el lado del poder. El empresario de correos Alfredo Yabrán dijo a mediados de marzo que "el poder es tener impunidad". Tal vez haya acertado con esa definición en algún blanco secreto de lo que significa sentirse impune o invulnerable, de la misma manera como el sindicalista gastronómico Luis Barrionuevo encontró la clave de la corrupción al declarar con sinceridad que "en la Argentina nadie hace la plata trabajando".

Nada es tan elocuente como los actos fallidos del lenguaje. Las palabras, como decía Locke, "no son sino las ideas que están en la mente de quien las enuncia". Son síntomas de enfermedades secretas, señales que ayudan a descifrar la verdad. Si se leyera con atención todo lo que se ha dicho sobre el asesinato de José Luis Cabezas, a lo mejor se vería con más claridad por qué lo mataron. Un crimen tan sádico, tan exagerado en su crueldad, sólo puede responder a un odio profundo. ¿Odio a la víctima? El fotógrafo de la revista *Noticias* no parecía la clase de persona que desata esas pasiones extremas. Debió tratarse, más bien, de un odio más ciego: el odio de quien se siente cercado por la información, violado por la verdad, con la impunidad amenazada.

Si en la Argentina los crímenes tardan en aclararse o no se aclaran nunca es porque los asesinos han aprendido a tejer una red protectora de intereses que arrastrará, si caen, a quién sabe cuántos cómplices. Sucede lo mismo en todas partes, pero acá la tradición es larga. Todos saben que, como dijo Yabrán en su definición memorable, involuntariamente asociada a las ideas de Canetti, "el poder es tener impunidad". O, leído de otro modo: sólo con la ayuda del poder se puede ser impune, sólo hay impunidad mientras se tiene poder.

(1997)

Muertes paralelas

Toda verdad es siempre incompleta. Dentro de una verdad hay hechos que pueden ser demostrados y hay otros hechos imposibles de probar. Estos movimientos del azar, que modificaron los modos de pensar la realidad desde que el matemático Kurt Gödel los enunció en 1931, aparecen ahora a cada paso cuando se analiza el misterioso suicidio del empresario Alfredo Yabrán. ¿Por qué hizo lo que hizo, si en verdad era inocente? ¿Cómo un personaje que siempre se había creído omnipotente puede quitarse de en medio sin ofrecer la menor resistencia?

No hay un suicidio igual a otro, pero el de Yabrán se parece extrañamente al que cometió en Londres el banquero Roberto Calvi, hace dieciséis años. También en la biografía de los dos hombres hay más de un punto de coincidencia.

Calvi era un modesto contable que, a partir de 1947 —cuando tenía sólo 26 años— se dedicó a fortalecer un banco de tercer orden, el Ambrosiano, hasta convertirlo en una de las mayores entidades crediticias de Italia. En 1967 el poder de Calvi ya era enorme, pero para expandirlo se asoció con el siciliano Michelle Sindona —quien estaba unido a las mafias de Estados Unidos e Italia por una laberíntica red de intereses— y con un oscuro influyente llamado Licio Gelli, figura principal de la logia Propaganda Due. Ambos le prometían fáciles ganancias en América Latina, a través de sus contactos con líderes políticos y jefes militares. "Sólo aceptamos entre nosotros a los que están en el vértice del poder", diría Gelli en 1978.

Uno de los negocios mayores de Calvi y Sindona era el lavado de dinero originado en el narcotráfico y la venta de armas. Los contactos internaciones de Gelli contribuyeron de manera decisiva a expandir sus imperios. Pero las ganancias fáciles y aluvionales eran también fuente de riesgos. Según el artículo que *The Cambridge Biographical Encyclopedia* dedica a Roberto Calvi, "un informe del Banco de Italia determinó, en 1978, que el Ambrosiano había exportado ilegalmente miles de millones de liras. En mayo de 1981, (Calvi) fue arrestado, declarado culpable y sentenciado a cuatro años de prisión, pero liberado gracias a una oportuna apelación".

A la inversa de Gelli, que disfrutaba de los honores —y los buscaba—, una de las obsesiones de Calvi era la discreción. El 18 de octubre de 1973, cuando Gelli recibió del presidente Juan Perón la Gran Cruz de la Orden del Libertador San Martín por su condición de Venerable Maestro de la Logia P-2, según consta en el Boletín Oficial de seis días más tarde, Calvi dio una de sus rarísimas entrevistas en Italia explicando que "a mayores responsabilidades económicas es imprescindible guardar mayor reserva y silencio. Quiero conservar mi perfil de hombre modesto, ser *una figura casi invisible*".

En mayo de 1982 —en esta historia, todo sucede en mayo—, el cuerpo de Calvi apareció colgado de una columna del puente Blackfriars, en Londres. En el bolsillo del difunto había una carta de la que conviene recordar dos frases: "Soy inocente" y "Muero para evitar mayores vergüenzas a mi familia". Como Yabrán, el banquero Roberto Calvi estaba huyendo —con desesperación— no se sabe de qué ni de quiénes. El Instituto para las Obras Religiosas —también conocido como Banco del Vaticano—, que dirigía el arzobispo Paul Marcinkus, había rescatado al Ambrosiano mediante una serie de avales de providencia, pero la maniobra sólo sirvió para enlodar a las dos instituciones. Cuando el caso salió a la luz, el papa Juan Pablo II debió exigir la renuncia de Marcinkus. Los miembros argentinos de la logia P-2 también habían caído en desgracia: López Rega vivía fugitivo en Suiza, los ex hombres fuertes de la dictadura militar —Massera, Guillermo Suárez Mason, Luis Betti— estaban en retirada o carecían de influencia. La propia dictadura argentina se desmoronaba ante la inminente derrota en las islas Malvinas. Solo y aislado, Calvi se resignó al suicidio.

El inmediato dictamen de la policía de Londres fue que se había ahorcado. Al año siguiente, sin embargo, los signos distaban de ser claros. El cuadro era más bien el de una venganza de la mafia o de lo que se conoce como "un suicidio inducido". Un cadáver expuesto al escarmiento público, en un lugar donde "las mareas fluyen y refluyen", con los pies a dos palmos de la tierra, eran indicios claros de que el banquero discreto y huidizo no había buscado aquella clase de muerte: algo o alguien lo había forzado. La *Cambridge Encyclopedia* informa que el veredicto original de la policía inglesa empezó a debilitarse en 1983, cuando aparecieron nuevas y secretas pruebas. A fines de 1984, el caso fue reabierto.

Años después, nadie conoce el lado oscuro de esa historia. La verdad es esquiva; el azar, en cambio, es siempre menos parco. A comienzos de este mes de mayo, el ex monje negro de la logia Propaganda Due,

Licio Gelli, se fugó misteriosamente de la prisión a que estaba condenado, en su propio domicilio. ¿Cuál es ahora el poder de ese hombre que ya ha cumplido 79 años, y cuyo consejo es tomado como infalible por los sobrevivientes de las extremas derechas? ¿En qué se siente su influencia? La fortuna de Gelli sigue siendo inmensa, inabarcable, y sus lazos con los vendedores de armas, los narcotraficantes y los lavadores de dinero se mantienen intactos, según han advertido los servicios de inteligencia de Italia y los Estados Unidos. Pero el poder político ya no lo adula como antes, en ninguna parte. Gelli huye ahora, nadie sabe hacia dónde.

No hay elementos que permitan asociar el suicidio de Alfredo Yabrán con el de Roberto Calvi. Nada, salvo unas pocas semejanzas en el estilo de vida —la discreción, el odio a las fotografías, el perfil bajo— y en el estilo de muerte: los dos "hombres invisibles" se vieron o se ven ahora expuestos a una luz pública tenaz e intensa, como si fueran jefes de Estado. Los dos, también —al igual que Gelli—, hicieron algunos de sus mejores negocios en la Argentina.

Dieciséis años separan la muerte de ambos personajes, cuyos nombres aparecen unidos por hilos que son simples conjeturas. Que sus historias sean paralelas parece sólo un desplante del azar. Pero, tal como dijo Borges en su memorable *Poema de los dones*, "Algo, que ciertamente no se nombra/ con la palabra *azar*, rige estas cosas". Tal como suceden las muertes en la Argentina, es difícil saber qué es ese Algo, o ese Alguien.

(1998)

La lección de Schindler

Hace un par de años, cuando la embajada de Israel en Buenos Aires fue volada por manos que todavía se desconocen, la prensa europea recordó que la Argentina tiene una larga tradición de intolerancia con el extranjero pobre, con los campesinos nómades y, en especial, con los seres que le parecen diferentes. "El antisemitismo argentino", señaló entonces *Le Journal de Genève* "ha logrado acobardar a una población judía que en 1950 sumaba medio millón y que en 1983 se redujo a menos de trescientos cincuenta mil".

Europa no es el lugar más indicado para arrojar a nadie esa clase de piedras, como lo saben los martirizados turcos de Alemania, los árabes de Francia, los albaneses de Italia y los judíos y gitanos de casi todas partes. Pero los delirios racistas de otras latitudes no pueden servir de consuelo a un país, en el preámbulo de cuya Constitución original se lee que "los representantes del pueblo [aseguran] los beneficios de la libertad [...] a todos los hombres del mundo". ¿Por qué tanta mala fama, entonces? Hay quizás una razón evidente: porque los crímenes de intolerancia que en otras latitudes se investigan, se descubren y con frecuencia se castigan, acá se perdonan y hasta se olvidan.

En 1994 se estrenó en Buenos Aires *La lista de*

Schindler, la película de Steven Spielberg que levantó tantas espumas de alabanza. Y si bien el tema del Holocausto no alcanza en ese film la intensidad ni la altura de obras mayores como *El hotel blanco* de D.M. Thomas, *Si esto es un hombre* de Primo Levi, o la austera *Shoah* de Claude Lanzmann, el lenguaje de Spielberg es más llano y quizá sea capaz de conmover a más gente.

Cuando terminó la Segunda Guerra y las matanzas estaban frescas, era difícil imaginar que los campos de concentración podrían ser negados alguna vez como realidad histórica. Nadie duda de Hiroshima o de la existencia real de Rommel, Evita o Stalin, por citar sólo a personajes del mismo período reflejados en textos y películas documentales. Pero una encuesta de la Organización Ropper reveló en 1993 que veinte por ciento de los estudiantes secundarios norteamericanos y veintidós por ciento de los adultos creen que los campos de exterminio nunca existieron o fueron inventados por la propaganda judía.

En la Argentina, las cifras son sin duda más alarmantes porque el antisemitismo es más visceral. Treinta y cinco por ciento de la población argentina supone que los judíos son reconocibles a través de marcas raciales, en lo que coinciden con Hitler, Rosenberg y demás teóricos del nazismo; cuarenta y cinco por ciento imagina que son más leales a Israel que a la Argentina. Lo reveló a fines de enero de 1994 una encuesta local.

Una de las virtudes de *La lista de Schindler* es que ilumina de manera inusual la relación entre fuertes y débiles. En vez de poner en escena la crueldad del opresor y de interrogarse sobre los límites del Mal —lugares comunes de las películas de guerra—, dibuja el mapa de una conciencia humana desde un punto en el que sólo importa el dinero hasta el extremo contrario, donde el valor supremo es la vida. Vista por Spielberg (pero sobre todo por el australiano Thomas Keneally, autor de la novela original), la parábola de Oskar Schindler describe cómo un hombre solo, sin otro auxilio que el de sus escrúpulos, está en condiciones de salvar la vida de miles. Es la clase de saga que un puñado de argentinos valientes como Emilio Mignone, el rabino Marshall Meyer y las Madres de Plaza de Mayo emprendieron en tiempos sin esperanza; la saga bíblica del hombre justo que salva al mundo y cuya memoria suele desvanecerse entre tanto indulto y tanta fiesta.

Entre las múltiples ideas sueltas que me ha suscitado *La lista de Schindler* (sueltas pero conectadas por el cordón umbilical de las tradiciones autoritarias que abundan en la historia patria), quizá la que más me inquieta es la de nuestro fascismo ordinario, que nos ronda casi desde siempre, como una sombra rampante. Suponer que las verdades de uno son siempre superiores a las verdades ajenas, definir todo lo que desconocemos como algo maligno y peligroso, han sido en la Argentina exhalaciones de un narcisismo que se convierte fácilmente en agresión.

Cuando nos llegue la próxima crisis —tarde o temprano, porque las crisis entran en la lógica de los procesos históricos—, los responsables arrojarán el peso de la culpa sobre los que están más indefensos: enfermos, analfabetos, bolivianos, paraguayos, invasores ilegales de terrenos, refugiados de las villas miserias. Lo hizo Hitler con los judíos, con los gitanos y con los polacos de Danzig. ¿Por qué no habrían de hacer lo mismo acá todos los que sientan amenazados sus privilegios?

¿Por qué no, si hasta lo hizo uno de los pensadores más lúcidos del siglo XIX? En 1870, Juan Bautista Alberdi cometió la torpeza de atribuir las dificultades nacionales a los "inmigrantes de países autoritarios y latinos": a los españoles, italianos y franceses que infectaban el Río de la Plata con "la brutalidad de las siete plagas". Si Alberdi caía en esos descalabros de la inteligencia, ¿qué podrá esperarse de jefes gremiales y patrones de empresa, descendientes de aquellos italianos o españoles "brutales", cuando las papas quemen en la Argentina y alguien deba pagar las cuentas del festín que estamos viviendo? Buscarán con el índice y señalarán como culpables a los bolivianos indocumentados, a los paraguayos en fuga, a los peruanos sin casa.

El fascismo ordinario se alimenta de la intolerancia, del silencio cómplice, pero sobre todo se alimenta de la generalización. Fascista es (aunque no lo sepa ni lo quiera) todo aquel que se niega a pensar en sus semejantes por separado y decide que son buenos o malos por su clase, por su apariencia, por lo que ha oído decir de ellos. La desesperanza engendra pánico, el pánico engendra agresión.

El Holocausto es una fotografía demasiado intolerable del fascismo como para que los hombres comunes se identifiquen con ellas. Un horror tan desmesurado sólo puede suceder (se imagina) una sola vez. La eficacia del personaje de Oskar Schindler (y, por extensión, la del film de Spielberg) consiste en que su historia puede ser la de cualquiera: un vividor, un arribista, que en nombre de la solidaridad humana renuncia porque sí a sus privilegios y quema todo lo que posee ante el altar de su conciencia.

Las dos caras de la historia empiezan siempre de la misma manera: un hombre solitario (acaso en una cárcel de Munich, acaso en 1923) insulta en voz alta a la condición humana. Su vil prejuicio coincide con el de otro, y otro más. Es una señal casi vulgar del fascismo ordinario a la que nadie se opone ni concede importancia porque es un incidente pequeño. Y a la inversa: otro hombre solitario (tal vez en Cracovia, tal vez en 1940) decide salvar a la humanidad y, para lograrlo, comienza tendiendo la mano a un pobre ser que, a su vez, se agranda para tendérsela a otro.

Las metáforas sobre el bien y el mal que se despliegan durante las tres horas largas de *La lista de Schindler* tienen más de una correspondencia con la realidad argentina: de un lado están la intolerancia y el odio, como los que se expresaron contra la embajada de Israel o cuando un enjambre chillón abandonó el panal de los sindicatos para lanzar su aguijón contra los inmigrantes ilegales. Del otro lado está un país —este país—, fertilizado por infinitas sangres europeas, asiáticas y mestizas, cuya riqueza nace de esa mezcla y cuyas tradiciones son hijas de esa diversidad aluvional. La lección de Oskar Schindler es la del ario puro que salva a los diferentes y que transforma ese gesto en una razón de vida. Dentro de diez días se estrena el film de Spielberg, pero quién sabe cuántos argentinos querrán entender todo lo que dice.

(1994)

Por un país sin ghettos

La Nación Argentina se fundó como un acto de fe en el hombre. "La riqueza no reside en el suelo ni en el clima", escribía Alberdi en *Origen y medio de la riqueza*. "El territorio de la riqueza es el hombre mismo." Todos los actos de segregación, todas las semillas de barbarie que se enquistaron entre nosotros fueron empobreciéndonos hasta lo que ahora somos: un país con sueños de grandeza que cada dos por tres se golpea la frente contra el muro de la realidad.

Este país nació como una frontera abierta, no fue concebido como una suma de comunidades aisladas, condenadas a vivir en *ghettos*. Pero esa declaración de principios no siempre coincidió con la hostilidad de nuestras leyes ni con la ferocidad con que vejamos y reprimimos a los Otros, por superstición, por ignorancia, por lisa y llana estupidez. La comunidad judía fue, quizá, la que sufrió esos agravios con mayor severidad. Desde que los primeros núcleos migratorios judíos empezaron a organizarse en 1862 —treinta años antes de que el barón Mauricio Hirsch fundara las colonias entrerrianas—, esa comunidad padeció persecución, agresiones solapadas, calumnias de fanáticos. Ya de entonces le viene a la Argentina una fama de intolerancia que los tiempos, por desdicha, han confirmado.

En este país los justos y los solidarios suman millones. Son también millones, sin embargo, los que olvidan, los que callan ante las injusticias cotidianas, los que dejan pasar las ligeras llamas de antisemitismo que se oyen a cada paso y que de pronto, tal como sucedió el 18 de julio de 1994, se convierten en la explosión atroz de la AMIA. Hay entre nosotros una larga historia de silencios, una tenaz resignación ante fatalidades inaceptables que desembocan, como ya nos ha sucedido, en dictaduras de pesadilla o en atentados abominables. Que esas desgracias se repitan, que las desventuras nos pasen más de una vez es una señal de alarma, no sólo para el gobierno —que, un poco tarde, ha pedido perdón— sino también para todos los argentinos civilizados que quieren un país mejor.

La Argentina lleva sobre las espaldas una larga historia de espantos antisemitas que no está de más evocar. Puede que las generaciones recientes no hayan leído las historias de la Legión Cívica, que en los tiempos de José Félix Uriburu desfilaba por las calles de Buenos Aires con los brazos extendidos al compás del estribillo "Haga patria, mate un judío". Puede que no recuerden el inhóspito nombre de Hugo Wast (o Gustavo Martínez Zuviría), que en los años del esplendor nazi escribió una retahíla de novelas antisemitas como *El Kahal, Oro* o *666* y que luego, al ser nombrado ministro de Instrucción Pública en 1943, tuvo ocasión de imponer su ideología en las escuelas primarias y en la radio.

Han de ser también pocos los que recuerden que, en marzo de 1962, fanáticos de organizaciones que entonces se llamaban Tacuara y Guardia Restauradora Nacionalista raptaron y tatuaron con svásticas uno de los senos de la joven judía Graciela Sirota, o que dos jóvenes judíos fueron "cocinados" con sopletes como parte de una escalada que el gobierno democrático de 1964 quiso atribuir, erróneamente, a "la lucha entre dos colectividades". Aquí vivieron sin ser perturbados algunos criminales de estatura babélica como Eichmann y Mengele; por las calles del centro desfilaron, a fines de los años ochenta, las huestes del módico Alejandro Biondini; a comienzos de 1994 se descubrió en el Tigre el imponente arsenal acumulado por otro nazi vernáculo, Alejandro Suckdorf.

La pasividad, los indultos, las obediencias debidas, las miradas hacia otra parte, han creado entre nosotros suficientes caldos de cultivo como para que los terroristas de afuera (si es que son de afuera) encuentren fáciles apoyos entre los embozados terroristas de adentro. El horror antijudío conmueve a los argentinos cada vez que estalla. Pero, para ser francos, los brotes de odio que aparecen todos los días suelen no sublevarnos con la misma intensidad. Es como si, de tanto convivir con el horror, estuviéramos anestesiados. Tuve que bajarme de dos taxis porque los choferes insistían en afirmar que los medios —"todos en manos de judíos, todos comprados por anunciantes judíos"— dan sólo una versión agrandada de la catástrofe en el edificio de la AMIA.

No somos inocentes. Durante décadas hemos creado monstruos en nombre de la grandeza nacional, de la pacificación o de una falsa armonía entre contrarios. Y cuando los monstruos salen a la luz del día, lloramos o pedimos perdón. Además de esclarecer el inmenso crimen del 18 de julio de 1994, hace falta esclarecer los pequeños crímenes de omisión o los silencios de conciencia en los que incurrimos todos los días.

Uno de los grandes filósofos de este tiempo, Emmanuel Levinas, ha escrito que el hombre es hombre (y no animal u oscura especie desconocida) porque tiene conciencia de la muerte y porque no puede anular su responsabilidad por el prójimo. Sin esa responsabilidad, no somos personas. Sin responsabilidad no hay ser. ¿Hasta qué punto, entre nosotros, esa responsabilidad estuvo aletargada o extraviada? ¿Por qué hizo falta un cruel mazazo para que empezáramos a sobresaltarnos?

Y si volvemos a dormirnos, ¿qué podría hacer un judío argentino? ¿Resignarse a la indefensión? ¿Irse, para que después lo escarnezcan, como a tantos exiliados de la dictadura? ¿Enclaustrarse en un *ghetto*? Un dirigente judío admitió que los controles en las entradas y salidas de las instituciones comunitarias eran ineficaces pero que tampoco se podía "convertir a toda la comunidad en un búnker". "¿Y ahora cómo van a hacer?", le preguntaron. "Ahora", dijo, "vamos a tener que construir los bunkers".

Si eso sucediera, el estigma sería difícil de levantar. Sobre nuestra historia reciente pesan ya demasiadas cicatrices como para admitir otra. Una nación donde hay sectores de la sociedad que deben vivir en *ghettos* para protegerse o para salvarse, no es una nación en serio: delata un Estado impotente, una población cómplice o insensible, una inseguridad asesina.

No merecemos ese país. Somos también otro país. A sus puertas hay que golpear no sólo para exigir que se esclarezca la atroz matanza de la AMIA, sino también —y sobre todo— para alzar los brazos contra los antisemitismos cotidianos, contra las no personas a las que aludía Levinas, tan preocupadas por las "grandes cosas" y tan poco responsables con el prójimo.

(1994)

Prensa y poder

Diálogo de sordos

Los intelectuales argentinos y el poder político han vivido casi siempre dándose la espalda. A la inversa de lo que sucede en México o en Brasil, en Venezuela o en Colombia —donde los creadores mantienen un diálogo continuo con el poder sin arriesgar su independencia—, la atmósfera ha estado saturada en la Argentina, durante décadas, por una ciega desconfianza. El poder desconfía de la libertad y del desenfado para pensar e informar, que es la razón de ser de los intelectuales, y los intelectuales desconfían de las exigencias autoritarias del poder, que rara vez consiente la crítica o la denuncia.

En México o en Colombia, los intelectuales se han sentado a la mesa de los presidentes, han servido como embajadores y han sido representantes ocasionales del Estado en festivales de cine, ferias del libro, bienales de artes plásticas. En la Argentina, aceptar una invitación oficial ha sido considerado con frecuencia como una genuflexión, un acto de blandura o una complicidad con el poder de turno.

El desencuentro nunca fue pleno. Como la nación fue fundada por letrados, durante las cuatro últimas décadas del siglo XIX y las cuatro primeras del siguiente, ellos dictaminaron el modelo de nación, las normas de convivencia, los ideales pedagógicos y los límites entre lo que era civilizado y lo que era bárbaro. Los intelectuales encarnaban al mismo tiempo el poder y la crítica del poder.

La llegada del peronismo cambió esas reglas de juego, pero no por completo, porque Perón se veía a sí mismo como un intelectual dentro del ejército, y hasta Evita disponía de una peña cultural que llevaba su nombre y en la que se leían poemas de homenaje. Ambos, Perón y Evita, habían escrito libros de lectura obligatoria, lo que establece una cierta continuidad con la tradición letrada, porque el acto de leer involucra también el acto de pensar. Muchas de las más lúcidas diatribas contra *La razón de mi vida* —como las de Borges, Martínez Estrada y Victoria Ocampo— fueron consecuencia de la indignación que suscitó su lectura.

Como señaló Borges con perspicacia, los censores estimularon la literatura, porque la función de los censores era leer. Para poder reprimir el contra-poder de la escritura, no tenían otro remedio que vigilar lo que otros escribían. A diferencia de lo que se suele suponer, durante el peronismo los intelectuales pudieron hacerse oír: estaban arrinconados en *Sur*, en *La Nación*, en *Contorno* y en las revistas universitarias, que tenían difusión limitada, pero la crítica del poder —aun la que se escribía entre líneas, como en "Casa tomada", de Julio Cortázar— llegaba a todas partes.

Y si bien la plana mayor de la literatura nacional estaba confinada en esas torres de marfil, unos pocos autores de primera línea eran peronistas de alma. Leopoldo Marechal, por ejemplo, aceptó ser el dramaturgo oficial del régimen. Después, durante el interludio militar de Aramburu, tanto Eduardo Mallea como Borges se convirtieron en funcionarios del Estado, mientras el autor de *Adán Buenosayres* pasaba a ser un réprobo.

En los años setenta, las dictaduras militares sólo consintieron la monotonía del aplauso. O se las elogiaba o había que resignarse al silencio. La estrategia del poder con los intelectuales fue entonces la indiferencia, la ceguera, la sordera. Como los comandantes no leían, la escritura no los afectaba. Con el poder iletrado no hay diálogo: sólo obediencia y monosílabos.

Las relaciones se enredaron infinitamente más durante las democracias. Hubo fugaces lunas de miel entre los intelectuales y el poder político en los primeros meses del gobierno de Arturo Frondizi y en los dos primeros años de Raúl Alfonsín. Pero la desconfianza recomenzó cuando Frondizi cedió a las presiones militares y desconoció sus acuerdos con Perón para poder mantenerse en el poder, y también cuando Alfonsín, acosado por los golpistas de Semana Santa, forzó las leyes de obediencia debida y punto final. Carlos Menem fue menos afortunado: tuvo a pocos intelectuales de su lado. La amnistía, la ostentosa corrupción, la desocupación implacable y su propia arrogancia de gobernante —que le hizo ver a los creadores y a la prensa no como testigos neutrales sino como enemigos—, fue privándolo del apoyo intelectual a que le daba derecho su condición de presidente elegido en democracia.

Menem impuso el hábito de la discusión frívola. Para saber, no se necesita leer ni pensar: lo que se debate no son ideas, sino actos de viveza. Ya no se reflexiona más sobre modelos de nación o sobre cambios de estructuras, sino sobre conflictos entre caciques o argucias electorales. La mayoría de los intelectuales se ha visto arrastrada a ese debate menudo, porque casi nadie lee otra cosa.

Y en verdad, ¿alguien lee algo? La gente que puede comprar libros sigue acumulándolos en sus bibliotecas —las bibliotecas son todavía adornos de buen tono—, pero ya casi nadie los lee. Los pocos intelectuales que restan escriben ahora en el vacío, o se marchan hacia otras latitudes donde el pensamiento sigue teniendo algún peso.

¿Para qué sirve un intelectual ahora, entonces, en medio de tanto páramo? Sirve de mucho. Sirve para que los argentinos sigamos pensándonos como proyecto, como utopía, como comunidad que puede construirse y organizarse aun a espaldas del poder, contra la ceguera y la sordera del poder. Aunque nadie oiga, el deber del intelectual es pensar y hablar. Para hablar hace falta valor, y para tener valor hace falta tener valores.

En todas las sociedades, la función del intelectual es navegar contra la corriente, cantar cuatro verdades y seguir siendo incorruptible e insumiso cuando a su alrededor todos callan, se someten y se corrompen. Parecería poco y, sin embargo, en estos tiempos es casi todo lo que necesitamos.

(1997)

Sucesos argentinos

Hay pocos ejercicios más fértiles que comparar las noticias argentinas que les interesan a los norteamericanos con las noticias argentinas que les interesan a los argentinos. El ejercicio es a veces desalentador, porque a los norteamericanos les interesan muy pocas cosas de la Argentina. Ni las internas de la Unión Cívica Radical ni los infinitos laberintos de la corrupción oficial llegan a las páginas de los diarios en Los Ángeles, Nueva York y Chicago. O llegan, como una nota al pie, cuando las historias han terminado. A principios de diciembre de 1994, por ejemplo, un redactor del *The New York Times* dejó entrever, como al pasar, que los argentinos estamos resignándonos a los escándalos del poder: "Los juicios contra funcionarios casi nunca conducen a ninguna parte", decía el artículo. "El gobierno, por su parte, es reacio a aportar evidencias." Se cuenta la moraleja pero no se sabe cuál es la fábula.

Más ilustrativo es lo que pasa con las historias pequeñas. Ese mismo diciembre, el correo electrónico donde los argentinos dispersos por el mundo dejan caer sus curiosidades y sus melancolías reprodujo lo que se publicó en Buenos Aires sobre el examen de Envases y Embalajes que rindió o copió Zulemita Menem. Al mismo tiempo, *The New York Times*, *Los Angeles Times* y el

Philadelphia Inquirer concedieron un espacio privilegiado a la historia de los dos chicos que se perdieron en Jujuy y que aparecieron vivos después de tres semanas. Ambos relatos reflejan un modo diferente de entender la cultura de la supervivencia que aprendemos los argentinos: una, la que pareciera más ajena a nuestro modo de ver el mundo, es la que sin embargo conmueve más a los Estados Unidos. Desde Fenimore Cooper y, sobre todo, desde Jack London, los norteamericanos valoran el amor a la vida, el principio protestante de la solidaridad y la intensidad que el hombre pone en lo que Faulkner llamaba "la perduración de la especie". La otra, la historia de la picardía, de la avivada o del abuso de poder, es menos atractiva para el lector medio de Nueva York o Filadelfia.

No sé que se publicó en Buenos Aires sobre Daniel Quispe, de seis años, y Romina, su hermana de cuatro, que se extraviaron en algún paraje montañoso de Jujuy (los diarios de Estados Unidos no aclaran en cuál) cuando sus padres, pastores de cabras, fueron atacados por un puma. Sé que encontraron a los niños tres semanas después, exhaustos y deshidratados pero vivos. Daniel alimentó a su hermana con manzanas silvestres y le dio a beber agua de los manantiales en el cuenco de sus manos. "Si hubieran sido chicos de ciudad no hubieran sobrevivido", dijo uno de los policías que los rescató. Y el padre, Luciano Quispe, acertó a explicar: "Crecieron en esos montes y aprendieron a distinguir qué se puede comer y qué no, qué animales son inofensivos y de cuáles hay que esconderse".

El relato es simple pero también aleccionador. Alude a una comprensión de lo que importa y no importa en el mundo, que se parece a la del personaje de "Amor a la vida", el cuento de Jack London.

El dictamen de las historietas y de los sainetes estableció que el argentino promedio es vivo, aprovechado, arribista, prepotente. Ese estereotipo corresponde a *cierto* argentino (enquistado en las grandes ciudades de la pampa húmeda) y a cierta cultura de inspiración italiana que se encuentra tanto en las películas de Alberto Sordi como en un viejo film de Fernando Ayala cuyo título ya lo dice todo: *Primero yo.*

La cultura de la supervivencia es la que se encarnó en el examen (copiado o no) de la hija del Presidente. La prensa norteamericana la ignoró no porque no sea pintoresca, sino porque resulta inverosímil. En Estados Unidos pasa de todo: crímenes seriales, violaciones a rolete, encadenamiento de niños, perversiones sexuales de cualquier pelaje. Lo que casi no pasa es el abuso de poder. Se puede cometer y, de hecho, se comete, pero tarde o temprano sale a la luz, como lo está aprendiendo en carne propia el juez Clarence Thomas, de la Suprema Corte.

En las universidades norteamericanas (he leído que lo mismo pasa en las de Alemania, Francia y Gran Bretaña; ni qué hablar de Japón) es rarísimo que alguien copie. Se arriesga toda la carrera en ese gesto de viveza. Cuando hay un examen, los profesores se van del aula. Quiero decir: los estudiantes se quedan solos. A mí me dijeron que así se hacían las cosas cuando tomé examen por primera vez a estudiantes del último año, en Maryland. Como no podía creerlo entré un par de veces a la clase por sorpresa, fingiendo que me había olvidado papeles o un libro. No pasaba nada irregular. Nadie prestaba atención más que a sus preguntas, a su memoria y a lo que sabía.

En una sociedad competitiva —me explicaron— el que copia no es un vivo: es un ladrón. Usurpa una calificación a la que no tiene derecho y les hace más difícil la vida a los que necesitan becas y posiciones de trabajo. Los estudiantes se cuidan solos en los exámenes, porque si alguien copia, el de al lado o el de atrás lo denuncia. A nadie se le pasaría por la cabeza que quien lo hace es un soplón: está defendiéndose a sí mismo e imponiendo un principio de honestidad social. No niego que entre nosotros, acostumbrados a una cultura más salvaje, de codazos y arrebatones, marcar a un compañero que copia tuvo siempre un aire infamante y algo arribista. Pero ahora, cuando la justicia renguea en los tribunales y los contrabandistas de droga salen de las cárceles por las puertas grandes, las pequeñas reivindicaciones de la moral doméstica o académica quizá no desentonen tanto como antes: hasta parecen un gesto de salud.

En la Argentina, de todos modos, los chicos van a seguir copiándose. El propio presidente de la República ha dicho que también él copió en sus tiempos sin que pasara nada, porque "era sólo el hijo del turco Menem". Es decir: era nadie. Esa observación da en el blanco del problema. Que se copie la Zulemita de la esquina no es un escándalo. Sí lo es, en cambio, que lo haga la hija del jefe del Estado, porque al hacerlo se aprovecha de su privilegio de tal y refleja cierto malsano aprendizaje de la impunidad. El hijo del turco Menem necesitaba sobrevivir a cualquier precio, valerse de la viveza para salir adelante. A la nieta del turco Menem, en cambio, le han caído encima responsabilidades que a lo mejor no le gustan, pero que debe aceptar, puesto que también acepta —sin quejarse— las ventajas de su situación filial.

Tanto afuera como adentro del país uno siente que hay dos Argentinas, dos ideas casi opuestas de cómo sobrevivir y abrirse paso, dos maneras distintas de confiar en uno mismo. Vaya a saber cuál de las dos es la que va a prevalecer en este país oscilante: si la de los hermanitos de seis y cuatro años que tanto impresionaron a los lectores norteamericanos, o la historia de la chica de veinticuatro, que nos dio tanto que hablar los argentinos.

(1994)

Derecho a réplica

Quizá se han aplacado ya las polvaredas que levantó Emilio E. Massera cuando apareció por televisión leyendo una proclama política de dieciocho minutos. Quizás ese tema es hoy, como el propio Massera, un fruto rancio del invierno inclemente. Lo que sigue en pie, sin embargo, es el debate sobre el ejercicio del derecho a réplica en una democracia sana, a favor del cual se han pronunciado algunos intelectuales irreprochables, empleando el mismo argumento que Mariano Grondona, el periodista responsable del programa que hospedó al dictador convicto: "En el ámbito contradictorio y rico de la libertad, todos tienen derecho a expresarse".

Como se sabe de sobra, Massera ejerció un poder sin límites que afectó la vida y los bienes de miles de argentinos. Entre marzo de 1976 y setiembre de 1978 —cuando abdicó de la junta de comandantes y abrazó la ilusión de ser presidente constitucional— decidió cientos de asesinatos. Aunque ahora alude a una guerra, Massera no actuó como un guerrero: en vez de matar a sus adversarios en combate, lo hizo cuando estaban encapuchados y engrillados. "La Argentina libró y ganó la guerra contra la disolución nacional", dijo cuando la democracia lo procesó por sus acciones. "Que no se le arrebate a la Argentina su único triunfo de este siglo."

Si ése fuera en verdad el único triunfo, ninguna eternidad nos alcanzaría para terminar de avergonzarnos y de compadecernos.

Massera fue juzgado en 1985 por una Cámara de Apelaciones cuyos seis jueces eran insospechables de simpatía o afinidad ideológica con las víctimas. El dictamen que lo condenó a prisión perpetua fue devastador: establecía que Massera es un homicida alevoso, un secuestrador, un torturador y un ladrón. Esos epítetos terribles sólo resumen el fallo de los jueces. Lo encontraron culpable de sesenta y nueve secuestros, tres homicidios alevosos, doce actos de tortura y siete robos lisos y llanos. Massera es, por lo tanto, un delincuente peligroso.

De ese dato fluyen al menos dos preguntas obvias: ¿Los delincuentes peligrosos tienen derecho a réplica en las democracias? ¿Es justo conceder a un criminal probado la misma libertad para predicar sus ideas que se le concede a una persona decente?

Si Massera no está en la cárcel —el lugar que le corresponde— es porque aceptó el perdón presidencial y no porque sus delitos hayan eludido el repudio de los argentinos. Ha sido eximido de la condena pero no de la culpa. Anda suelto, pero no por eso deja de ser un criminal. Quienes le conceden derecho a réplica toman posición ante ese conflicto de valores: por un lado lo admiten como ciudadano pleno (es decir, como alguien que no tiene culpa o que ya las ha purgado); por otro lado, minimizan o desdeñan el repudio colectivo.

Massera pudo ejercer su derecho a defensa y a réplica dos meses antes de que, el 9 de diciembre de 1985, lo condenaran a prisión perpetua e inhabilitación absoluta perpetua, destituyéndolo de su grado militar. En esa ocasión final, pronunció ante el tribunal una extensa arenga, escrita por su mentor intelectual Hugo Ezequiel Lezama, cuyo estilo amenazante afloró en algunas retóricas preguntas de aquel discurso: "¿En qué bando estaban mis juzgadores? ¿Quiénes son o quiénes fueron aquellos que hoy tienen su vida en mis manos? ¿Eran terroristas? ¿Estaban deseando que ganaran los represores, eran indiferentes y les daba lo mismo la victoria de uno o de otros?".

El tono político de la proclama no difirió demasiado del que empleó el 10 de agosto de 1996, cuando la televisión le instaló una tribuna en la biblioteca de su casa. No se entendió muy bien, esa noche, de qué derecho a réplica se estaba hablando. Si se recuerda el comienzo de la historia (la entrevista que Olga Wornat hizo al marino degradado en la revista *Gente* y las diatribas que él mismo propaló en otro programa), no hacía falta que Massera se defendiera de nada, puesto que nadie lo había acusado. Diez años atrás había dicho ya lo que tenía que decir, y lo habían condenado. La única réplica, por lo tanto, les correspondía a las personas a las que él injurió.

Si el criterio es que "todos tienen derecho a expresarse en el ámbito contradictorio y rico de la libertad", Massera ya lo había hecho con creces: en el juicio de 1985, en la servicial revista *Gente* y en otro programa adicto. Ofrecerle una instancia más significaba, por lo tanto, abrirle un nuevo espacio para propagar sus ideas. Es lo que hizo. En el programa del 7 de agosto agravió a media docena de personas y, en el del 10, se quedó con la última y la más larga de las palabras. En un juego donde nadie es ingenuo, lo que se presentó como información terminó como escándalo. La seriedad del periodismo —tan frágil ya, tan expuesta a embates de toda clase en la Argentina— sufrió esa semana otra dura derrota.

Ningún canal abierto de los Estados Unidos, Francia o Inglaterra (ni tampoco los de cable, que yo sepa) acepta el riesgo de convertirse en portavoz de un delincuente cuyo discurso es de dudosa utilidad pública, porque los contenidos de ese discurso podrían afectar el bien común. Las raras veces en que eso ha sucedido (sobre todo en los casos de espionaje), las entrevistas jamás se pasan en directo. Ahí reside la clave del problema: cuando un delincuente ya condenado quiere difundir su opinión o publicar un libro, los contenidos de su discurso son editados, para evitar que se incurra en apologías del delito o que se atente contra el bien común.

Lo grave de los programas que tuvieron a Massera como protagonista es que se emitieron en directo, como si se tratara de un ciudadano cuyo pasado está limpio y no de lo que en verdad es: un delincuente condenado por la justicia a prisión perpetua.

En los primeros meses de su confinamiento en la cárcel de Magdalena, Massera comenzó a proyectar la escritura de sus memorias. Como es un hombre menos diestro con el lenguaje que con la corriente eléctrica, debió recurrir a un amanuense para que le escribiera los recuerdos. El primero de los amanuenses fue Lezama, quien ya lo había servido como director del fugaz diario *Convicción*. Lezama murió de cáncer algunos años después y el trabajo no pudo avanzar mucho. Lo sucedió el ex crítico de cine Carlos A. Burone, quien era amante del liberalismo inglés y, a la vez, de los autoritarismos argentinos. También a Burone lo alcanzó el cáncer al cabo de pocos años.

Vaya a saber quién está ahora a cargo del insalubre trabajo de poner en castellano legible lo que el marino degradado ha de dictar en su dialecto tembloroso. Eso ya no importa. Cuando el libro se termine, lo que la democracia sí permite es que no sea censurado. Lo van a leer quienes tengan el ánimo y el estómago para hacerlo. El indiscutible derecho de Massera a publicar sus memorias (que estarán aquejadas de parcialidad y de omisiones graves, como cualquier memoria) es bien distinto de la responsabilidad de servirle en bandeja dieciocho minutos para que diga lo que se le dé la gana, como en los tiempos en que era un dictador de pesadilla.

Invocar el principio de la réplica dentro de ese contexto parece un sarcasmo. O una trampa como la de *Hora Clave*, de la que todos salieron mal parados menos Massera, porque era el único que, aun manchado de crímenes, consiguió gratis una enorme audiencia para reivindicar los horrores de los que tanto se enorgullece.

(1996)

La ética del periodista

En la legendaria entrevista que William Faulkner concedió a *The Paris Review* a comienzos de 1956 hay una frase que se cita con frecuencia como el perfecto resumen de la ética del novelista. "[Un novelista] es completamente amoral", dijo Faulkner a George Plimpton, que lo interrogaba en Nueva York. "Es amoral porque debe ser capaz de robar, tomar prestado, mendigar o despojar a cualquiera y a todo el mundo con tal de realizar su obra." Sorprendido, Plimpton le preguntó: "¿Lo que usted está diciendo es que el artista debe ser completamente despiadado?" "Si es un buen artista, será despiadado", respondió Faulkner. "Debe ser capaz de jugarse el todo por el todo con tal de terminar el libro. Debe ser capaz de perder el honor, el orgullo, la decencia, la seguridad, la felicidad. Si un artista tiene que robarle a su madre, no debe vacilar en hacerlo."

Esa sorprendente defensa de un fin que está justificado por cualquier medio quizá sea válida para un novelista atormentado por su imaginación. Pero en el caso del periodista, la ética es exactamente la inversa: ni el mejor de los fines justifica la amoralidad (o inmoralidad) de los medios que se empleen.

Dos incidentes muy distintos han marcado, en los últimos días, las fronteras morales de la profesión periodística. Uno de ellos ha servido para que millones de lectores, en todo el mundo, condenen con furia a cierta prensa de escándalo y, por extensión, a toda la prensa, sin discriminaciones. Esta última derivación me parece alarmante.

Es casi innecesario repetir lo que pasó. A las 0.30 del último día de agosto de 1997, siete fotógrafos desaforados lanzaron sus motocicletas en persecución de la princesa Diana de Gales y de su nueva pareja Emad (o Dodi) al-Fayed, hijo del propietario de la tienda Harrod's. Ambos salían de una cena en el hotel Ritz de París y se dirigían, en un Mercedes Benz alquilado, a la villa de la familia Fayed en el 16º distrito de la ciudad. El chofer del Mercedes trató de burlar el asedio de los fotógrafos y chocó, a toda velocidad contra un pilar de cemento, justo al entrar en el puente de l'Alma, junto al Sena. Diana tardó tres horas en morir; Dodi pereció al instante. Es posible conjeturar que tanto él como ella ordenaron al chofer que esquivara a los cazadores. Durante los veinte días previos, decenas de teleobjetivos habían sorprendido a la pareja en la intimidad, tanto en Cerdeña como en Saint-Tropez, al sur de Francia, sin darle tregua. Las fotos se vendieron en algunos casos por un millón de dólares y dieron varias veces la vuelta al mundo.

Diana fue una fugitiva de la prensa durante la mitad de su vida, desde que se casó con el heredero del trono de Inglaterra. Los *paparazzi* —que fueron bautizados así para siempre en *La dolce vita*, la película de Federico Fellini— la fotografiaron en la sala de parto, entre las paredes cerradas de su gimnasio, en sus accesos de bulimia. Dejó de ser ella para convertirse en un objeto que los demás espiaban por el ojo de la cerradura. Eso acabó destrozándola. Como era previsible, los editores de la prensa sensacionalista han negado toda responsabilidad en la tragedia. Menos previsible, en cambio, fue la reacción de la multitud agrupada a la entrada del palacio de Kensington —donde Diana vivía— cuando vieron acercarse a representantes de diarios serios como el *Manchester Guardian* y el *Independent*. "Ahora ya están tranquilos, ¿verdad?", les gritaron. "Ahora ya tienen lo que querían." Toda la prensa está sufriendo la pérdida de prestigio causada por unos pocos *paparazzi* codiciosos, que siguieron fotografiando a Diana mientras agonizaba.

En el episodio de París las aguas se han dividido con claridad. En el otro incidente, que sucedió en Buenos Aires, el juicio ético es más difícil de formular. Los hechos sucedieron así: durante los últimos días del mismo mes de agosto de 1997, empezó a circular en las librerías y kioscos argentinos un panfleto sin sello editorial, firmado por el ex comisario Miguel Etchecolatz, cuyo fin es justificar las atrocidades del terrorismo de Estado. El ex comisario fue un protagonista notorio de ese terrorismo. Ejerció la tortura y el asalto, consintió u ordenó asesinatos. Entre sus víctimas hay más de un periodista y hay también un maestro, Alfredo Bravo. Tres días antes de la tragedia de Diana, esa víctima fue enfrentada con su verdugo en el programa *Hora Clave*, conducido por el ex director del semanario latinoamericano *Visión*, Mariano Grondona.

No es la primera vez que uno de los personajes sombríos de la última dictadura aparece en el mismo programa. Eduardo E. Massera defendió allí sus crímenes sin que nadie lo enfrentase.

En teoría, no puede —no debería— haber diálogo posible entre alguien que durante dos semanas estuvo sometido a tormento, con los ojos vendados, sin el menor derecho a defensa, y el verdugo que durante esas semanas ordenó y condujo las torturas. Pero lo que no puede suceder en teoría sucede a veces en la televisión. Los dos hombres hablaron en pie de igualdad, ante una cámara que fingía neutralidad. ¿Cuál fue el fin que permitió el empleo de tales medios? Hay quienes suponen que *Hora clave*, aprovechando la difusión del libro de Etchecolatz, puso en evidencia a un fundamentalista marginal y, por extensión, volvió a desenmascarar las perversiones de la dictadura argentina. Otros, menos generosos, conjeturan que el objetivo del programa era el mismo de los *paparazzi*: el éxito y el escándalo a cualquier precio.

Si la función de la prensa es servir al interés público, ¿de qué manera la servirían las justificaciones de un ex comisario que, como Massera, fue procesado y sentenciado por crímenes gravísimos? ¿Acaso su discurso no termina por ser —como el del ex dictador Massera, hace dos años— una apología del delito? Ni el bien común ni el periodismo necesitan de esos equilibrios sobre las cornisas de la ética.

Cuando Faulkner escribió su defensa de la amoralidad del escritor no estaba pensando en lector alguno. A él le daba lo mismo que se lo leyera o no se lo leyera, y en la entrevista de *The Paris Review* lo dice sin vueltas: "Estoy demasiado ocupado para preocuparme por mis lectores. No tengo tiempo para pensar quién me lee". El periodista, en cambio, está obligado a pensar todo el tiempo en su audiencia, porque si no supiera cómo es, ¿de qué manera podría servirla? Lo que esa audiencia espera del periodismo verdadero es, ante todo, información. No se la sacia con el escándalo sino con la investigación seria. No se la atrae con golpes de efecto; se la respeta con noticias genuinas. Las clásicas dos campanas del periodismo honesto no son la del verdugo y la de la víctima, sino el resumen que la justicia hace de esos dos sonidos.

En América Latina, el periodismo es uno de los últimos refugios de la libertad y de la honestidad. Ninguna historia escandalosa, ningún personaje siniestro valen lo que vale todo eso.

(1997)

Para que no se queje el Presidente

Para defender a la Argentina de cualquier tentación autoritaria ya no queda otra cosa que el periodismo. En el Congreso, los partidos opositores sólo tienen el recurso de la voz: el poder disuasivo de sus votos empezó a desteñirse con el pacto de Olivos y ahora ya no sirven para "torcer el brazo" de nadie. De la justicia, ni se hable: tras un rápido proceso de domesticación, se ha quedado sin reflejos.

La Argentina está más o menos como en 1952, cuando Perón fue reelegido. Menem sólo tiene unas pocas provincias menos pero, en los hechos, la hegemonía del poder es parecida. Lo peor es que la parte más castigada de la sociedad —los desocupados, los pobres que están debajo de todos los umbrales estadísticos— parecen felices con las intolerancias y los abusos de poder. Los futuros súbditos del comisario Luis Patti, candidato a intendente, emiten opiniones que ponen los pelos de punta. "¿Sabe que en 1990 torturó a dos presos?", le dijeron a un vendedor de garrapiñadas. "Ah, yo no sé, no estuve", contestó. "Sólo cuento lo que veo y eso no lo vi."

No voy a preguntar cómo nuestra orgullosa y arrogante nación se convirtió en una comunidad masoquista, a la que no le importa que la torturen. La pregunta es obvia porque la respuesta también lo es: en menos de treinta años nos sucedieron dictaduras, una guerra delirante, desaparecidos, corrupción salvaje, olvidos, impunidades. El cambio de cultura ha sido tan profundo, tan grave, que lo mejor que se podría hacer es admitirlo y ver qué hacemos con eso.

Nunca nos había pasado lo que nos está pasando: a Perón lo querían los pobres, pero los empresarios siempre lo miraron con desconfianza. Evita —entre otras cosas— los sacaba de quicio. Cada abuso de poder era un escándalo. Ahora, todo lo que hace Menem les encanta a los dos extremos de la sociedad. Menem es, como explicó el sociólogo Jorge Balán en *The New York Times*, una estrella de televisión a la que se le perdona todo, precisamente porque nadie espera que las estrellas tengan una ideología coherente o se comporten como estadistas.

Pena de muerte, censuras a la prensa que se amagan y luego se retiran, decretos de emergencia, menos controles para el Ejecutivo y menos resonancia para las voces de protesta: todo eso va a estar de nuevo sobre el tapete en los meses que se avecinan. Al revés de México, donde la crisis económica limitó la capacidad de maniobra del gobierno —que antes era absoluta—, acá puede ser la crisis, precisamente, el pretexto para acentuar el autoritarismo y acelerar la conversión de la sociedad. En el vasto teatro que vivimos, los periodistas —los verdaderos— son fiscales solitarios y tenaces que siguen de cerca no sólo lo que se ve en el escenario sino también lo que pasa detrás de las bambalinas. Sin ellos, no hay democracia o la democracia es sólo un simulacro.

Menem debería estar agradecido de que la prensa libre ejerza algún control sobre el enorme poder que su gobierno sigue acumulando. Si nadie advirtiera los excesos que más de una vez estuvo a punto de cometer, hace ya rato que estaríamos en el abismo y, a lo mejor, el país en picada ni siquiera habría querido reelegirlo. El Presidente no tiene razón en molestarse tanto cuando los trapos sucios salen al sol. En todas (o casi todas) las ocasiones, ha salido de esos apurones con alguna ventaja.

A lo mejor Menem supone que la función de la prensa es apoyar siempre la obra del gobierno. Ése ha sido, desde el principio, su gran malentendido. Un periodista no tiene las mismas fidelidades que un político o un funcionario público. Sus alianzas son otras: tiene que ser fiel a su conciencia, fiel a sus lectores y fiel a la verdad. A veces, las denuncias serias de un periodista serio crean —sin que él lo quiera— escándalo. Pero ese escándalo no es obra de él, sino de la naturaleza de la información que está manejando. Si el periodista publica una mala noticia, no es porque disfrute haciéndolo sino porque la mala noticia está en la realidad.

Cada vez que el periodista concilia o transa con el poder —por legítimo que éste sea—, se vuelve cómplice de la mentira y de la injusticia y, además de traicionarse a sí mismo, traiciona la fe de sus lectores. Con eso, destroza el mejor argumento de su legitimidad y anula su única fuerza. A diferencia de los gobernantes, que pueden equivocarse muchas veces sin pagar por eso, un periodista serio rinde examen todos los días y, si comete un error, si publica una información falsa o insuficientemente verificada, no sólo pierde al instante el buen nombre que tardó años en forjar sino que también se expone al descrédito ante sus propias colegas. El Presidente cree que la prensa es su enemiga y se queja amargamente de las críticas. No sabe que nadie es tan implacable con los errores de un periodista como los otros periodistas.

Para que la democracia sobreviva con buena salud es necesaria una oposición sólida y clara. El periodismo no puede cumplir ese papel porque su razón de ser es la independencia de cualquier poder, de cualquier arbitrio, de cualquier presión. Si de algo depende el periodista es de la verdad, y lo único que le indica el lugar de la verdad son las fuentes de información que maneja (siempre más de una sola) y el peso insobornable de su conciencia.

Prensa libre y democracia sana son factores que no se pueden separar. Se necesitan mutuamente. Las dictaduras no oyen a la prensa. Le quiebran el cuello y siguen adelante, ciegas y sordas. Menem, en cambio, ha demostrado que no es inmune a lo que dicen de él, puesto que se enoja, amenaza y sale de quicio. Ahora que ha ganado la reelección y tiene sólo la historia por delante, tal vez empiece a darse cuenta de que sus únicos enemigos van a ser los errores que cometa el gobierno y no lo que escriban sobre ellos los periodistas.

(1995)

Final sin fin

La misión del Presidente

Las crisis institucionales en la Argentina son graves no sólo por lo que sucede sino, sobre todo, por lo que no se permite o no se quiere que suceda. Cientos de veces hubo denuncias y hasta certezas de corrupción, de tráfico de influencias, de sobornos, de enriquecimientos veloces e ilegítimos, y otras tantas veces —casi siempre— esas historias terminaron en nada. La impresión de que el ejercicio del poder y el paso del tiempo disuelven todas las culpas ha sembrado en la sociedad argentina un escepticismo moral y un hartazgo ante la impunidad que podría abrir paso a cualquier aventura política. La Argentina es, desde hace tiempo, un país imprevisible.

Si el gobierno deja sin identificar a quienes, desde el gobierno mismo —según indican las evidencias— han pagado sobornos a senadores de la Nación, todas las instituciones y, más que ninguna, la figura presidencial, quedarán seriamente afectadas. Lo que podría *no suceder* ahora es mucho más serio que todo lo que ya ha sucedido. La fe en el Presidente todavía sigue en pie, según revelan las encuestas, pero esa fe se haría pedazos en mucho menos tiempo de lo que tardó en construirse si el Presidente vacila o espera demasiado para establecer la verdad. Sin duda va a ser difícil romper el pacto de silencio de los senadores corruptos con sus partidos, pero el sentido común indica que al presidente de la Nación no le sería difícil establecer de dónde salieron los fondos para comprar la ley de reforma laboral, quiénes fueron los emisarios que pagaron las coimas y, a partir de esos datos, quiénes fueron los sobornados. A la vez, si el miedo a la venganza de sus pares o a convertirse en apestados políticos sigue enmudeciendo a los senadores que aún tienen la conciencia limpia, también ellos van a aparecer tan manchados como los demás. En el código secular de la mafia italiana, se sabe que los cómplices siempre salen perdiendo más que los culpables.

Antes de los golpes militares, la corrupción era un mal casi desconocido en la Argentina. Se cometían errores graves en el manejo de los dineros públicos, como las emisiones exageradas de moneda del presidente Miguel Juárez Celman en 1889 y 1890, pero no se robaba. Después de 1930, la idea de que el poder podía ser asaltado, no sólo con las armas sino también con la codicia, se convirtió en un anzuelo para las elites. En algunos casos, los cargos públicos dejaron de ser lo que en verdad son, una carga, para convertirse en una fuente de beneficios que permitía tanto devolver favores como proporcionar ganancias extras a funcionarios y amigos. Los corruptos son pocos, pero los que han hecho la vista gorda ante la corrupción, la han consentido o apañado —por una mal entendida solidaridad de partido o de clan— son demasiados. Para que saltaran a la luz estos sobornos en el Senado de la Nación, tuvo que haber antes muchos otros.

Cuantas más veces era asaltado el poder, más se perfeccionaba la impunidad y más ostentosa se volvía la desvergüenza. En la década menemista, decenas de presuntas corrupciones fueron denunciadas por los diarios y hasta por la embajada de los Estados Unidos, sin que haya habido sino uno que otro preso ocasional. La exigencia de coimas a la empresa Swift, la venta de leche en mal estado a las escuelas por parte del ex secretario privado Miguel Angel Vicco, el lavado de dinero y las valijas con billetes que iban y venían por el aeropuerto de Ezeiza —regido entonces por Ibrahim Al Ibrahim, pariente político de Carlos Menem—, la entrega de los servicios postales a las empresas del magnate oficialista Alfredo Yabrán, todo eso terminó con silenciosos alejamientos de los acusados por el foro de ninguna parte, y con la explicación presidencial de que la justicia no había encontrado nada.

En todos los casos, no fueron los poderes públicos sino la prensa la que destapó las ollas podridas. La inacción o la complicidad del Ejecutivo y la negligencia de la justicia hizo que la opinión pública creyera menos en las instituciones y más en lo que decían los diarios. Al mismo tiempo, se fortaleció lo que podría llamarse una mediatización de la política. Para ser creíbles o populares, para legitimarse, en suma, un vasto número de funcionarios se lanzó a la conquista de los medios. El que lograba saltar a mayor número de titulares, el que aparecía más veces en horarios centrales de la televisión y la radio, se creía más eficaz o mejor. Eso concedió a los medios la ingrata función de fiscales y acabó por pervertir el sistema, porque la prensa no puede ni debe hacer lo que es misión de las instituciones, ni las instituciones deben cumplir con sus obligaciones sólo para saltar a los titulares.

Para saciar ese apetito de notoriedad, ciertos medios batieron el parche ante cualquier presunción de delito, y concedieron la misma atención a un caso grave de corrupción o de soborno que a una denuncia irresponsable. Un clima de sospecha empañó entonces a todas las instituciones y dio pie a la irreflexiva sentencia popular según la cual "son todos unos corruptos", lo que induciría a suponer que la corrupción es invencible y no queda otra salida que resignarse.

También, con cierta frecuencia, los medios se pusieron al servicio de una opinión pública obsesiva, que fija la mirada en el conflicto de hoy y se desinteresa del conflicto aún no resuelto de ayer. Así fueron disolviéndose en la nada las noticias sobre los juicios por corrupción que, hasta hace apenas un mes, desvelaban a la sociedad.

En 1972, una denuncia periodística también puso en tela de juicio todo el sistema político de los Estados Unidos cuando se revelaron operaciones ilegales de inteligencia, por parte de emisarios del gobierno, en las oficinas del partido opositor, situadas en el edificio Watergate de Washington. El Senado de ese país reaccionó entonces nombrando una comisión especial que, con el auxilio de un fiscal independiente, investigó el caso y determinó la culpabilidad de figuras cercanas al presidente Richard Nixon, así como la del propio presidente. ¿Podrían los poderes del Estado hacer algo semejante en la Argentina?

Hay ya demasiada corrupción acumulada. Todo lo que el gobierno deje sin esclarecer afectará de manera irremediable el futuro de las instituciones y, sobre todo, la fe de los votantes, que lo eligieron por sus promesas de transparencia. Lo que no suceda de ahora en adelante puede ser muchísimo peor de lo que ya ha sucedido.

(2000)

Cuando un amigo se va

Lo que sucedió el 6 de octubre de 2000 es algo más que una crisis institucional provocada por la renuncia del vicepresidente de la Argentina. Es una clara partición de aguas entre la manera tradicional de hacer política, basada en negociaciones, corrientes subterráneas de influencia y pactos de poder, y una política de principios, para la cual el ejercicio del poder es inseparable de las convicciones que permitieron alcanzar ese poder. Detrás de la armonía verbal con que el Presidente y el ex Vicepresidente tratan de resolver la crisis de gobernabilidad que amenaza al país, hay una ya insoluble desarmonía de fondo, la irreparable herida en el cristal a la que aludía una metáfora simbolista de hace cien años.

En su mensaje de aquel 6 de octubre por la noche, el Presidente dijo dos frases que aclaran en parte la situación: "El pueblo nos eligió y hay que cumplir hasta el fin los mandatos. Represento a las instituciones, pero sobre todo las esperanzas del pueblo que eligió este gobierno". Más de una vez también, en las entrevistas del día siguiente, el Presidente insistió en que no había crisis mientras él no abandonara el barco y garantizara el funcionamiento de las instituciones. Tiene razón. El Presidente carece de la misma libertad para seguir sus impulsos éticos que tuvo el ex Vicepresidente porque su responsabilidad en los asuntos de gobierno es plena e intransferible. El Vicepresidente, en cambio, si advierte —como sucedió— que es un comodín con las manos atadas, incapaz de representar "las esperanzas del pueblo" que lo eligió, debió sufrir un conflicto ético intolerable para cualquier hombre de bien. Si desobedecer una orden militar injusta es admirable, no menos admirable es apartarse de un camino con el que no se está de acuerdo y que no se tiene posibilidad de cambiar.

Según las últimas encuestas de opinión, una sólida mayoría piensa que Carlos Álvarez no debió renunciar. Nadie niega que su actitud fue extrema, terminal y, por lo tanto, riesgosa para el gobierno, pero a un político con un proyecto como el de Álvarez, que no admite pactos de conveniencia, no le quedaba otro camino. Puede renunciar porque el Presidente sigue en su puesto representando las instituciones, en tanto que él queda libre para representar otra cosa: las esperanzas de transparencia y de transformación social.

Álvarez precipitó su renuncia cuando advirtió que los cambios de gabinete decididos por Fernando de la Rúa suspendían toda posibilidad de depurar el Senado, eliminando los eventuales focos de corrupción. El Presidente señaló que lo había notificado de esos cambios, sin que el Vicepresidente hubiera reaccionado y el mismo Álvarez concedió que así fue. ¿Pero hasta qué punto era posible reaccionar si lo que el Presidente estaba haciendo era no sólo poblar el gabinete con hombres leales a su autoridad, lo que es comprensible, sino también con dos aliados de Álvarez a los que el Vicepresidente veía como desleales? Si lo que éste intuyó fue una bofetada en la cara, debió sentirla con nitidez cuando, en el acto de jura del nuevo gabinete, el coro de desafiantes aclamaciones a uno de esos ministros acentuó la sensación de aislamiento y de inutilidad que ya tenía. A nadie se le puede pedir, y menos a un alto funcionario elegido por el voto de las mayorías, que se resigne a esas provocaciones.

La fórmula De la Rúa-Álvarez llegó al gobierno impulsada por una coalición de fuerzas que había prometido sacar a la economía de su marasmo depresivo y limpiar un sistema político erosionado por la corrupción y por la desconfianza. El gobierno está en crisis por no haber logrado una cosa ni la otra. La coalición de gobierno también está en crisis, a pesar de las declaraciones negativas de sus máximos dirigentes, porque De la Rúa, que había cuidado tanto las formas en el trato con sus aliados durante los primeros meses de gobierno, se alarmó tal vez ante el protagonismo que su compañero de fórmula adquiría en la lucha contra la corrupción y prefirió hacer una demostración de autoridad constitucional.

Quienes siguen los acontecimientos a la distancia tuvieron la impresión de que algunos de sus asesores impulsivos e inexpertos influyeron en el ánimo del Presidente y que De la Rúa, como el personaje de Otelo, prestó más oído a las intrigas de esos Yago que a su instinto político. Entendió que la actitud de Álvarez amenazaba su poder.

No sólo algunos de los más respetables observadores argentinos de la crisis suponen que la inercia de los hechos provocará una ruptura de la coalición gobernante. También algunos sagaces corresponsales extranjeros tienen la misma impresión, como puede verificarlo cualquiera que haya leído estos días diarios de Boston y de Chicago, de Barcelona y de Londres. Un obvio desencadenamiento de esa ruptura sería la alianza entre los partidarios del Presidente con el menemismo. A De la Rúa parece incomodarlo esa perspectiva, pero algunos hombres de su entorno la ven como necesaria y tal vez inevitable.

Si eso sucediera, la figura de De la Rúa empezaría a contaminarse con algunos de los atributos de su antiguo rival, más allá de lo que diga su discurso público. Dejaría la sensación de que entre ambos, Menem y De la Rúa, hay una coincidencia de objetivos. Haría suponer que De la Rúa prefiere, como antes lo prefería Menem, que el paso del tiempo y no una enérgica cruzada moral resuelva los actos de corrupción. En ese cotejo, De la Rúa saldría perdiendo, porque en su primer año de gobierno, el menemismo logró resolver los problemas económicos y encaró una transformación que dio a la Argentina una explosiva aunque transitoria prosperidad. De la Rúa, en cambio, perjudicado además por hechos que están fuera de su control —la epidemia de aftosa y la parálisis de algunos precios agrícolas—, está en medio de una desocupación agravada y de un crecimiento inferior a todas las expectativas.

Menem tampoco tenía oposición sindical. De la Rúa sí. Menem daba la impresión de que decía una cosa y hacía otra. De la Rúa habla con un lenguaje a medias, menos abierto. Da la impresión de que dice una cosa, y la dice bien, pero que podría no hacer ninguna. Con esta actitud, es posible que la mayoría de los senadores cuestionados —once, dijo Álvarez, aunque el número ya ha empezado a reducirse— sigan en sus cargos. Sería inútil pedir, como se ha hecho, gestos honorables a funcionarios que se han mostrado sordos a todo descrédito. Menem ponía las manos en el fuego por personajes cuestionados —su jefa de audiencias y ex cuñada Amira Yoma, su secretario privado Miguel Angel Vicco—, y al cabo de algún tiempo se desprendía de ellos sin estrépito. De la Rúa no pone las manos en el fuego por nadie, pero pierde la oportunidad de desprenderse de los funcionarios cuestionados cuando puede hacerlo. Así, acentúa el descontento general y acrecienta las sospechas de que no quiere cambiar nada porque le teme al conflicto. Y como ya lo sabían los presocráticos, cada vez que se trata de negar un conflicto, lo único que se consigue es aumentar su fuerza.

(2000)

La desesperanza

Los argentinos somos propensos a la queja, a la desilusión, al desencanto rápido, como lo indican las letras de los tangos y la asombrosa demanda de psicoanalistas. Pero pocas veces encontré tan deprimida a la Argentina como a mediados de julio de 2000, cuando pasé fugazmente por Buenos Aires, en un viaje hacia las provincias del norte. Aunque el gobierno acababa de difundir el desalentador índice de desocupación —15,4 por ciento— y una encuesta Gallup revelaba que un tercio de los jóvenes argentinos quería irse del país, la situación no parecía peor que en 1995, cuando esos índices eran aún más altos, o que en 1998, cuando se desató la implacable recesión.

Hay ya cierto hartazgo por tantas desdichas acumuladas. En los bares de Ceres —al norte de Santa Fe—, en las soñolientas estaciones de servicio de la ruta 34 o en los pequeños almacenes del barrio de San Telmo se oye el mismo coro de lamentos. La desesperanza es extrema y las críticas se concentran no sólo en el gobierno de Fernando de la Rúa sino en todo el espectro de la dirección política. Como las razones parecen, a primera vista, más subjetivas que objetivas, se torna difícil razonar. A nadie se le escapa que la inercia de la economía globalizada no permite hacer milagros. Todos recuerdan, a la vez, los catastróficos primeros meses del gobierno de Carlos Menem, con descontrol inflacionario, rumores de corrupción en el entorno presidencial y amenazas de más golpes militares.

Entre aquellos comienzos de la década y estos nuevos tiempos hay, sin embargo, una diferencia singular: la popularidad del ex presidente, que jugaba al fútbol con la selección nacional y cenaba todas las noches en Fechoría con los íconos de la farándula, se mantenía muy alta, entre un setenta y un ochenta por ciento. La de Fernando de la Rúa, en cambio, ha descendido a menos de cincuenta. A pocos se les escapa que el gobierno de Menem estuvo marcado por una incesante y general ligereza en el manejo de los negocios públicos, y que la administración actual fue votada para ejecutar un programa de transparencia. ¿Qué pasa, entonces?

Las expresiones populares suelen reflejar los estados de ánimo de la comunidad mejor que las encuestas de opinión. En los años noventa, todo era *espectacular*. Ahora, la realidad es *de terror*: los precios, los impuestos, el ajuste, la merma de los sueldos. Desde hace tres años, la expresión *de terror* se oía con cierta frecuencia en Buenos Aires. Ahora abraza el país entero: el frío es *de terror*, el desamparo también.

Cuando atravesé los campos desolados de Santiago del Estero, a mediados de julio, me sorprendió que los vecinos se enviaran mensajes triviales a través de las radios. Copié dos, a manera de ejemplo, dichos por ellos mismos con los balbuceos y la dicción defectuosa del habla doméstica: "Cachito, andá a la casa de la tía Juana Rosa y decíle que mi mamá la está esperando en la parada del ómnibus. Que no se demore mucho porque le duelen las piernas". Y este otro mensaje: "Aníbal, a las cinco y media no voy a poder estar en la casa de tu prima. Puedo ir a las ocho y si vos no podés, nos encontramos mañana. Dame la contestación por esta radio". En la estación de servicio de Colonia Dora, al centro de la provincia, pregunté qué importancia tenían esos pregones familiares. "La gente acá es muy pobre", me dijo el encargado. "Nadie tiene teléfono. A través de la radio nos hablamos cuando no hay más remedio."

En Tucumán, el desempleo es verdaderamente *de terror*. Veinte por ciento de la población activa no tiene trabajo y casi la mitad carece de ocupación fija. Las veredas de la calle 25 de Mayo, centro nervioso de la capital de la provincia, están alfombradas de buhoneros y vendedores ambulantes que ofrecen todos los dones de la imaginación, desde lecturas del porvenir hasta especias bolivianas. El dinero legal es casi invisible. La mayoría del comercio se maneja con bonos provinciales, billetes de uno a veinte pesos que parecen figuras del juego de Monopolio y cuyo respaldo bancario es dudoso. En casi todo el territorio argentino el dólar es, mal que nos pese, una moneda tan corriente como el peso. No en Tucumán. Más de una vez observé que algunos comercios desconfiaban de los dólares pero aceptaban sin vacilación los bonos ajados y maltrechos. Sucede que las casas de cambio no toleran la menor imperfección en los billetes norteamericanos y pagan mucho menos de lo que valen si hay en ellos una línea de tinta o el más leve rastro de tizne.

Al volver a Buenos Aires, la desesperanza de los jóvenes me salió al cruce como una afrenta. Los que estudian en la universidad sienten que es inútil terminar sus carreras, porque al final del camino no hay promesas de trabajo. Vi por televisión a un estudiante de biología molecular que se marchaba a Italia con la idea de no regresar jamás. "¿Qué sentido tendría?", le oí decir. "Estoy ganando 930 pesos como investigador del Conicet y, después de cuatro años de capacitación, mi sueldo sería de apenas 980. Si vuelvo, ¿de qué serviría todo mi esfuerzo?"

La ciencia, la educación, la salud y la cultura jamás fueron prioridades del gobierno de Menem, pero el desamparo de la inteligencia argentina no se ha atenuado con el nuevo gobierno. Obligada a reducir el gasto público y a corregir una pesada herencia de desigualdades sociales, la administración tiene que mirar hacia otra parte. El suicidio de René Favaloro ha ensombrecido aún más la tenebrosa atmósfera. Parece inverosímil que funcionarios de rango menor en las obras sociales y en las oficinas de salud pública ni siquiera contestaran a sus llamados telefónicos, como escribió el ilustre médico en una de sus últimas cartas, pero esa negligencia burocrática y esa falta de apego que algunos burócratas sienten por su trabajo mal pago es moneda corriente en la Argentina desde hace tiempo. La desolación de Favaloro recuerda el hartazgo moral que expresaron Leopoldo Lugones, Alfonsina Storni y Lisandro de la Torre cuando, entre febrero de 1938 y enero de 1939, fueron ellos también vencidos por un tiempo sombrío al que no le veían salida.

El argentino medio no sabe hacia dónde va el país. La oleada de privatizaciones de Menem y las caudalosas inversiones extranjeras crearon una ilusión de bonanza que, según la versión oficial, ya no iba a tener fin. Ahora, nadie sabe si el ajuste feroz y el aumento de los impuestos permitirá edificar una economía menos inestable y con más oportunidades de trabajo. Todas las imaginativas campañas de imagen del gobierno tienden a poner paños tibios sobre el presente, pero no muestran un proyecto común de futuro que encienda las aletargadas energías argentinas. La realidad es demasiado pesada, y no hay ninguna ilusión que la ayude a levantar vuelo.

(2000)

El agua de la desgracia

Al principio es el asombro. El viajero ha leído en algunos de los diarios más responsables de Occidente que la Argentina se precipita en el abismo y, sin embargo, por atentos que sean sus reflejos, nada ve en la superficie que sea diferente de lo que ya vio hace tres o cuatro meses. Sin embargo, cuando se adentra en esa rutina que no parece haberse movido de quicio, cuando oye las voces de la gente, entiende la razón de tanta calma: el país ha llegado al ojo de la tempestad, al centro de la desesperanza, al punto donde lo ha intentado todo y ya no sabe hacia dónde desplazarse.

"Quieta es el agua de la desgracia", dice la primera línea de un memorable poema de Guillermo Saavedra que leí en el avión, mientras regresaba a los Estados Unidos. Esas siete palabras me parecen el mejor retrato de esta Argentina de luces apagadas. Quieta es el agua de la desgracia.

Llegué a Buenos Aires para escribir la historia de algunos lugares emblemáticos de la ciudad. Un sábado fui al Sunderland Club de Villa Urquiza, donde las parejas del barrio, vestidas y peinadas con un esmero de otro tiempo, arriesgaban pasos de tango que tal vez no se vean en ninguna parte, tan imaginativos y perfectos que parecían obras del sueño. En nadie vi señales de desdicha. Si las tenían, aquella noche las habían olvidado.

Unas doce cuadras al oeste, en la calle Miller, vive la viuda de un cantor cuyo nombre no estoy autorizado a repetir. En un pasado que ya se le ha vuelto mítico, la viuda recibía en su casa a poetas y músicos y, al caer la noche, todos cenaban con una abundancia que parecía interminable. En pocos meses, sin embargo, el presente se ha ido evaporando de la casa con tanta fuerza que la viuda, su único hijo y la nuera, no saben ya cómo alcanzar el porvenir. Ni siquiera saben si hay alguna luz al otro lado, en las orillas del día siguiente.

Hasta mediados de febrero de 2001, el hijo del cantor trabajaba doce a catorce horas en un remís que le dejaba una ganancia neta de mil doscientos o mil trescientos dólares por mes. Un aumento en el precio de la patente y la súbita exigencia de liquidar una vieja deuda de familia lo obligaron a vender el auto por la mitad de lo que valía. Desde entonces pasa horas y horas fuera de la casa, en busca de un trabajo cada vez más improbable y distante. La nuera saltó de una empresa a otra en los últimos dos años, siempre con infortunio. Fue recepcionista, promotora de negocios diversos, telefonista que atendía reclamos o promovía las ventajas de una de las dos empresas que controlan los servicios eléctricos de Buenos Aires. En los mejores meses, trabajaba dieciocho horas por día y recibía un salario de trescientos dólares. La llamaban a las tres de la mañana, y hasta la noche siguiente se echaba sobre la conciencia las quejas, las angustias y el malhumor de los usuarios. Ella trabajaba en un turno y el marido —el hijo del cantor— en otro, siempre sometidos a un contrato de tres meses. Al cumplirse el plazo, volvían a la nada.

Ahora, para sobrevivir, la viuda del cantor y la nuera amasan ravioles y tallarines que venden a los vecinos del barrio. Han perdido memoria de la última vez que fueron al cine o subieron a un taxi. "Son lujos asiáticos —dice la viuda—, lujos que tal vez se conozcan en la luna pero no acá. Acá ya todos hemos bajado los brazos."

No todos, sin embargo, no todos. Una mañana de lunes, al frente de una manifestación de piqueteros cuya vanguardia eran siete maestros del tambor, vi avanzar por la calle Corrientes, cerca del obelisco de la plaza de la República, a una viejita encorvada y temblorosa, que sostenía en alto una bandera dos veces más pesada que ella y cantaba. Consignas, candombes de protesta, y la bandera en alto. Debía de tener más de ochenta años y cantaba.

Debajo, en los pasillos subterráneos que se abren bajo la Avenida 9 de Julio, decenas de adolescentes dormían, desparramados en las orillas más disimuladas de la penumbra. En todas las grandes ciudades del mundo hay gente que duerme en la calle. La globalización está cobrando vorazmente sus presas.

Lo que más atormenta a la gente en la Argentina es que nadie sabe qué hay más allá del feroz ajuste de mediados de año, para qué sirve la inmensidad del sacrificio. Ya ni siquiera la desvelan las injusticias flagrantes de esta historia: las jubilaciones de privilegio, que benefician con sumas casi todas mayores de tres mil pesos a funcionarios que a veces trabajaron menos de treinta días, según reza un informe oficial de la Procuración del Tesoro; o el inmenso desequilibrio que hay entre los gravámenes a los sectores productivos y los gravámenes a los sectores financieros; o la indiferencia de una parte de la clase política que —como me dijo uno de los más inteligentes empresarios argentinos— es, en definitiva, la representación o el reflejo de una sociedad también desesperada por salvarse como puede. Lo que desvela a los argentinos es la sensación de inmovilidad, la sospecha de que mañana será igual o peor que ayer: la falta de un proyecto de crecimiento capaz de poner de pie a la sociedad entera.

Aun la expresión "déficit cero" —que el gobierno predica para asegurarle al Fondo Monetario Internacional que no gastará más de lo que ingresa en sus arcas— parece un horizonte vacío. ¿Qué hay después del cero? ¿Otro déficit? ¿Más préstamos y, en consecuencia, otros pagos de otros intereses, una infinita cadena de ajustes kafkianos? Si la sociedad está inmóvil, en el ojo de la tempestad, es también porque no sabe hacia dónde ir. Nadie se lo dice, o lo dice de una manera que la sociedad no entiende.

En estos desconcertados días de Buenos Aires oí hablar de conspiraciones malévolas, tejidas por las grandes corporaciones internacionales para apoderarse de la Argentina o para *acostarla*, como quien dice, para aplastar todo lo que le queda de identidad y de orgullo. No hay tal conspiración o, si la hay, se trata de una conspiración perpetua, cuya víctima sería no sólo la Argentina sino cualquier otro país o región del mundo que ofrezca su cuello indefenso a la voracidad de unos dientes que jamás se sacian. Los grandes capitales internacionales carecen de ideología y de compasiones, como bien reza el lugar común. Y, hasta ahora, los argentinos se han defendido de esa amenaza mejor de lo que parece.

Se han defendido mejor, pero el país está peor de lo que se cree, todavía haciendo equilibrios sobre el abismo. Si se apacigua el pánico, si los depósitos bancarios se arriesgan a seguir navegando en esta tempestad que los gobernantes de todas partes querrían detener, si las multitudes que forman filas desde antes del amanecer en los consulados de España e Italia —donde también el índice de desocupación es alto— recuperan la fe que la realidad les quitó, entonces la Argentina quizá recuperará su paso. Sólo hace falta saber hacia dónde y para qué. El país se ha desplazado tantas veces hacia la nada que otra nada sería ya difícil de tolerar.

"... alguna vez tuvimos / una patria —¿recuerdas?— y los dos la perdimos", escribió Borges en días que para él eran aciagos. Las patrias no se pierden, sin embargo, porque todos —o casi todos— llevamos la patria puesta, adonde quiera vayamos. El infortunio de la Argentina es, se quiera o no, el infortunio de cada uno de los argentinos. Ésa es una verdad tan elemental, tan simple, tan evidente, que por eso mismo el país tarda en entenderla.

(2001)

Años perdidos

La noche del 6 de noviembre de 2001, siete u ocho de los más prestigiosos empresarios e intelectuales de México y España fueron invitados por el presidente Fernando de la Rúa a una comida informal en Olivos. Casi todos ellos estaban impresionados por la creciente pobreza que habían visto en las calles de Buenos Aires —"una ciudad espléndida, de todos modos", decían— y por el laberinto sin salida al que la Argentina parecía condenada. *The New York Times* acababa de publicar un artículo de su corresponsal en el que vaticinaba, con inocultable pesimismo, que la cesación de pagos de la Argentina podía ser una de las peores catástrofes vividas por un país después de la Segunda Guerra y que, sin embargo, esa catástrofe tendría un efecto nulo sobre el ánimo del mundo. Lo que le sucediera a la Argentina, según *The New York Times*, ya sólo les importaba a los argentinos.

Al regresar de la comida de aquel 6 de noviembre, algunos de los comensales ponderaron la serenidad y el buen ánimo del Presidente. "Cualquiera en su lugar estaría aterrado, pero él no duda ni por un instante de que todo saldrá bien. Confía en que los capitales fugitivos regresarán. Cree que el programa para reestructurar la deuda permitirá eliminar el déficit fiscal y, en el largo plazo, iniciar un proceso de crecimiento." Los argentinos que oyeron esas impresiones les preguntaron si De la Rúa había esbozado un plan para despegar al país de su larguísimo marasmo, mitigar la pobreza y revertir el índice de desocupación, cuyas cifras reales eran ya del veinte por ciento. "Si tiene que pensar en pagar la deuda de mañana no puede también imaginar de dónde va a sacar el pan de pasado mañana", respondieron. "Es un buen hombre, de serenidad asombrosa."

En las dos semanas que siguieron, el Presidente viajó a los Estados Unidos, Alemania y Portugal, donde expresó su satisfacción por el respaldo que le dieron los mismos acreedores que habían imaginado y dictado casi todos los pasos estratégicos de la desfalleciente economía nacional: el Fondo Monetario, el secretario del Tesoro norteamericano, el jefe de la Reserva Federal. En una misa solemne, consagró la Argentina a la devoción de la Virgen, algo que ya el dictador Juan Carlos Onganía había hecho en Luján más de tres décadas antes. Después, en Lisboa, afirmó que la recesión se explicaba por "el espíritu de ahorro" de sus compatriotas, una virtud de la que el país no tenía noticias y que el Presidente matizó con aclaraciones confusas al regresar a Buenos Aires, el 18 de noviembre. Un informe oficial entregado dos días antes tornaba patética —o cruel— la palabra ahorro, al señalar que más de la mitad de los que tienen trabajo ganan menos de cuatrocientos dólares mensuales, y que la brecha entre ricos y pobres es dos veces mayor que en 1991, cuando empezó la convertibilidad.

Los empresarios e intelectuales que comieron en Olivos aquel 6 de noviembre viven en otras latitudes y tienen un deseo fervoroso de que al país le vaya bien. Comparten ambos atributos con el Presidente, quien también parece vivir en otra parte y tiene una voluntad de éxito tan extrema que a veces no entiende por qué lo desmiente la realidad.

¿De la Rúa es en verdad sereno? Más de una vez se ha dicho que su extrema calma es más bien abulia. Eso no es verosímil: nadie podría haber llegado tan lejos en una carrera política sin una ambición activa, algo que está en las antípodas de la indiferencia. Se ha señalado también que no hay serenidad en un gobernante cuyas decisiones se mueven en zigzag, o al ritmo de Penélope, deshaciendo por las noches las telas que teje durante el día. Eso sólo se explicaría si fuera verdad que De la Rúa presta demasiada atención a los consejos de su entorno doméstico —poco experimentados, rara vez perspicaces—, y debe desandarlos luego cuando los fragores de la realidad le advierte que son impracticables. También se ha dicho que el Presidente se equivoca por ceguera, por cinismo o por soberbia, pero ni siquiera esos tres atributos reunidos justifican que los errores hayan sido tantos y los aciertos tan escasos. La Argentina lleva por lo menos tres años hundiéndose en un pozo sin respiraderos, y durante los últimos dos ninguna de las promesas que sedujeron a los votantes se han cumplido: la desocupación crece, el país está huérfano de proyectos —y, por lo tanto, no puede saber cuál es su porvenir—, la deuda está devorando todo asomo de crecimiento, la corrupción sigue estancada en el mismo punto donde la dejó el gobierno anterior, y la evidente, caudalosa miseria lastima los sentimientos más sordos. Se eligió un programa de crecimiento y de progreso, y se descubre que el gobierno es cada día más opaco y conservador.

Alguien ha comparado al presidente De la Rúa con Luis XVI, definiendo al rey abatido por la Revolución Francesa como un hombre bondadoso e irresoluto. La

comparación omite los atributos negativos que subraya-
ron tanto Michelet como Simon Schama y el admirable
Stefan Zweig: Luis XVI quería entender los hechos de su
tiempo leyendo las historias del pasado, sin advertir que
la circunstancia histórica que le tocó vivir no se parecía a
ninguna otra. Era también una víctima de la lejanía entre
el palacio que habitaba, en Versailles, y la extrema penu-
ria que sufría su pueblo, agobiado por incesantes impuestos. A la vez, estaba tan sometido a la voluntad de su mujer, María Antonieta, que no podía negarse a nada que
ella le pidiera. También era sordo a la realidad, es cierto.
Su diario de 1789 —el año en el que comienza la caída— describe con extremo detalle cazas de ciervo y pie-
zas de relojería. Es mucho más parco cuando debe aludir
a las desgracias políticas. El 11 de julio escribe: "Hoy no
pasa nada. Sólo la partida del señor Necker". El ginebri-
no Jacques Necker era su ministro de Finanzas, de quien
dependía la estabilidad económica del reino. Y la noche
del 14 de julio, después de la toma de la Bastilla, escribe
otra vez: "Nada".

¿Bondad, irresolución o más bien ciega confianza
de que el poder que le ha caído en las manos resolverá
las cosas por sí solo, que para gobernar sólo es preciso
tener el poder en vez de merecerlo?

No es razonable decir que el destino es injusto con
las naciones, porque toda nación crea su destino, lo define en su Constitución y sus leyes y lo corrige a través de
los instrumentos de la democracia. Pero en la Argentina
las cosas no parecen haber sucedido así. Desde hace más
de setenta años, el país ha sufrido casi invariablemente la
desdicha de que sus gobernantes sean inferiores al promedio de los habitantes: de legitimidad dudosa algunos
de los mejores, como Ortiz, Frondizi e Illia; o autorita-

rios, o temerosos, o corruptos, o dictatoriales. La grandeza que a todos les parecía inevitable entre 1910 y 1920 —aun a los más escépticos como Ortega y Gasset—, se ha desbarrancado hasta llegar a las desdichas del 2001.

El 8 de noviembre, otra vez en Olivos, De la Rúa oyó una lección ejemplar sobre cómo sacar al país del atasco y ofrecer un porvenir digno de todos los sacrificios. El Presidente partía esa noche hacia Nueva York, donde debía pronunciar un discurso ante la asamblea de las Naciones Unidas y lo esperaban reuniones importantes con George W. Bush y el secretario del Tesoro norteamericano, a los que pediría apoyo para las nuevas medidas económicas.

Antes del viaje, ofreció una comida a los miembros del Foro Iberoamérica, que se reunía por primera vez en Buenos Aires. Uno de los oradores de fondo era el ex jefe del gobierno español, Felipe González, que es un experto en desasosiegos políticos y calamidades presupuestarias. "No vaya a los Estados Unidos a pedir, señor presidente", dijo González. "Vaya a exigir. La Argentina tiene ahora algo de lo que carece su poderoso vecino del norte. Tiene un territorio seguro, tiene paz, tiene reservas energéticas. Estados Unidos necesita a la Argentina mucho más que ustedes a ellos." De la Rúa meneó la cabeza, dubitativo, aludió a compromisos difíciles de manejar, y se marchó, rumbo a lo de siempre.

No hacen falta hombres providenciales para recuperar todos estos años perdidos, sino —apenas— hombres de imaginación, que sepan poner los intereses del país por encima de sus propios, fugaces intereses.

(2001)

La fuga

Desde la lejanía, la Argentina parece un magma de carbones enloquecidos que dan vueltas y vueltas en busca de una forma que los contenga, como en los tiempos en que el mundo todavía no era mundo. También parece —como le oí decir a una periodista de *The New York Times* la semana pasada— un cuerpo agonizante cuyos despojos tratan de devorar los mismos buitres que lo enfermaron.

En un país voraz, donde casi todos los que conservan una brizna de poder se niegan a soltarla, por ligera que sea —parlamentarios, ministros, jueces, gobernadores, empresarios: una miríada de dirigentes insaciables, más preocupados por la eficacia con que darán el próximo zarpazo que por la carne ya desgarrada de la nación, o lo que queda de ella—, a veces es posible preguntarse si la anarquía no habría sido mejor que lo sucedido en los últimos tres años.

La anarquía no es sólo la ausencia de gobierno, como suele decirse para simplificar. Los teóricos de esa idea la formulan de modo más complejo. Para Proudhon, Bakunin, Malatesta o Tolstoi, la anarquía es una filosofía social que rechaza todo gobierno, por autoritario, y confía en que las estructuras institucionales pueden ser reemplazadas ventajosamente por organizaciones basadas sobre contratos sociales voluntarios, como el mutualismo, el colectivismo y los concejos de vecinos. Es una visión ingenua, anticuada y tal vez utópica del entramado social, pero durante los últimos meses me pregunté si esa estructura casi prehistórica de comunidad no habría sido más adecuada para la Argentina que el gobierno rapaz de Carlos Menem y el gobierno de Fernando de la Rúa, primero paralítico y, de pronto, inverosímilmente, activo para la represión voraz y para la censura informativa. Menem vació el Estado y malvendió todo lo que se podía vender bien. De la Rúa se había movido en muchas direcciones —salvo las que indican sensibilidad social—, pero había quedado siempre parado en el mismo lugar. Ahora, cuando escribo algunas ideas de esta columna, el 20 de diciembre de 2001, el Presidente —ya ex presidente a estas alturas— ha mancillado algunas de las más sagradas instituciones republicanas: el derecho a la protesta pacífica, el derecho a la crítica veraz, y ha institucionalizado la crueldad policial.

¿Se podría decir entonces que cero gobierno habría sido preferible a los dos últimos años de Menem y a los dos de De la Rúa?, le pregunté a un sociólogo norteamericano. Al fin de cuentas, nada ha mejorado, todo lo que estaba mal sigue en pie —como si nadie rigiera nada—, y los argentinos podrían haberse ahorrado el intolerable esfuerzo de mantener un Estado monstruoso. Ahora, todo está peor.

"En ese postulado falla la idea sobre el Estado", me respondió el sociólogo. "En la Argentina, el Estado no es monstruoso: es fofo, ineficaz, grasoso. No sólo es desmesurado. Tampoco funciona en relación con su tamaño. El resto de la teoría no es tan descabellada —dijo—, porque la anarquía tiene algo en común con el neolibe-

308

ralismo. Pero cuando se lleva al extremo la idea de ausencia de gobierno sucede lo que está viviendo ahora la Argentina. En un Estado capitalista siempre hay normas, porque las normas son necesarias para la organización de un país; en el neoliberalismo, las normas están dictadas por el mercado, y los gobiernos son apenas un brazo ejecutor, sumiso, y sólo formalmente necesario."

La tragedia argentina es tan honda, tan extrema, que cualquiera de las soluciones que se han invocado en estas largas semanas, desde la dolarización o la devaluación de la moneda nacional, hasta los cambios de ministros o de la propia figura presidencial, son experiencias transitorias, meros paños tibios en el abismo. Cuando se lee que Menem asoma en los primeros lugares de las encuestas como uno de los favoritos para suceder a De la Rúa, se hace difícil creer que los argentinos tengan una memoria tan flaca. ¿Qué podría vender Menem para salvar a la patria si ya lo ha vendido todo, salvo a sí mismo? Ninguno de los protagonistas del pasado inmediato parece adecuado para rescatar a un país que se hunde. Las únicas vías de salida quizás estén en la decisión de los dirigentes medios, los no contaminados —aquellos que trabajaron sin ganar nada y, por lo tanto, ya nada tienen que perder— para refundar a la nación, hacerla de nuevo, desarraigar su ancestral y dañina cultura autoritaria. Sin una Argentina que parta de cero, desprendida de su burocracia parásita, de su aparato judicial enfermo de partidismo y de la obligación de votar listas sábana para el Parlamento, no hay esperanza de salir adelante, aunque se pague la deuda que no se puede pagar y aunque se cambie la cara o el color político de los que gobiernan.

Casi todos los argentinos que sobreviven han sido educados en el autoritarismo, y eso no sólo se nota —a veces de manera feroz— en la clase dirigente sino también en el maltrato de todos los que ocupan alguna posición de poder, desde los porteros de los edificios y los empleados de banco hasta los choferes de colectivo, por no hablar de los agentes de policía y los jefes sindicales. Se puede recrear la nación a partir de estructuras más sanas y más confiables. En los papeles, todo parece fácil. El problema es quién podría llevar a buen puerto una transformación seria, si la enfermedad autoritaria se ha extendido tanto y durante tantas décadas.

El caudillismo y el autoritarismo existen en la Argentina casi desde que la nación se constituyó como tal. Pero los gobernantes letrados de fines del siglo XIX y comienzos del XX, el diálogo de los nativos con las grandes masas migratorias y el orgullo patriótico de las elites —que en esa época eran serviciales e ilustradas—, permitieron que la Argentina creciera y se convirtiera, como escribió Rubén Darío, en "la región del Dorado, el paraíso terrestre".

Por esa época, Juan Perón, que tenía quince años, fue dejado por sus padres errantes en el Colegio Militar, para que lo educaran. El rígido mundo de jerarquías y obediencias se convirtió para él en la única familia posible. Cuando se embarcó en las conspiraciones de 1930 y 1943, Perón quería que el país se organizara de manera militar, porque no conocía nada mejor. Sus documentos y discursos de ese período hablan todos de la "nación en armas", disciplinada y sumisa a los mandatos de "la superioridad".

La Argentina se creía europea. Perón le permitió encontrarse, al fin, "con su destino sudamericano". Las semillas del autoritarismo estaban echadas. Perón las hizo germinar y ocupar todos los espacios, convertirse en una fuerza indestructible. Los caudillos y los abusos de poder son, por supuesto, anteriores a Perón, pero sin él, sin su larga sombra extendida sobre el país durante siete décadas, las instituciones estarían tal vez menos sometida al arbitrio de pactos de Olivos, castas políticas encallecidas, arbitrariedades judiciales y un darwinismo social que afecta a todos los argentinos decentes.

Ésa es la Argentina que hay. Ésa es la que debe salir adelante, con el enorme lastre de una deuda contraída por gobiernos irresponsables —algunos de los cuales ni siquiera fueron elegidos por el pueblo— y con el afán de protagonismo de figuras que tal vez hayan resuelto uno u otro problema de coyuntura, pero no el mal atávico de la educación autoritaria. Recrear la Argentina, hacerla de nuevo, parece la única solución ahora. Para lo que no hay respuesta, sin embargo, es con quién, con quiénes. El horizonte se ve tan inhóspito como hace cuatrocientos años, cuando el país era un vacío que ni siquiera tenía nombre.

(2001)

Meditación sobre la crisis

Cuando estalló la Gran Guerra, en 1914, Calogero Vizzini era el jefe indiscutido de la mafia en la provincia de Caltanissetta, situada en el centro de la isla de Sicilia. Zu Calò o Tío Calò —como se lo llamaba entonces—, era dueño de algunos viñedos y olivares, de una bodega que producía vinos en pequeña escala para la mesa de los príncipes, y de una próspera curtiembre que vendía sus cueros a la mafia de Palermo, desde donde eran exportados.

Aunque Zu Calò controlaba el feudo con mano firme, la marcha de sus negocios era magra y estaba obligado a negociar con los nobles y los bandidos de la isla, en desmedro de su poder. Un contrato inesperado con el ejército italiano movió para siempre los meridianos de su fortuna. A comienzos de 1915, una comisión enviada por el ministro de Guerra llegó a Sicilia con la orden de comprar todos los caballos disponibles para los combates que se avecinaban. Esa misma noche, Zu Calò dio la bienvenida a los oficiales y los convenció de que le permitieran hacerse cargo de la búsqueda de caballos, sin cobrar sumas adicionales al gobierno pero con poderes plenos para actuar. La operación le permitió tres extraordinarios beneficios: primero, compró por sumas irrisorias todos los animales enfermos, que-

313

brados e inservibles, y los vendió al gobierno con una ganancia del diez por ciento; luego, distribuyó emisarios por toda la isla que robaron los mejores caballos, guardaron los más valiosos para los establos de Zu Calò, y cedieron el resto al ejército por sumas altísimas; finalmente, creó un impuesto para todos aquellos que se negaban a vender sus tropillas y guardó para sí el dinero recaudado.

Cuando los caballos de Sicilia empezaron a morir de neumonía, enfermedades cardíacas o de simple vejez antes de llegar al frente, el ministro de Guerra ordenó una investigación. Zu Calò se lavó las manos, y acusó a los nobles de engañar al gobierno por vender caballos mal alimentados. Dijo que las tierras donde pastaban eran de pésima calidad y que no había una sola hectárea que valiera un centavo. Los nobles contraatacaron y lograron llevar a juicio a Don Salvatore, el hermano cura de Calò, que había servido como intermediario en el negocio con el ejército. Pero el escándalo que Zu Calò había creado sobre el valor de las tierras hizo que la estafa de los caballos perdiera importancia y al final se olvidara. En 1922, cuando la guerra había ya terminado y Mussolini estaba a punto de tomar el poder, Zu Calò compró las tierras de los nobles a precios ridículos, casó a sus lugartenientes con las hijas de los príncipes arruinados, y logró que Don Salvatore fuera nombrado obispo. Ese día dio una gran fiesta en su palacio de Villalba, y recibió a todos los invitados con una frase que luego se convirtió en uno de los santos y señas de la mafia: "*Salutiamo a gli amici. La crisi è finita*" (Saludamos a los amigos. La crisis se acabó).

Desde hace ya algún tiempo —tal vez desde la guerra de los Treinta Años a comienzos del siglo XVII—, la

palabra crisis está usándose para un barrido y un frega-
do. Cualquier disputa sin resolver o todo asomo de rebelión recibe el baño lustral de ese vocablo cuyo sentido
acabó apagándose con el uso. Crisis es un término singular, porque se escribe y se pronuncia casi igual —con
las obvias diferencias ortográficas y fonéticas— en todas
las lenguas occidentales y quizá también en las otras.
Hay crisis de identidad, de adolescencia, conyugales,
militares, políticas, espirituales, de abastecimientos y
hasta crisis de orgullo.

En la Argentina de mediados de abril de 2001, durante la reunión cumbre de mandatarios americanos en
Quebec, se sucedieron dos episodios, acaso no vincula-
dos entre sí, que desataron una seguidilla de titulares
con la palabra crisis: uno fue la crisis de la familia Yoma,
cuyo jefe, Emir Fuad, también conocido como el Tío,
fue enviado a la cárcel y procesado por presunto orga-
nizador de la corporación ilícita que vendió ilegalmente
armas a Croacia y a Ecuador. Casi al mismo tiempo sobrevino el otro episodio: la crisis de la economía argentina, cuando las acciones de la Bolsa se derrumbaron
más allá del seis por ciento en un solo día y la figura conocida como riesgo-país subió a 1046 puntos, casi al
borde de la cesación de pagos.

El único frágil punto de unión entre las dos historias tal vez esté en el alboroto que armó el ex presidente
Carlos Menem cuando aconsejó a los argentinos que,
con "la mayor rapidez posible", convirtieran en dólares
los pesos que tuvieran en el bolsillo y al afirmar que la
eventual ampliación de la convertibilidad monetaria
equivalía a una devaluación encubierta. Los mercados
se agitaron y la Argentina tembló por algunas horas, ol-
vidándose de las acusaciones contra Emir Fuad Yoma,

ex cuñado de Carlos Menem y uno de los hombres más poderosos de su gobierno. Que la opinión pública se distrajera de la venta ilegal de armas no tiene necesariamente que ver con las declaraciones del ex presidente, pero así fueron los hechos.

No siempre el origen de las palabras explica lo que quieren decir, porque las palabras se van llenando con los sentidos que les asigna el uso, el paso del tiempo y las mudanzas de la cultura. Así, por ejemplo, en su remoto origen, la palabra *mafia*, que viene del árabe, quería decir "lugar de refugio o de asilo". ¿Qué secreta asociación puede encontrarse en ese significado con las mafias de ahora? En cambio la palabra *crisis*, que los romanos tomaron de los griegos, tiene que ver con enfermedad: es el súbito y grave cambio que padece el cuerpo enfermo y que deriva hacia una mejoría o un empeoramiento.

En general, desconfío de los diccionarios desde que leí en el mejor de todos, el de María Moliner, que *día* "es el espacio de tiempo que tarda el Sol en dar una vuelta completa alrededor de la Tierra", lo que devuelve a la humanidad a los tiempos de Ptolomeo. Pero en el caso de *crisis*, la palabra está asociada al momento en que un cuerpo enfermo puede quebrarse para siempre o mejorar, y así aparece tanto en los diccionarios españoles como en el Robert francés y en el Oxford de la lengua inglesa.

Si se lo ve de ese modo, ¿cómo se podría decir que lo sucedido en la Argentina a mediados de abril de 2001 fue una crisis? El país vive en estado de enfermedad perpetua desde hace quién sabe cuántos años, esquivando golpes militares y económicos, corruptelas a toda escala, caídas del salario, hiperinflaciones y actitudes o declaraciones irresponsables de algunos políticos encumbrados. Lo peor es que nadie sabe cuándo ni cómo salir de ese estado de enfermedad que ha empezado a convertirse en una segunda naturaleza.

De ahí que la Argentina se haya convertido en un país ciclotímico —otra forma de enfermedad—, tan propenso a los terrores agudos como a los optimismos infundados. Así como no hay por qué dudar de que el gobierno hará todo lo posible por honrar su atroz deuda externa, aun con todo el costo que significa para su crecimiento, tampoco hay que entusiasmarse demasiado con las promesas de salvavidas que George W. Bush le hizo al presidente Fernando de la Rúa en Quebec. Los Estados Unidos del 2001 no son los mismos de 1995, cuando Bill Clinton corrió en auxilio de México para mitigar los desastres del efecto tequila —ahora hay un atisbo de recesión, y la prosperidad de hace apenas un año está cayendo en picada—, y tampoco Bush dispone de la amplitud de maniobra que tenía Clinton. Es un presidente de legitimidad dudosa, con un apoyo legislativo que debe negociar todos los días. Y el estrepitoso abrazo que dio en Quebec a las democracias latinoamericanas no es algo con lo que está de acuerdo la clase dirigente de su país, mucho más inclinada hacia Europa occidental y las potencias asiáticas. También Bush y sus promesas atraviesan un momento de crisis.

Lo único que puede hacer la Argentina es apretar los dientes y seguir su rumbo sin dudar, tanto para enderezar la economía como para sancionar la corrupción. Las vacilaciones ya han hecho mucho daño. Si no cesan las dudas, todos los Zu Calò que andan por ahí medrarán con el lánguido cuerpo del país enfermo. El Zu Calò de Caltanissetta se preciaba de no haber dudado ni una sola vez en la vida. No lo hizo ante Mussolini, ante los aliados ni ante la policía de Nueva York. Era ya muy viejo cuando un día tardó diez minutos en responder si pagaría o no una deuda que le estaban reclamando de mala manera. Por esa única flaqueza lo abatieron de diez balazos. Sus últimas palabras fueron, vaya a saber por qué, *"la crisi è finita"*.

(2001)

Una lectura de las ruinas

Los países, como algunas especies zoológicas, mudan de una edad a otra: cierto día —o cierto año— despiertan larvas, ninfas, abren sus capullos de fibra y vuelan hacia un aire donde todo es posible. En los últimos meses de 2001, la Argentina violentó las leyes de la naturaleza e hizo algo nunca visto: descendió de su estado de ninfa, de comunidad aletargada pero todavía unida por el frágil nudo de las instituciones, a una condición de larva informe. Exánime como está, el país podría convertirse en algo difícil de imaginar: un animal monstruoso y autodestructivo, o una sociedad a la reconquista de la salud que ha perdido.

Por ahora, la modernidad ha quedado atrás. Durante más de diez días —demasiados días—, la Argentina agonizó en un campo de batalla dividido en feudos o tribus que sabían con claridad lo que querían destruir, pero no tenían la menor idea de lo que debían construir. Se alzaron cientos de banderas exigiendo los cambios que no se hicieron durante los años de fracaso: la expulsión de los políticos corruptos, la reducción de la ingente burocracia estatal —sobre todo la del excesivo número de representantes—, la renovación de una Corte Suprema vasalla —así decían los carteles— de los gobiernos impuros que la eligieron, la devolución de los depósitos bancarios acorralados para evitar estampidas. Las voces más compasivas hablaban de un gobierno de unidad y de salvación nacional. La salvación y la unidad, sin embargo, aun con el mejor de los gobernantes, parecen utopías improbables. ¿Cómo salvar a una nación postrada, cuyos tres últimos presidentes —los que se sucedieron entre el 22 de diciembre de 2001 y el 1º de enero siguiente— describieron una economía arrasada, sin producción ni ahorros? ¿Y en qué unidad podrían reconocerse los que el 1ºde enero, poco antes de que se reuniera la Asamblea Legislativa para consagrar presidente al senador Eduardo Duhalde, observaron la pelea prehistórica que libraron en las vecindades del Congreso Nacional, con armas y epítetos bárbaros, hordas que agitaban estandartes de la izquierda y del peronismo de Duhalde?

Lo que se ha visto en la Argentina no se parece a ninguna otra revuelta histórica conocida, porque si bien exige, como otras, la destrucción del viejo orden, no predica un orden nuevo. Tiene, en el territorio de la acción, un sentido semejante al de los votos nulos —los sobres con una rodaja de salame adentro o con nombres imposibles que se emitieron como votos en las elecciones de octubre pasado— y que el depuesto presidente Fernando de la Rúa interpretó con tanto candor o tanto cinismo. La última semana del año, el aún senador Eduardo Duhalde señalaba que la Argentina corría el riesgo de una guerra civil. Pero no enunciaba cuáles podían ser los bandos de la contienda, porque acaso no había bandos, sino la furia de todos contra todos, o tal vez la furia de todos contra un Estado al que no le veían rumbo ni futuro.

La Argentina ha quedado excluida de todas las corrientes de transformación del mundo moderno. La cesación de pagos la ha convertido en un paria de la globalización, vedándole sus beneficios pero no sus problemas; la ha condenado a recluirse en sí misma, anclada en un no tiempo y en un no mundo. Por quién sabe cuánto tiempo, nada le llegará desde fuera, salvo lo que sea por caridad: ni los repuestos importados que hacen falta para las industrias y el agro, ni los medicamentos de última generación, ni los libros que se publican en otra parte. Sólo, tal vez, podrán verse aquellas películas capaces de recuperar velozmente los costos de importación. Por duro que sea decirlo, casi no habrá lugar para las utopías y los proyectos, porque el afán de la gente estará concentrado en sobrevivir, no en vivir.

El autoritarismo impregna tanto la educación como el comportamiento cotidiano de los habitantes. Algunas formas de barbarie en estado puro hicieron su aparición pública a fines del 2001. Fueron días sin instituciones a la vista: los miembros del Poder Ejecutivo emitían discursos sólo para formular promesas inverosímiles o para dimitir; los gobernadores y los representantes legislativos se reunían sólo para preservar sus espacios de poder, defender sus proyectos presidenciales a largo plazo, proteger sus feudos. Algunos de los que merecían respeto hasta hacía pocas semanas, revelaron, en medio de la crisis, su doblez, su mezquindad, su cortedad de miras. Primero yo, parecía ser la consigna a la que todos se plegaban. Y la Corte Suprema: ¿qué decir de la Corte? Los mismos adustos jueces que días antes habían dejado en libertad a Carlos Menem y a su cuñado Emir Yoma por el todavía oscuro contrabando de armas a Ecuador y a Croacia, de pronto se esfumaron, desaparecieron en la niebla de la feria judicial, sordos al tremolar de las cacerolas que exigían sus renuncias.

Una de las instituciones más tenaces, la moneda, también trastabilló y se desvaneció. Durante más de diez años, el esfuerzo por mantener el peso argentino a la par del dólar cobró la vida de ministros y presidentes. Ahora tampoco nadie cree en la convertibilidad. Una de las primeras decisiones del efímero presidente Adolfo Rodríguez Saá fue asegurar la ficción de un peso convertible pero introducir una tercera moneda, el argentino, que nacía con un valor nominal y otro valor real. Descartados esos experimentos, los ciudadanos descubrieron que, de todos modos, casi ninguna moneda significa nada. En la mayoría de los supermercados se puede comprar con patacones —el extravagante bono con el que se pagan los salarios en la provincia de Buenos Aires—, pero es preciso hacerlo con el cambio justo, porque nadie quiere dar vueltos.

Alguna gente va con dólares, patacones, pesos y bonos Lecop a cancelar sus impuestos o las cuentas de servicios públicos, porque en muchos bancos no hay reglas para aceptar unos u otros. Un comerciante de San Telmo, que había recibido un billete de cincuenta dólares, intentó pagar sus impuestos municipales de alumbrado y limpieza en un banco de Constitución, pero la cajera se lo rechazó con el pretexto de que el servicio de conversión de monedas estaba interrumpido, mientras en la ventanilla de al lado una usuaria del banco retiraba de su caja de ahorro en pesos mil dólares sin el menor conflicto. Por todas partes se oyen diálogos que podrían pasar intactos al teatro de Ionesco.

En Tucumán circulan por lo menos cuatro monedas: bonos Lecop, pesos nacionales, bonos provinciales y, en algunos hoteles, dólares, pero la clase media paga sus cuentas con cheques diferidos a noventa o ciento ochenta días, cuyos valores de venta y reventa varían según cuál sea la institución que los emite. En los almacenes de ramos generales o en las farmacias rurales no se conoce otra moneda que el bono provincial: a menudo ilegible, trasegado como un papel de diario que ha pasado de mano en mano durante siglos. "Ya no se vive en ninguna parte pero hay lugares donde todavía se come", le oigo decir a un peón azucarero, sin poder descifrar el oscuro sentido de esa sentencia.

Tal vez el saldo más lamentable de la crisis no sea la caída de las instituciones que empezó con la expulsión del presidente Fernando de la Rúa, el 20 de diciembre, ni la treintena de muertes inconcebibles que acompañaron ese derrumbe, sino la sensación de anarquía general, la sombra de fin de mundo que se cierne sobre la Argentina entera y que pondrá a prueba la imaginación del nuevo presidente Eduardo Duhalde, cuyo mandato ha surgido de un acuerdo político, no del consenso de las mayorías electorales. Junto a los jóvenes idealistas y a las desesperadas familias de clase media que fueron a golpear sus cacerolas en la Plaza de Mayo o frente al palacio del Congreso, se mezclaron marginales sin trabajo, desesperados y violentos, cuyo único propósito era expresar su afán de destrucción. Alguien —aún no se sabe quién— les pagó para que llevaran el caos de un lado a otro y acentuaran la desazón y la incertidumbre de la buena gente. Durante largos días, las cacerolas que se oyeron por todo Buenos Aires expresaron dos realidades igualmente significativas: el hartazgo de la gente, por un lado, y el olvido o el rechazo —por parte de esa misma gente— de que el pueblo sólo gobierna y delibera a través de sus representantes.

Es difícil imaginar, entre tanta ruina, que el país esté "condenado al éxito", según la expresión de deseos del nuevo presidente. Pero quizás esta profunda, dolorosa catarsis permita recrear una comunidad que rechace a los demagogos y a los funcionarios rapaces, depredadores, impunes e inútiles que abundaron en los últimos años. La Argentina está vacía de casi todo: reservas, recursos, valores. La única ventaja de la pobreza es que cuando se empieza de cero siempre se puede empezar mejor.

(2002)

Fábula de la cigarra y las hormigas

No es fácil darse cuenta de que la Argentina ha tocado el fondo del barranco en el que estaba desplomándose desde hacía décadas. Hay señales notorias de desesperanza en los *graffiti* de casi todos los muros, en las puertas blindadas y tapiadas de los bancos y en las manifestaciones incansables que tornan la circulación por las calles de Buenos Aires en un juego de adivinanzas. Pero la gente —que sólo ha oído el lenguaje de las promesas vanas y de las ilusiones perdidas— mantiene aún su afán por sobrevivir y luchar. "Siempre que acá llovió, paró", me dijo el director de uno de los grandes diarios nacionales. Pero esta vez parece estar lloviendo más fuerte que nunca: el cielo está cruzado por tifones, por tornados, por furiosos pamperos. Es difícil predecir qué quedará de todo lo que aún está de pie cuando el desastre se detenga. Si acaso se detiene.

Dos imágenes de las que fui testigo resumen esa desazón. Viví la primera de ellas hacia las cuatro de la tarde del sábado 9 de marzo de 2002. Me llevaban en auto hacia una cita de trabajo cuando, en la esquina de Jorge Newbery y Cabildo, un anciano de clase media, vestido con un esmero de otro siglo, se acercó al vehículo con la mano extendida. El gesto no coincidía con el aspecto del personaje: si estaba pidiendo limosna, no inspiraba —ni pretendía inspirar— compasión o solidaridad, sólo sorpresa. "Por favor, necesito que me ayude para comprar medicamentos", dijo, con voz monótona, distante, no persuasiva. De cerca, advertí que el traje que vestía estaba raído y remendado, que los codos del saco eran lustrosos, que alguien había dado vuelta —mal— el cuello de la camisa. Le entregué un billete y el hombre respondió, sin mirar: "Gracias". "¿Puedo saber por qué está pidiendo?", me atreví a preguntarle. "Entre perder la vida y perder la dignidad, elijo perder la dignidad", me respondió, con dignidad auténtica.

Carlos Fuentes se ha interrogado muchas veces cómo un país que voló tan alto pudo caer tan bajo. Esa pregunta acosa como una pesadilla a todos los que conocieron la Argentina de hace medio siglo o aun la de más tarde, en la década del sesenta, cuando las censuras municipales eran estúpidas pero la realidad no era asesina.

Es difícil saber ahora cuán bajo vuela o se arrastra la Argentina, porque no es fácil decidir de cuál país se habla. ¿Hay un país, por de pronto, o se trata más bien de una confederación de señores feudales que han confiado el poder de administración general, aunque de manera precaria, al caudillo de la provincia más poderosa? ¿Puede pensarse en la Argentina como en una comunidad cuando ni siquiera existe una moneda común? Responder a estas interrogaciones no es fácil, porque nadie, ni siquiera el presidente de la República, sabe si el suelo que está pisando hoy será igual al de mañana.

Algunos de los sectores influyentes de los Estados Unidos, tanto en las cámaras del Congreso como en el Departamento del Tesoro, dejan oír voces desalentadoras. No podemos enviar dinero —dicen— a un país que se ha declarado en cesación de pago porque eso alentaría a que otros hagan lo mismo. Es verdad que la Argentina no paga porque no puede, pero eso mismo la hace sospechosa: ¿pagará cuando pueda hacerlo? ¿Quién garantiza esos pagos? El presidente Eduardo Duhalde, por más buena voluntad que se ponga en olvidar su pasado de fracasos, no da la impresión de tener la situación bajo control. Lo que promete un día debe olvidarlo al siguiente, porque los desmadres de la realidad y las presiones de los intereses a que está sometido también le tuercen las palabras.

Esas vacilaciones de Duhalde, que recuerdan tanto a las de su predecesor Fernando de la Rúa, son las que mayor daño infligen a su autoridad. Su gobierno ha tenido un comportamiento errático con las retenciones a la exportación, con los precios del petróleo, con los bancos, con la reforma política —prometida y abandonada—, con la imprescindible reforma tributaria, con la reducción de algunas dietas escandalosas, con la reticencia de ciertas empresas privatizadas a pagar los cánones que deben al Estado, porque no respetan al Estado.

Hay provincias que se gobiernan como en el siglo XIX, con bandas armadas que siembran el pánico y mantienen el orden exigido por el señor feudal: atacan los diarios opositores, silencian toda protesta con facones o metralletas. En una de ellas, cualquier disensión entraña riesgo de muerte. ¿Hay un Estado, entonces? ¿Hay una nación? ¿O se trata más bien de una oscura trama de intereses que nadie sabe cómo ni cuándo se llegará a romper?

La violencia ha asomado sólo la punta de la nariz. La que se viene podría ser peor. Los tres o cuatro psicoanalistas con los que hablé sostienen que la violencia doméstica ha subido hasta un punto que raya en la locura. Derrotados por una realidad contra la que ya no saben cómo defenderse, los padres o las madres de familia se atacan unos a otros o golpean todo lo que tienen cerca. Miles de parejas atormentadas por la crisis se han disuelto: la falta de un proyecto común ha destrozado la vida cotidiana. Si esa furiosa impotencia se desborda y sale a la calle, quién sabe cómo podría contenerse. La desdichada represión que ordenó el gobierno de Fernando de la Rúa el 20 de diciembre del 2001 podría suscitar ahora una marejada de ira o desesperación más atroz, más suicida.

Una tarde, caminando por la calle Junín, conté dieciséis negocios cerrados en un par de cuadras: papelerías, ferreterías, reparaciones de muebles, kioscos de golosinas, lavanderías, ventas de galletitas. "Los argentinos llevamos por lo menos veinticinco años gastando más de lo que tenemos: desde los tiempos de Martínez de Hoz", me dijo un vendedor de diarios y revistas. "Gastando y endeudándonos, siempre un poquito más. Somos como la cigarra de la fábula. Alguna vez se tenía que cortar el chorro."

La Argentina tiene los ojos demasiado pendientes del Fondo Monetario y de la caridad externa. Tal vez debería volverlos más hacia sí misma, hacia lo poco que se puede hacer con la nada que le han dejado los préstamos alegres, las privatizaciones insensatas y las veladas interminables de pizza con champán. Algunos economistas de los Estados Unidos sostienen que, para aprender la dura lección que ya está sufriendo desde hace rato, el país debería tocar el fin del abismo. Pero, ¿cuál es el fin del abismo? ¿Pararse en la esquina de Jorge Newbery y Cabildo con las manos extendidas? ¿Olvidar la dignidad para no sucumbir al hambre?

Cientos de veces se ha dicho que es preciso rehacer la Argentina desde cero, ahora mismo. Se conocen de memoria sus males. Tal vez alguien conozca los remedios. Lo que no se ve por ninguna parte, sin embargo, es el coraje para aplicarlos, desoyendo los intereses mezquinos de clase, de grupo, de feudo. La cigarra canta y canta y, mientras tanto, se la están comiendo las hormigas.

(2002)

País sin nación

¿Hay alguna salida para el desastre argentino? Hace menos de diez años, el argentino promedio tendía a pensar que su país estaba en la imaginación de toda persona inteligente, tal vez por los pases de ilusionismo con que Carlos Menem lo había convencido de que la desolada patria formaba parte del primer mundo. Ahora la Argentina está de veras en la imaginación de muchos, no por el esplendor pregonado sino por la miseria que fluye donde menos se la espera.

¿Hay alguna salida? Si se describe lo que aparece a primera vista, nadie diría por qué se habla tanto de ruinas y tragedias. A la luz del día, las ciudades no parecen tan diferentes de lo que eran seis meses atrás. Unos pocos restaurantes de fama siguen casi tan llenos como antes; en las librerías y los cines, aunque ha disminuido la oferta de títulos extranjeros, el apetito por aprender y mirar se conserva vivo. Los taxis eran ya relativamente baratos cuando el valor de un peso equivalía al de un dólar. Ahora que el peso se cotiza tres a cuatro veces menos, es difícil entender cómo no pierden dinero. Un conductor que trabaja quince horas revela su secreto: el taxi le deja una ganancia mensual promedio de ochenta dólares. "Yo no tengo vida, pero mis hijos van a la escuela y comen", dice, en tono de disculpa.

Se oye hablar con temor creciente de algunos secuestros rápidos —nadie sabe cuántos—, que consisten en encerrar a un conductor entre dos vehículos y llevarlo a su casa o a la de sus parientes, en busca de dinero para el rescate. Conocí un par de casos: uno de los secuestrados se resistió y le destrozaron la rodilla de un balazo. Dos vecinas de mi casa, en San Telmo, trabajan como voluntarias en ollas populares en Ranelagh, Berazategui y La Matanza. Ayudan a recoger los alimentos que desechan los supermercados para servir uno o dos guisos semanales a bandas de chicos cuyas familias viven en un estado de pobreza extrema. Eligen a los más desvalidos, a los que tienen entre dos y seis años, porque las raciones no alcanzan para los mayores. En Tucumán, la provincia donde nací, la desnutrición infantil llega en algunos distritos a cuarenta por ciento. He visto fotos de criaturas agonizantes que sólo se podrían comparar a las que se exhibían décadas atrás para subrayar las miserias de Biafra o Somalia.

Por las noches, el paisaje cambia. Quién sabe cuántas veces ya se ha contado todo esto, pero es preciso volver a contarlo, porque la sorpresa es interminable. En la calle Florida a eso de la una de la madrugada y en los alrededores de la Recoleta antes del alba o, apenas oscurece, en las grandes avenidas de Belgrano o de Flores, hay innumerables familias clasificando los contenidos de las bolsas de basuras y llevándose todo lo que se puede comer o revender. Se necesita cierta destreza para navegar, con las manos sin protección, entre latas infectadas y pedazos invisibles de vidrio. En el afán por sobrevivir, ya todos parecen haber olvidado cómo vivir.

Algunas provincias están regidas por mafias que controlan los casinos, la prostitución y las drogas clandestinas. En casi todas ellas, las mafias están entretejidas con los gobiernos regionales, a los que benefician con su protección mientras son beneficiados por jueces distraídos. Se las conoce, pero pocos se atreven a nombrarlas. Cuando uno de los grandes diarios provinciales insinuó una denuncia, su fachada y sus ventanas fueron barridas a balazos.

Las desarmonías son tan pronunciadas, tan incurables, que sólo una reforma sustancial de la Constitución que se sancionó en 1994 —y que permitió la reelección presidencial de Carlos Menem— podría, tal vez, sacar a la Argentina de su tenaz pantano. Pero esa ilusión parece difícil en un país que ni siquiera lleva adelante las reformas políticas sobre las que ya se ha puesto de acuerdo: reducir la estructura del Estado, limitar los gastos en el Congreso, eliminar el voto de listas completas, bajar el número de los diputados. El juicio político a los ministros de la Suprema Corte, que parecía una cuestión resuelta, está disolviéndose en humo, como casi todo.

La Constitución sanciona el libre derecho de los argentinos a trabajar y a disponer con libertad de sus bienes, pero ésa es letra muerta. El *corralito* mantiene incautados los depósitos, y no hay otra ley que el arbitrio de los bancos. En cuanto al derecho a trabajar, eso parece un chiste. Un tercio de los argentinos que quiere hacerlo no puede ni hay esperanzas cercanas de que pueda.

Si hubiera al menos un atisbo de armonía o un presidente que se haya ganado el respeto general, los caudillos grandes y los pequeños no estarían disputándose a dentelladas los despojos del país. Los gobiernos se sucederían sin que fueran tocadas las instituciones ni sus gerentes y un natural proceso de decantación permitiría elegir a administradores inteligentes y letrados como los que han logrado tener Chile, Brasil y Uruguay. Pero no es así: cualquiera que caza al vuelo un trozo de poder se apresura a cambiar todo lo que hizo el anterior y a medrar con rapidez.

Desde mediados de 2001, la Argentina ha reemplazado al menos diez veces su elenco de funcionarios, pero no ha modificado sus hábitos anárquicos. El historiador Tulio Halperin Donghi observó con agudeza que el país está regido por señores feudales, como en el primer gobierno de Juan Manuel de Rosas, en 1829. Pero, a diferencia de entonces, nadie sirve de árbitro, y tanto el peronismo dominante como las otras fuerzas políticas se dividen en infinitas facciones, casi todas inconciliables. Así, a la economía devaluada se suma un liderazgo político en caída libre.

Lo que aún queda en pie de la nación está prendido con alfileres. La inercia de los hechos parece deslizarse, sin embargo, hacia esa decisión extrema. Un gobierno legitimado por votación popular tal vez podría quitarse de encima a los sectores más corrompidos y parasitarios de la clase política. ¿Tal vez? Lo más seguro es que una purificación de los corruptos, si alguna vez sucede, tarde años y nunca sea completa. Ya sería suficiente repudiar a los que, aun absueltos por una justicia dudosa, se sabe que esquilmaron a la Argentina a través de contratos y ventas tramposas de los bienes comunes, comisiones de escándalo y pactos políticos en los que el espíritu de partido estaba por encima del espíritu de nación.

Aun así, los que sustituyan al gobierno actual tendrían que lidiar con las incesantes exigencias del Fondo Monetario Internacional, con la insumisión de los gángsters provinciales y con la desmoralización de un país que se desespera por creer en el futuro, aunque no sabe cómo es ese futuro ni con quiénes podría afrontarlo.

Nada es tan antipático como el pesimismo en esta etapa de la vida argentina, ¿pero qué argumentos habría para no ser pesimistas? ¿Un proyecto serio de reconstrucción nacional? ¿Un gobernante creíble, que pueda cumplir con lo que promete, aunque sea sangre, sudor y lágrimas? ¿Jueces y legisladores sin avidez de privilegios? ¿Funcionarios capaces de desenmascarar los latrocinios de sus pares sin miedo a ser desenmascarados ellos mismos? Esa Argentina es remota por ahora: remota e inverosímil.

¿Hay todavía un país? Hay un país, por supuesto. Pero es de soberanía dudosa, sin justicia social y con una infinita riqueza enajenada. Lo que no hay, por lo tanto, es una nación; es decir, una comunidad de intereses, un proyecto en el que todos puedan confiar. Se tardó más de un siglo en construir esa comunidad. Quién sabe cuánto llevará ahora salvar de la destrucción lo que aún queda, y empezar de nuevo.

(2002)

Cartoneros

Hace un año parecía que la Argentina iba a caer en un abismo irremediable y, sin embargo, aunque postrada, todavía no ha sucumbido. Los motivos de la cólera desatada a fines del 2001 siguen intactos —las mismas figuras políticas, los mismos jueces dudosos, la corrupción sin fisuras, la miseria creciente—, pero la voluntad de sobrevivir ha sido más fuerte que la adversidad y que las decepciones. La víspera del año nuevo oí, a la entrada de una librería de la avenida Santa Fe, en Buenos Aires, una observación que me parece el mejor resumen de este largo limbo. "Si se acabaron los golpes de cacerolas y las marchas para que se vayan todos, no es porque la gente se haya cansando de pelear, sino porque ha perdido las esperanzas de que algo cambie", le decía una mujer a otra. "Donde no hay ilusión, no puede haber desilusiones."

Buenos Aires se ha convertido, desde hace ya algún tiempo, en una ciudad extraña. Los edificios mantienen su belleza a partir de las segundas y terceras plantas, pero a la altura del suelo son una ruina, como si el esplendor del pasado hubiera quedado suspendido en lo alto y se negara a bajar o a desaparecer. Cuando se la deja de ver por tres o cuatro meses, la decadencia se torna tan visible que da tristeza.

Muchos de los viejos vicios están todavía allí, invencibles. Como en los tiempos remotos, una burocracia estimulada por la educación autoritaria de los argentinos convierte cualquier trámite en una pesadilla que dura horas o días. El 2 de enero, por ejemplo, miles de servidores públicos declararon una huelga sorpresiva de veinticuatro horas para protestar por sus salarios de hambre. La queja es legítima pero, como era de prever, creó algunos trastornos en los hospitales —donde no se hicieron los análisis obligatorios para las cirugías del día siguiente— y en los juzgados de paz. Hacia las dos de la tarde de ese día abrasador, acudió al Registro Civil de la calle Uruguay una mujer de edad mediana, con su hijo de tres días en brazos. Por falta de dinero para pagarse algún transporte, había caminado seis kilómetros, desde el confín oeste del barrio de Almagro, con la pretensión de inscribir el nacimiento. La despidieron en la puerta, y de nada valieron sus lamentos y súplicas. "Hay cuarenta días de plazo para anotar a un hijo", le informó el empleado. "¿Usted la está pasando mal? Nosotros también."

La miseria estalla a cada paso y es una incesante herida en la conciencia. Los transeúntes parecen habituados a desplazarse entre un aleteo de manos tendidas y de voces que claman por comida. Quien ha estado ausente por sólo tres meses, ve seis mendigos donde antes había dos.

Una estadística oficial de comienzos de enero suponía que el desempleo había descendido a 17,8 por ciento, muy por debajo del 21,5 por ciento alcanzado seis meses antes. Pero esos índices son engañosos, porque atribuyen empleos a los jefes de hogar que reciben bonos mensuales por valor de 150 pesos —un tercio de la suma imprescindible para que una familia tipo no pase hambre— y porque incluye también entre los ocupados a los millares de cartoneros que deambulan por las ciudades y a otros miles que consiguieron ocupaciones ocasionales durante los últimos seis meses. En lo que se llama el segundo cordón del Gran Buenos Aires, que comprende ciudades como Adrogué, Moreno, San Fernando y Tigre —centros de prosperidad hace medio siglo—, tres de cada cuatro habitantes son pobres y casi cuarenta por ciento de esos pobres viven en la indigencia. Algunos de los grandes relatos argentinos discurren en esos parajes, pero si vivieran sus autores —Roberto Arlt, Jorge Luis Borges, Julio Cortázar—, ya no podrían reconocerlos.

Durante los últimos días de diciembre, Buenos Aires fue castigada por una lluvia implacable, con ráfagas violentas e inundaciones nunca vistas en las zonas bajas de la ciudad. Una de las imágenes más desoladoras que vi entonces fue la de dos niños, de entre ocho y diez años, que clasificaban la basura y separaban los cartones en unas carretas de aluminio. Arrastraban su carga de un montículo de residuos a otro, en la calle Venezuela, sobre la frontera entre San Telmo y Monserrat, al extremo sur de la ciudad.

Los chicos afrontaban la tempestad protegidos por unos bolsones negros de plástico, los mismos que sirven para acumular los desperdicios de las casas de departamentos. Ambos llevaban la carreta hacia una concentración de otros cartoneros, en una de las entradas de la calle Venezuela, donde venderían su colecta diaria a tres centavos de dólar el kilo.

Aunque la palabra *cartonero* es de uso ahora frecuente en Buenos Aires, la actividad de clasificar y vender cartones y papeles desechados se intensificó hace sólo dos o tres años, al acentuarse el desamparo. Ahora se ven cartoneros casi por todas partes, sobre todo a partir del anochecer, en las calles del centro, donde tienen sus depósitos a cielo abierto.

En 1973, cuando los precursores de los cartoneros actuales vivían a la vera de los muladares y eran llamados cirujas, el poeta Osvaldo Lamborghini (1940-1985) publicó, dentro de su relato "Sebregondi retrocede", un capítulo que describía las desventuras del "niño proletario", a quien "la sociedad burguesa se complacía en torturar". Lamborghini contaba allí que en su escuela había un niño proletario de nombre Stroppani, al que la maestra llamaba "Estropeado". Los abusos y, al final, el crimen, acababan con él.

Hace tres décadas, antes de que la economía del país fuera arrasada por la especulación y las bicicletas financieras, aún había muchas fábricas activas. Si bien un niño proletario era alguien que desgarraba su infancia en el trabajo, al menos formaba parte de un sistema de producción que generaba riquezas. Era vejado en la escuela pero la escuela no estaba fuera de su alcance. En cambio, los niños cartoneros como los que vi en la calle Venezuela bajo la tormenta, andan uncidos a sus carretas desde que cae la noche hasta la mañana siguiente, y la escuela se les ha vuelto una utopía. Recogen los desechos de la comunidad, lo que sobra. En vez de producir, reciclan o, como ellos dicen, recuperan.

Los malos tiempos han dignificado esa actividad y han creado dentro de ella redes solidarias como la que logró reunir, el 10 de enero, tonelada y media de alimentos y ropas para distribuir en un desamparado jardín de infantes de Tucumán. "Los cartoneros no tenemos nada", dijo una de las mujeres que organizó la gigantesca y casi imposible colecta. "Pero queremos demostrar que, cuando se quiere ayudar, se puede." Diez cartoneros partieron ese día, en un viaje de veinticuatro horas, en auxilio de cuarenta escolares menores de seis años, tres de los cuales ya habían muerto de gastroenteritis por comer lombrices de tierra, a falta de otro alimento.

Las diferencias entre el niño proletario de Lamborghini y los niños cartoneros de comienzos del 2003 señalan la distancia que va de una época en que los tiempos distaban de ser los mejores, y estos años de ahora, que son también violentos, y son peores.

La mayoría de los economistas supone que el 2003 estará signado por una reactivación de la economía argentina y, acaso, por el principio de una etapa de crecimiento. Sin embargo, mientras las esperanzas y las predicciones van por un lado, la realidad persiste, inmóvil, en otro. Los dirigentes políticos de todo signo anteponen sus rencillas a la salud de las instituciones, la campaña electoral para elegir nuevo presidente se basa en nombres propios y no en proyectos. A la vez, la definición de objetivos nacionales capaces de encender el ánimo de la Argentina es algo en lo que ya nadie piensa. En un país sin ilusiones, el futuro parece de cartón. Mantiene su forma y su consistencia mientras nada pasa, pero la primera lluvia podría desmoronarlo.

(2003)

No llores por mí

La construcción de un mito

Los autores de novelas no sabemos leer ni explicar nuestros propios textos. Aunque la escritura de una novela es, como toda otra escritura, un acto de la razón, ciertos signos y metáforas se deslizan hacia el texto o caen dentro de él por un peso que no es el de la lógica sino el de la necesidad: el autor siente o sabe que deben estar allí, pero nunca descifra del todo los motivos por los que algo está en un lugar del texto y no en otro lugar o en ninguno. Al autor pueden ocurrírsele justificaciones *a posteriori*, pero rara vez en el proceso mismo de la escritura. Si se detuviera a pensar en el por qué de cada línea, quedaría paralizado. Por eso a veces, cuando pasa el tiempo, el texto le parece ajeno. Y ésa es la verdad: el tiempo hace que un texto vaya siendo cada vez menos del autor y cada vez más de quienes lo leen o lo discuten. Para un autor, su propio texto se sitúa en el pasado. Él mismo está ya en otra cosa, en la próxima novela. Para el lector que lo examina, en cambio, ese mismo texto es un presente continuo, un código que va abriéndose a medida que se lo descifra.

Yo creía saberlo todo sobre Evita o, al menos, sobre el personaje Evita que aparece en mi novela *Santa Evita*, hasta que ciertas lecturas empezaron a distinguir en el texto señales que yo no había visto. En *London Review of Books*, el crítico Michael Wood definió esas transfiguraciones de esta manera inteligente:

> Tomás Eloy —dice— usa la ficción no para derrotar a la historia o para negarla sino para llevarnos a la historia que está entrelazada con el mito. Sus fuentes son de confianza dudosa, él lo dice, pero sólo en el sentido en que también lo son la realidad y el lenguaje. En esa afirmación hay tanto un juego como un argumento interesante: algunas de sus fuentes no deben ser sólo ficcionalizadas sino también completamente ficticias. [...] No se trata entonces de las licencias que se toma el realismo mágico o de las furtivas romantizaciones de las novelas de no ficción. Es el intento de utilizar la imaginación para alcanzar algo que de otra manera sería inalcanzable. Y la pregunta que aquí se formula es no sólo qué es verdad sino qué podría ser verdad. O, más importante, aún, qué cuenta como verdad para nosotros, cuáles son los campos en los que nosotros creemos en las promesas de la realidad o descreemos de ellas.

¿No es ésa, acaso, una definición de lo que es mito? Lo que señala Wood, ¿no tiende acaso a decir que, donde antes había un mito, el de Evita, hay ahora también, además una novela que deconstruye el mito y lo reconstruye de otra manera?

Cuando conocí a Michael Wood en la Universidad de Princeton le comenté que su artículo se había publicado cuando anunciaban en Buenos Aires la construcción de un museo del peronismo, donde se inscribirían en grandes lápidas algunas de las frases que Perón y Evita acuñaron con la intención de que fueran inmortales. Como todas las frases célebres, éstas también son lugares comunes. Una, de Perón, dice: "Mejor que decir es hacer, mejor que prometer es realizar". Otra, de Evita: "No renuncio a la lucha ni al trabajo. Renuncio a los honores". Entre esas sentencias de mármol se introdujo una de origen ilegítimo: "Coronel, gracias por existir". Era la frase que, según *La novela de Perón* —una ficción que publiqué en 1985— la actriz Eva Duarte susurraba al oído del coronel Juan Perón en enero de 1944, cuando ambos se conocieron en un festival benéfico.

Para conferir verosimilitud a la frase, y amparado en la libertad de mentir o fabular que concede el género *novela*, insinué que la había descubierto leyendo los labios de los personajes, en los documentales que se conservan (ese dato sí es cierto) en los Archivos Nacionales de Washington DC. Como algunos biógrafos poco escrupulosos la tomaron al pie de la letra, sin confirmar la fuente, la conté de una manera distinta en *Santa Evita*, insistiendo, como bien apuntó Michael Wood, en que estos hechos sucedían dentro de una novela, dentro de una invención, de algo ante lo cual los lectores tenían la obligación de suspender su incredulidad.

Cuando me enteré que de todas maneras la frase estaba siendo grabada en una placa de mármol e iba a ser entronizada en el museo del peronismo de Buenos Aires, decidí poner las cosas en claro y escribí un artículo que se publicó en uno de los diarios argentinos de mayor circulación y se reprodujo en otros dos de América Latina. Recuerdo el momento en que imaginé la frase. Nunca pensé que valiera demasiado pero, por una razón u otra acertó en el blanco del mito: se convirtió en la frase que muchos argentinos piensan que Evita debió decir. Por más que he insistido en devolver los hechos a su cauce, ya no hay manera de convencer a los devotos de Evita de que ella no la dijo nunca. Ahora soy yo quien, cada vez que niega a Evita como autora de la frase, parece estar difamándola. El personaje Evita de mis novelas —el mito— se ha entrelazado así con la Evita de la historia y la ha modificado.

Forjamos imágenes, esas imágenes son transformadas por el tiempo, y al final no importa ya si lo que creemos que fue es lo que de veras fue. La tradición no discute si una versión es correcta o no. La acepta o no la acepta. Hay otra frase atribuida a Eva Perón, la más celebrada y repetida de todas: "Volveré y seré millones". Es una frase que ella jamás pronunció, como lo advierte cualquiera que se detenga a pensar sólo un instante en el perfume póstumo que impregna esas palabras: "Volveré y seré millones". Y, a pesar de que la impostura ha sido denunciada muchas veces, sigue apareciendo al pie de las imágenes de Evita en los posters que conmemoran sus aniversarios y en cada uno de los innumerables discursos de sus devotos. La hipérbole es nítidamente falsa, pero para los argentinos que veneran a Evita hay pocas sentencias más verdaderas.

Recrear un mito de la cultura en la historia para tratar de saber quiénes somos o qué hay en nosotros de Algún Otro no es, por supuesto, nada nuevo. Cuando el lenguaje toca el centro del mito, lo enriquece, ensancha el horizonte de eso que llamamos el imaginario. A la vez, establecer la verdad en términos absolutos es una empresa casi imposible. La única verdad posible es el relato de la verdad (relativa, parcial) que existe en la conciencia y en las búsquedas del narrador.

La ficción y la historia se escriben para corregir el porvenir, para labrar el cauce de río por el que navegará el porvenir, para situar el porvenir en el lugar de los deseos. Pero tanto la historia como la ficción se construyen con las respiraciones del pasado, reescriben un mundo que ya hemos perdido y, en esas fuentes comunes en las que abrevan, en esos espejos donde ambas se reflejan mutuamente, ya no hay casi fronteras: las diferencias entre ficción e historia se han ido tornando cada vez más lábiles, menos claras. Con frecuencia, cuando se lee al Carlo Ginzburg de *El queso y los gusanos*, al Simon Schamma de *Ciudadanos* o, en el otro lado de la línea, cuando se lee *El hotel blanco* de D. M. Thomas o *Submundo* de Don DeLillo, uno se pregunta qué es qué. Ficción, historia. La ilusión lo envuelve todo y el hielo de los datos va formando un solo nudo con el sol de la narración.

Qué es qué. En las vidas de santos, en los memoriales de milagros, en numerosas crónicas y relaciones de Indias, la historia era una suma de ficciones que no osaban decir su nombre. En la Edad Media no había la menor incongruencia, como se sabe, entre componer un poema devoto y propagar en ese poema un fraude religioso. Y a su vez la ficción, para adquirir respetabilidad y verosimilitud, se presentó en la sociedad de los siglos XIV y XV disfrazada de historia. Recuerdo, por citar sólo un ejemplo, la delirante novela del ciclo artúrico titulada *La Historia de los nobles caballeros Oliveros de Castilla y Artús Dalgarbe*, en uno de cuyos capítulos Oliveros les corta las cabezas por amor a sus dos hijos, y en el capítulo siguiente las devuelve a su lugar por compasión.

¿Qué significa lo histórico? ¿Qué lo ficticio? *Santa Evita*, mi novela, poco tiene que ver con los relatos históricos estudiados por Georg Lukács, en los que un héroe real, moviéndose entre personajes anónimos, reflejaba los deseos y objetivos de pueblo entero: su pueblo. Lo que hice es tejer un relato posible, una ficción, sobre un bastidor en el que hay hechos y personajes reales, algunos de los cuales están vivos. Por eso subrayo el hecho de que *Santa Evita* es una novela. Si da la impresión de un reportaje, es porque invertí deliberadamente la estrategia del llamado nuevo periodismo de los años sesenta. En obras como *A sangre fría* de Truman Capote, *El combate* de Norman Mailer o *Relato de un náufrago* de Gabriel García Márquez, se contaba un hecho real con la técnica de las novelas. En *Santa Evita*, el procedimiento narrativo es exactamente el inverso: se cuentan hechos ficticios como si fueran reales, empleando algunas técnicas del periodismo. Donde la novela dice: "Yo vi", "Yo estuve", "Yo revisé tales o cuales fichas", las frases deben entenderse en el mismo sentido en que se entienden las primeras personas, los yo, de novelas como las de Dickens, Proust o Kafka: ese yo es un yo de la imaginación, que aparece como testigo ficticio para conferir verosimilitud a sucesos que a veces son inverosímiles. El texto trata de establecer con el lector un pacto semejante al que uno establece con una película: la realidad se recorta, desaparece, y el espectador se sumerge en otra realidad que sólo a su vez desaparece cuando la película termina.

Escribir hoy novelas sobre la historia es una operación que difiere, en más de un matiz, de los ejercicios narrativos de los años sesenta y setenta. En aquellas décadas de certezas absolutas, de posiciones netas, de cuestionamientos políticos y subversiones contra el poder o sumisiones al poder, la novela y la historia se movían dentro de un campo de tensiones en el cual los conceptos adversarios seguían siendo verdad y mentira,

para decirlo en términos muy simples. La novela estaba
embargada por un deseo totalizador y se proponía sus-
tituir, con sus verdades de fábula, las falsías elaboradas
por la historia oficial. Movida por un viento de justicia,
la novela trataba de señalar que la verdad había dejado
de ser patrimonio del poder. Ciertos textos latinoamericanos fundamentales de ese período, como *Yo el Supremo* de Roa Bastos y *Terra Nostra* de Carlos Fuentes
insistían en la manipulación oficial de la historia. No
hay archivos confiables, enfatizaban. Las instituciones
pueden construir con sus documentos una realidad ser-
vil a sus intereses que es tan falsa como la de las fábulas.

Denunciar las imposturas del poder no es ya el
punto de mira de las ficciones sobre la historia. Bajo los
puentes han pasado las aguas de Foucault y Derrida, los
conceptos de narratividad y representación de Hayden
White y hasta los ataques de Roland Barthes a la supuesta objetividad del discurso histórico tradicional.
Pero sobre todo han pasado (o, más bien, han sucedido,
nos han sucedido) el fracaso de los sandinistas en Nica-
ragua, los traspiés de Cuba, las ilusiones desvanecidas
del hombre nuevo, la demolición del muro de Berlín, el
estallido en fragmentos de la Unión Soviética.

El fin neoliberal de la historia que un académico
apresurado predijo en 1988 ha sido puesto en tela de
juicio por el descenso en masa de los pobres desde los
cerros de Caracas en febrero de 1989 y por el alzamiento de Chiapas a comienzos de 1994. Escribir no es ya
oponerse a los absolutos, porque no quedan en pie los
absolutos. Nadie cree ahora que el poder es un bastión
homogéneo; nadie puede tampoco redescubrir que el
poder construye su verdad valiéndose, como observó
Foucault, de una red de producciones, discriminacio-

nes, censuras y prohibiciones. Lo que ha sobrevenido es el vacío: un vacío que comienza a ser llenado no ya por una versión que se opone a la oficial, sino por muchas versiones o, más bien, por una versión que va cambiando de color según quién es el que mira. Polaridades, etnocentrismos, márgenes, géneros: la mirada se mueve de lugar.

Ya no es posible seguir hablando de un combate contra el poder político, porque el poder va desplazándose de las manos del ejército, la iglesia y las corporaciones económicas tradicionales, a las de los narcotraficantes, los lavadores de dinero, los vendedores de armas, los políticos que construyen sus fortunas a velocidad de vértigo, para volver luego a las del ejército, la iglesia, etcétera, o a fugaces alianzas entre un sector y otro.

No se puede dialogar con la historia como verdad sino como cultura, como tradición. Es lo que desde el campo inverso está haciendo la historia con la literatura. Lo que ahora se llama *nouvelle histoire* o *intellectual history* ha adoptado las herramientas técnicas y las tradiciones narrativas de la literatura para rehacer, a su modo, la historia tradicional. En Darnton, en Schamma, en Claudio Magris y su formidable historia (¿o novela?) que se llama *Danubio*, la *nouvelle histoire* construye personajes, recuperándolos de entre los residuos dejados por la Historia con mayúsculas, y pone el énfasis en detalles, hábitos y manías que no habían llegado a ser ni siquiera pies de página en los manuales.

El gesto de oponerse carece de sentido; no hay razón para hablar de lo que en 1976 llamé "el duelo de las versiones narrativas". A lo que quizás haya que tender ahora es a una reconstrucción. Cuando digo reconstrucción no aludo al lugar donde se situaban los escritores de historias y crónicas del siglo XVIII, como José de Oviedo y Baños o Juan Bautista Muñoz, cuyos memoriales de hazañas trataron de establecer y fundamentar una jerarquía en el linaje de los padres de las nuevas patrias; tampoco pienso en el lugar letrado desde el cual Bartolomé Mitre impuso, a través de su *Galería de celebridades argentinas* (1857), los modelos fijos sobre los que debía basarse la historiografía de su país, exigiendo la condena sin examen del caudillismo, de los brotes anárquicos y de la cultura de las provincias, y estableciendo la imagen de una Argentina ideal que iba a negar obstinadamente, hasta ahora, la existencia de la Argentina real.

Tampoco pienso en el lugar de oposición y hostigamiento al poder autoritario desde el cual se escribieron novelas como *El otoño del patriarca* de García Márquez, *La desesperanza* de Donoso o *El beso de la mujer araña* de Manuel Puig.

Cuando digo que la novela sobre la historia tiende a reconstruir, estoy diciendo también que intenta recuperar el imaginario y las tradiciones culturales de la comunidad y que, luego de apropiárselas, les da vida de otro modo. Mientras la *nouvelle histoire* trabaja sobre lo descartado, sobre lo excluido, sobre lo nimio, integrándolo a la gran corriente de los hechos en un pie de igualdad, la nueva novela sobre la historia también recoge lo marginal, los residuos, pero a la vez recrea íconos del pasado a partir de tradiciones, mitos, símbolos y deseos que ya estaban ahí. En el primer caso hay una acumulación fértil de materiales; en el segundo caso, se trata de una transfiguración.

El autor es, en definitiva, un mediador parcial, subjetivo, limitado, que rara vez puede trascender el marco de su experiencia, rara vez puede alzarse por encima de sus carencias personales. Puede convertir esas carencias en una riqueza (como le sucedió a Borges con su mundo, pródigo en libros y parco en amores), pero es inevitable que sus ficciones estén atravesadas por lo que sabe, por lo que conoce. Cuanto más claramente ve un escritor el horizonte de lo que no sabe, tanto mayor intensidad puede poner en lo que sabe.

En *Santa Evita* decidí encarar el desafío de la verdad como un desafío de verosimilitud. Para poder imaginar de manera nueva (y también de una manera verdadera) un episodio que millones de personas habían visto o leído como, por ejemplo, la concentración del 22 de agosto de 1951 en la que Evita debía ser proclamada candidata a la vicepresidencia de la República, antes tenía que conocer todo lo que se había escrito sobre ese acontecimiento, ver todas las películas filmadas ese día, oír todos los discursos y mensajes de propaganda pronunciados durante las siete horas que duró la ceremonia. Traté de repetir los mismos gestos con los que legitiman su trabajo los críticos de la cultura, exponiendo (o, más bien, dejando expuesto, a la intemperie de las miradas) lo que en todo relato hay de subjetivo, la textualidad de las fuentes, y tomar en cuenta las redes sociales, políticas, musicales, visuales, que están tejiendo una trama con el tiempo histórico narrado, para luego mostrar esas redes junto al texto, donde se las pueda ver.

Ambas operaciones, la de escribir y la de reflexionar sobre lo escrito, han sido siempre de una tensión extrema en América Latina, donde hasta la historia y la política nacieron como ficciones. ¿De qué modo la crítica podría orientarse en un campo cultural donde todo tiende a ser ficción y donde la realidad es representada a la vez como profecía, como pasado, como verdad inverosímil, como mito, como conspiración o como invocación mágica? Para entender ese magma, la crítica observa cada texto como un universo en el que hay múltiples códigos; en la tradición cultural de América Latina, nada es nunca lo que parece. Nada podría ser nunca lo que parece porque la realidad se mueve a ritmo de vértigo: los valores, los discursos, las famas, las fortunas, los mitos. Lo que ayer estaba acá, hoy está en otro lado, o no está.

Mientras escribía *Santa Evita*, pensaba: ya que se ha ido tan lejos, es posible ir aún más allá. Se puede, me dije, ir revelando las fuentes (reales o falsas) de la ficción histórica a medida que esa ficción avanza. Se puede escribir, creo, de dónde fue brotando cada elemento del relato, ir compartiendo con el lector el laboratorio secreto de cada fragmento. El lector es ya un cómplice. ¿Por qué no pasearlo entonces por todas las costuras del tejido? De ese modo, puedo ir al centro del mito, enfrentarme a la historia como cultura, situarme en un espacio no autoritario, no cerrado, en un espacio que expone sus pasos en falso, sus nudos mal hechos, sus tropiezos, los juegos de la palabra y del documento.

Cuando Sarmiento desplazó a Facundo Quiroga de su lugar histórico (primero indeliberadamente, por pobreza, y luego por lisa y llana provocación), hizo con el poder político lo que después haría Borges con la erudición: buscarle otra vuelta a lo que ya se sabe, revivirlo. Liberados de su mármol, los personajes de la historia regresan para contar las cosas de otra manera, para recuperar otro relato del pasado. Es inevitable que ese relato se organice también como una respuesta al presente. A veces, mientras escribía *Santa Evita*, yo mismo incurrí, sin darme casi cuenta, en impugnaciones (por supuesto alusivas, no directas) contra las políticas de ajuste económico preconizadas por el gobierno peronista de mi país, que en aquellos días (1993, 1994) se declaraba "iluminado" por el ejemplo de Eva Perón. A esa clase de fatalidades está condenada la escritura pero no el lector que, por fortuna, accede al texto cuando ya está limpio de esas impurezas del inconsciente.

Ya no se trata de desentrañar las mentiras de la memoria a través de una contramemoria, como hice en *La novela de Perón*. Mi eje, en *Santa Evita*, fue el reconocimiento casi topográfico de un mito nacional. Pero mi eje, sobre todo, fue la búsqueda de un cuerpo: no sólo el cuerpo yacente de Evita Perón, llevado y traído de una orilla a otra de Buenos Aires, sino también el cuerpo de mi pasado o, si se prefiere, el cuerpo de las cosas que llenaban mi imaginación en el pasado.

El punto de inflexión a partir del cual se articula la novela es la muerte de Evita: ese día, ese momento, se abre dentro del texto como las alas de una mariposa. Lo que sucede con ese cuerpo después de la muerte va hacia adelante; lo que ha sucedido con ese cuerpo antes de la muerte va hacia atrás, en retroceso, invirtiendo la respiración natural de la historia. Donde la muerte es un fin, es aquí un comienzo. Si bien el último ruego de Evita fue que nadie viera su cuerpo degradado por la enfermedad, deformado por las medicinas, enrarecido por el dolor, la muerte la privó de toda defensa. El cuerpo fue convertido en trofeo. Dejó de ser cuerpo, de ser persona, para ser sólo el objeto oscuro (o luminoso) de un deseo que estaba en todos, pero que no era, en todos, el mismo deseo. En una orilla estaba el deseo de abominación y destrucción, que se expresa en lo que sobre ese cuerpo muerto escribieron Borges, Cortázar, Juan Carlos Onetti, Silvina Ocampo, Ezequiel Martínez Estrada, y que tal vez se condensa en la leyenda de odio que, cuando Evita agonizaba, apareció pintada en un muro, frente a las ventanas de su cuarto: "Viva el cáncer". En la otra orilla está el deseo de beatificación, de veneración, de eternidad, como el que se reflejaba en las flores y velas que aparecían cada amanecer en los lugares donde había sido escondido el cuerpo, sin que nadie supiera cómo.

En ese cuerpo cupieron (y caben aún) muchas de las fantasías argentinas: el delirio de grandeza, las quejas del tango, la nostalgia de haber sido lo que nunca fuimos, el encono de clases, la imagen de la mala actriz, de la bataclana, de la hija bastarda, de la pobre chica de pueblo que se elevó desde la nada, la mujer del látigo, la dama de la esperanza, la Argentina potencia, la novia imposible. Como se sabe, además, hay cierta necrofilia en el imaginario argentino. La historia popular y la oficial están abrumadas de cadáveres que se llevan de un lado a otro, que ganan elecciones, que encienden el ánimo de los ejércitos, que curan enfermedades fatales y cantan el Himno Nacional desde la otra orilla de la muerte. Pero el único cuerpo que ha logrado convertir su muerte en espectáculo es Evita. Es el único cuerpo con el que la literatura se ha permitido todas las libertades. El sueño de Borges —escribir un texto que todos repiten sin saber quién es el autor— se cumple para todos aquellos que han añadido al cuerpo de Evita otros tatuajes escriturarios. Nadie sabe ya qué es de quién.

En *Santa Evita*, por ejemplo, escribí que, después de la concentración del 22 de agosto de 1951, Perón se encerraba con ella en el dormitorio y le decía, impiadoso: "Tenés cáncer. Estás muriéndote de cáncer y eso no tiene remedio". La escena no es histórica, por supuesto, y no puede encontrarse en documento alguno anterior a mi novela. Sin embargo, se ha convertido prematuramente en mítica. Se la puede encontrar ahora en una película de Juan Carlos Desanzo, *Eva Perón/ La verdadera historia*, sin referencia a fuente alguna.

Eva Perón fue la mujer más oída de la historia argentina y también, probablemente, la más leída. ¿Pero cuánto de lo que Eva escribió y dijo le pertenece de veras? Su confesor, Hernán Benítez, asegura en una película, *El misterio Eva Perón*, que todos los textos atribuidos a ella son apócrifos. Dice que los escribieron Francisco Muñoz Azpiri, Manuel Penella da Silva, Raúl Mendé.

El periodista valenciano Manuel Penella da Silva, que vivía en Buenos Aires desde mayo de 1947, fue quien en verdad escribió la autobiografía de Evita publicada por Peuser en 1951 como *La razón de mi vida*. Conoció a Evita mientras la seguía por hospitales y barrios pobres de España. Le dedicó entonces una crónica elocuente que la hizo llorar.

Cuando volvieron a verse después de la gira por Europa, Penella le sugirió dar forma a sus ideas en una serie de entrevistas que ella podría corregir y publicar con su nombre. "Usted —le dijo— actúa. Yo escribo. Vamos a descubrir las palabras que están implícitas en sus actos."

Era un plan seductor, pero necesitaba el consentimiento de Perón. Hasta febrero o marzo de 1948, el

General dudó. Un día, de pronto, Evita llamó a Penella: "El General no quiere que sean entrevistas —le dijo—. Tiene que ser un libro, un libro mío."

Trabajaron todos los días, a los saltos, en las oficinas de la Fundación y en el living de la residencia presidencial. Evita hablaba, contaba fragmentos de su historia; a la mañana siguiente, Penella leía en voz alta los tramos del manuscrito. El valenciano deseaba reflejar a la "Evita verdadera": tosca, lúcida, enérgica, emotiva. Ella quería que la idealizaran, que la escritura lavara las manchas de su pasado y encendiera su vida con luces que sólo pertenecían al deseo. Quería que la mostraran victoriosa, indomable, adversaria de todo poder que no fuera el de Perón.

En sus monólogos —contó después Penella, que era católico y franquista—, Evita tronaba contra las jerarquías de la Iglesia y del Ejército. El escriba le recordaba sus deberes con el jefe de un Estado confesional y diluía las violencias de su lenguaje. Cada vez que la historia se volvía sentimental, ella se deshacía en lágrimas y decía, exaltada: "Así fueron las cosas, Penella, así mismo".

La primera versión estuvo terminada entre febrero y marzo de 1949. Según dijo Penella casi veinte años después, el libro postulaba la creación de un Senado de mujeres y denunciaba la milenaria opresión masculina, aunque dejaba a Perón a salvo de toda culpa. Cuando el General leyó los primeros capítulos, vaciló en autorizar la publicación. "Un libro firmado por Eva —dijo— es una cuestión de Estado". E hizo circular el manuscrito entre los ministros y secretarios, para que todos opinaran.

Aunque Penella no era un escritor sino un cronista desaforado, que componía libros por encargo sobre grafología, supersticiones populares y vidas sexuales de hombres famosos (su éxito mayor fue *El número siete*, que evoca el ingreso de Hitler en el partido nazi), era un hombre orgulloso que cuidaba su posteridad. Tal como la concibió, *La razón de mi vida* era para él una obra de arte y no estaba dispuesto a permitir que nadie modificara una coma. "Usted también es una artista", le dijo a Evita. "Debería entender cómo me siento cuando adulteran mis sustantivos."

El manuscrito anduvo más de un año de oficina en oficina, y casi todos los ministros sintieron el deber de aportar algo. La mayoría de las correcciones, sin embargo, fueron introducidas por Raúl Mendé, secretario de Asuntos Técnicos, y por Armando Méndez San Martín, quien pronto sería ministro de Educación. Mendé reescribió capítulos enteros y fue quien tuvo la idea de injertar, entre las confesiones de Evita, un capítulo firmado por Perón, que tropieza grotescamente con el resto de una obra que ya casi no era de ella.

Lilian Lagomarsino de Duarte, que fue la amiga más cercana de Evita desde la campaña presidencial de 1945 hasta el regreso de Europa en agosto de 1947, la recuerda vacilando ante una hoja de papel de carta en el DC4 de Iberia donde volaban rumbo a Madrid: "La pobrecita mordía la madera del lápiz, se enredaba con las piernas en el asiento, y ni aun así le salía una palabra. Toda la elocuencia que tenía para hablar en público se le venía abajo cuando se trataba de escribir".

En setiembre de 1951, cuando se publicó *La razón de mi vida*, la prensa norteamericana la definió como "la mujer más poderosa del mundo". El novelista John Dos Passos, que la había entrevistado pocos meses antes en las oficinas del Ministerio de Trabajo, apuntó en la revista *Life* que se comportaba como "una virtual co-dictadora, la única mujer política que dispone de mando real". Y sin embargo, su voz de entonces era vicaria de la voz de Perón. El presidente y marido se reservaba la aprobación final de todo lo que Eva hiciera, escribiera o dijera, y ella misma aceptaba esa forma de legalización.

El escritor de sus primeros discursos era el mismo autor de los radioteatros en los que Eva encarnaba a mujeres famosas durante los primeros meses de su relación con Perón (1944-45). Muñoz Azpiri la acompañó a Europa, y casi todo lo que dijo durante la mitológica gira fue aprobado primero por la Cancillería argentina y luego por el propio Perón. A "la mujer más poderosa del mundo" no se la creía capaz de expresarse con su propio lenguaje.

Los primeros discursos improvisados de Evita son balbuceos que responden a un mismo modelo: ella es —dice— una pobre mujer insignificante a quien el destino ha puesto junto a Perón para servir a los humildes, para ayudarlo a ayudar. Sin Perón, ella es nada. Sin Perón, el mundo es inconcebible. ¿Eva finge? ¿Esas declaraciones de amor enloquecido son una profesión auténtica de fe? Quienes estaban más cerca de Evita en los primeros años de su matrimonio con Perón coinciden en que, para ambos, la relación era más de poder que de amor. O, si se prefiere: una relación basada sobre el amor al poder. Eso no significa que cuando decían que se amaban, el amor fuera un simulacro. Nada de eso. Ambos se necesitaban mutuamente con tal intensidad que no tenían sino la alternativa de amarse. Pero no eran conscientes de eso. Suponían que al amarse estaban eligiéndose cuando, en verdad, no tenían elección posible. Eva sin Perón hubiera sido otra cosa: una actriz de segundo orden. Y Perón sin Eva no hubiera establecido con el pueblo la relación que lo entronizó en la historia.

La certeza de que el amor con Perón es inquebrantable confiere cada vez mayor seguridad a Eva. Cuando habla, ella es Perón. Al principio, se deja impregnar por la devoción del pueblo sintiendo que recibe esa devoción *en nombre de* su marido. Poco a poco se da cuenta que ella también se ha ganado esa devoción por sí misma. Es entonces cuando cambia su actitud verbal y hasta su nombre. Deja de llamarse Eva Perón y pide que se la nombre únicamente como Evita.

Después del acto del 22 de agosto, Eva quedó privada no sólo del decir sino también del hacer. Comenzó entonces una serie de movimientos que tendían a inmovilizarla. Fue obligada a renunciar a la candidatura el 31 de agosto. Desde setiembre, se sucedieron casi rítmicamente las operaciones para limpiar su matriz de los signos del cáncer, las misas y peregrinaciones por su salud, los honores: el 18 de octubre fue proclamado popularmente como el día de Santa Evita; en esa misma ocasión se lanzó a la venta *La razón de mi vida* en una edición de medio millón de ejemplares; el 24 de enero de 1952 se cambió el nombre de la provincia de La Pampa por el de Eva Perón; el 7 de mayo, cuando cumplió 33 años, el Parlamento la designó Jefa Espiritual de la Nación.

Por primera vez, Eva trató de contrarrestar la forzosa inacción con opinión. En los intervalos de su enfermedad, entre marzo y junio de 1952, escribió *Mi mensaje*. El libro tiene treinta capítulos breves, con tres núcleos básicos: el fanatismo como profesión de fe; la condena a las fuerzas armadas por el abuso de sus privilegios; la condena a la jerarquía de la Iglesia Católica por "su indiferencia ante la realidad sufriente de los pueblos".

El texto de *Mi mensaje* fue vetado por Perón y, aunque casi todas las biografías y estudios sobre Eva se referían a su existencia, no hubo acceso al manuscrito hasta 1986, cuando apareció en una casa de remates de la calle Posadas. En setiembre del año siguiente lo publicó en Buenos Aires una casa marginal, Ediciones del Mundo, con repercusión casi nula. Aunque el lenguaje escrito de Eva aparece allí por primera vez sin ningún encubrimiento, los años de retraso tornaron anacrónico y casi ilegible el texto. La única vez que Evita escribió, la única vez que intentó construirse como mito a través de la escritura, fracasó.

Toda novela y todo relato ficticio son un acto de provocación, porque tratan de imponer en el lector una representación de la realidad que le es ajena. A la vez, son también una pregunta. Pueden leerse como profecías y como interpretaciones del pasado, como reconstrucciones del futuro con los restos del presente. A diferencia de la ficción, el discurso de la historia no es una aporía: trata de ser una certeza. Donde hay una duda, instala (o finge instalar) una verdad; donde hay una conjetura, acumula datos.

Pero la ficción y la historia son también apuestas contra el porvenir. Si bien el gesto de reescribir la historia como novela o el de escribir novelas con los hechos de la historia no son ya sólo la corrección de la versión oficial, ni tampoco un modo de oponerse al discurso del poder, no dejan de seguir siendo ambas cosas: las ficciones sobre la historia reconstruyen versiones, se oponen al poder y, a la vez, apuntan hacia adelante.

Apuntar hacia el porvenir, ¿qué significa? No, por supuesto, la intención de crear una sociedad nueva por el imperio transformador de la palabra escrita, como se pretendía mesiánicamente (e incautamente) hace tres décadas; las novelas no mueven un solo pelo de la realidad, ni con su estrépito ni con su silencio. Pueden, sin embargo, recuperar los mitos de una comunidad, no invalidándolos ni idealizándolos, sino reconociéndolos como tradición, como fuerza que ha ido dejando su sedimento sobre el imaginario.

Por más que la comparación no me haga feliz, un novelista se parece a un embalsamador: trata de que los mitos queden detenidos en algún gesto de su eternidad, transfigura los cuerpos de la historia en algo que ya no son, los devuelve a la realidad (a la frágil realidad de las ficciones) convertidos en otro ícono de la cultura, en otro avatar de la tradición. Y, al hacerlo, muestra que ese ícono es apenas una construcción, que las tradiciones son un tejido, un pedazo de tela, cuyos hilos cambian incesantemente la forma y el sentido del dibujo, tornándolo cada vez más fragmentario, más incompleto, más pasajero.

Santa Evita procura ser el inventario de un mito argentino pero a la vez, de manera involuntaria, es también una confirmación y una ampliación de ese mito. Cuando escribí el libro, creía que estaba inventando la existencia de un cadáver con tres copias, porque esas copias me eran necesarias para tejer mi intriga. Cuál no sería mi sorpresa cuando, al presentar la novela en Buenos Aires, un escultor afirmó que él había trabajado, junto a otras dos personas de las que dio el nombre, en la elaboración de esas copias. Las manos que mueven el telar de los mitos son ahora muchas y vienen desde infinitas orillas: tantas orillas, que ya ni siquiera es fácil distinguir dónde está el centro ni qué pertenece a quién. Así son las imágenes con las que el pasado reescribe, en las novelas, la historia del porvenir.

(1996)

Las otras caras de Evita

Tres imágenes negras empañan la historia de Eva Perón, y las tres han reaparecido a fines de diciembre de 1996, arrastradas por la marea que desata la película de Madonna y Alan Parker. Las tres no son del todo inexactas pero, atribuidas al personaje sin matiz alguno, acaban por ser injustas.

La primera imagen supone que Evita era una prostituta ambiciosa que sedujo a Perón por mero afán de poder. La segunda establece que su ideología era nazi —o al menos fascista— *après la lettre*. La tercera la describe distribuyendo a tontas y a locas el dinero ajeno y reteniendo parte de ese dinero para sí.

Eva Perón fue una mujer intolerante, iletrada, fanática y ávida de poder o, al menos, ávida del amor y de la admiración de las multitudes que sólo se pueden alcanzar a través del poder. Pero no fue una prostituta, no fue una fascista —quizás ignoraba el significado de esa ideología— y tampoco fue una mujer codiciosa. Le gustaban las joyas, las pieles, los vestidos de Dior, y podía tener todos los que deseaba sin necesidad de robar arcas ajenas. Cualquiera que haya investigado con seriedad su biografía sabe que no quería el dinero para sí. Lo quería para invertirlo en esa singular forma de beneficencia que ella había inventado y a la que dio un nombre que todavía perdura en Argentina: ayuda social o justicia social.

Cuando Juan Perón fue derrocado por un golpe militar, en setiembre de 1955, el odio entre peronistas y antiperonistas era tan visceral, tan insuperable, que el nuevo gobierno se embarcó en una intensísima campaña de propaganda para desmontar la eficaz estructura de autoglorificación montada por Perón y por su esposa Evita durante los diez años previos. Aunque Eva había muerto tres años antes de un cáncer de matriz, se la veneraba obligatoriamente como a una santa nacional. Parte de la campaña antiperonista consistió en atribuir a la pareja todos los males que la Argentina había sufrido y que se aprestaba a sufrir.

Perón había sido elegido presidente dos veces en comicios limpios y su régimen era formalmente democrático. Tanto él como Eva, sin embargo, habían cerrado el camino a toda voz opositora y gobernaban la Argentina con mano de hierro. Las censuras de esa época, los encarcelamientos y ocasionales torturas de adversarios indujeron a que Perón fuera mencionado como "tirano". Ese epíteto se ha vuelto sin embargo inofensivo y casi patético después de las atrocidades cometidas por las dictaduras militares que lo sucedieron, sobre todo la de 1976-1983.

La dificultad para entender el peronismo y a sus dos protagonistas —Perón y Evita— se cifra, ante todo, en el hecho de que Perón simpatizó con el Eje cuando era coronel y ministro de Guerra, entre 1944 y 1945. Esa torpeza lo hizo inaceptable para los Estados Unidos. A la vez, ha sembrado la idea de que Evita pensaba de la misma manera. En esos años, cuando era la amante más o menos clandestina de Perón, Evita sólo pensaba en retener a su pareja y en sobrevivir. No sólo carecía de toda formación ideológica. También carecía de influencia y de poder, tanto en la casa de Perón como en la vida política de la Argentina.

Cuando llegó a Buenos Aires, a fines de 1934 o comienzos de 1935, Eva Duarte carecía —además— de casi todo: talento de actriz, dinero, padre legítimo, educación. Aquéllos fueron años de extremado machismo en un país que siempre fue machista. Cada vez que Eva quería conseguir un papel en la radio, en el teatro o en el cine, se le exigía que pagara un peaje sexual. A veces lo hacía, a veces no. Para los códigos de la época, esa conducta tiene poco que ver con la prostitución. Es una conducta de lisa y llana supervivencia.

Una vez en el poder, convertida en esposa legítima de Perón y en Primera Dama de la Argentina, Eva encarnó —como actriz, notable al fin— el mejor papel de su vida. Ofreció a los pobres las posesiones y ventajas que ella no había conocido —trabajo, escuelas, vacaciones, certificados de matrimonio, viviendas— y se vengó de sus enemigos de clase y de sexo haciéndoles la vida imposible en una Argentina que manejaba a su antojo.

Jorge Luis Borges dijo, en 1964, que "la madre de esa mujer" [Evita] había "regenteado un prostíbulo en Junín". Repitió la calumnia tantas veces que mucha gente sigue creyendo en ella o, lo que es más frecuente, imagina que la propia Eva —cuya falta de *sex appeal* evocan todos los que la conocieron— fue una de las pupilas de ese ilusorio burdel. Con la misma estrategia, el panfletista Silvano Santander urdió hacia 1955 unas cartas en las que Eva aparecía como cómplice de los nazis. Es verdad que Perón facilitó el ingreso de criminales nazis a la Argentina entre 1947 y 1948 creyendo que así podría apropiarse de algunos avances tecnológicos hechos por los alemanes durante la guerra. Pero Eva nada tuvo que ver con eso. Estaba lejos de ser una santa, aunque millones de argentinos la veneran como tal. Tampoco era una canalla. Los seres humanos son contradictorios y llenos de matices laberínticos. Rara vez se parecen a lo que se dice de ellos en los musicales de Hollywood o de Broadway.

(1997)

In fraganti

Rara vez somos ante la gente lo que de verdad somos. Nos representamos, de modo parecido a como las ropas representan nuestro cuerpo. La memoria que dejamos en los otros está siempre vestida, y hay en ella un poco de nuestra secreta carne. Hacia 1951, el poeta inglés W.H. Auden expresó esa idea con una concisión irreemplazable: "Los rostros privados en lugares públicos/ son más sabios y bellos/ que los rostros públicos en lugares privados".

La vida de Eva Perón ha sido sometida a un escrutinio tan implacable como incesante. Más de una vez me han preguntado en qué momento Evita fue ella misma. Dos respuestas se me ocurren, y creo que ambas son igualmente verdaderas. Evita fue siempre ella misma; es decir, nunca se ocultó, nunca fingió ser otra (por eso no pudo ser una gran actriz: porque toda representación era para ella un esfuerzo que la sobrepasaba). La segunda respuesta supone que Evita sólo pudo ser ella cuando murió, cuando su memoria empezó a llenarse con los innumerables significados que le fue atribuyendo la imaginación de los argentinos.

Los momentos de epifanía en la vida de este personaje —es decir, aquellos en los que su ser fue convirtiéndose en otro— siempre han flotado como un gran signo de pregunta en la imaginación nacional. A todos traté de dar una respuesta —que los lectores pueden tomar como quieran— en mi novela *Santa Evita*: la huida de Junín a Buenos Aires para convertirse en actriz; el eclipse de nueve meses en 1943; el primer encuentro con Perón; la noche terrible de su frustrada proclamación como candidata a la vicepresidencia, en agosto de 1952; la conciencia de la enfermedad; el embalsamamiento; las vejaciones infligidas al cadáver.

El musical de Broadway se detiene sólo en la vida de Evita —no en los episodios que sucedieron a su muerte— y la refiere no desde la intimidad del personaje sino desde fuera: observa la vida como espectáculo, como signo político, como evidencia de autoritarismo, de manipulación o de pasión popular. Construye una Evita *for export*, que la representa no como ella fue sino como se supone, fuera de la Argentina, que ella debió haber sido. No es un ultraje a su memoria ni tan siquiera un aporte irreverente, sino —sobre todo por la canción que sirve de estribillo— una multiplicación de su mito. En los años de la resistencia contra las dictaduras de los años sesenta, el peronismo atribuyó a Evita una profecía que se ha cumplido a sí misma: "Volveré y seré millones". La ópera de Broadway es parte de ese vaticinio.

Invocar blasfemias o señalar insultos es atribuir a la película de Alan Parker una eficacia mayor que a la figura histórica de Evita. Ninguna obra de arte, ni las mejores, mueve un solo pelo de la realidad: menos aún se lo mueve al pasado.

Si Evita logró ser ella misma sólo desde que murió es porque esa muerte revela tanto su historia como la historia de la Argentina en los últimos cuarenta años. Fuimos, como esa muerte, un país nómade, sin lugar, sin rumbo fijo: alguien que fue desaparecido, vejado, enterrado en el anonimato, sometido, oprimido, negado. La ópera de Broadway no muestra esas cosas, porque el lado funerario de la realidad se ve rara vez en los escenarios. Somos nosotros los que hemos empezado a representarnos a través de ese espejo sellado —el cadáver— del que tanto hablábamos en los años sesenta, sobre el que tanto escribimos en los setenta —cuando el régimen de Alejandro Lanusse se lo devolvió a Perón en Puerta de Hierro— y sobre el que tanto silencio se hizo desde la última dictadura.

Algo hay que agradecerle a la película de Madonna, entonces: que, al generar un debate, haya revuelto nuestro pasado, y que, al revolverlo, nos ayude a enfrentarlo. Siempre creí que la ópera *Evita* —la de Tim Rice y Lloyd Webber— no se había estrenado en la Argentina por un acto de autocensura. A través de *Il Corriere della Sera*, de Milán, acabo de enterarme que los comandantes de la dictadura, en 1978, encarcelaban a quienes traían el libreto del musical en sus valijas y que, desde entonces, el temor no se ha disipado.

Ni siquiera ante sí mismos los hombres son lo que son. Tienen las profundidades llenas de pensamientos que nunca se atreverán a expresar, de ideas que quisieran llevar adelante pero dejan para otro día, de historias que hubieran querido vivir y no supieron.

Sólo a veces, algo o alguien —Madonna y su película, por ejemplo— desencadena una crisis y, al pescarnos *in fraganti* en una de nuestras secretas agachadas, descubre que en verdad somos como el brazo perdido de la Venus de Milo: lo que se ve no es exactamente lo que somos. Y todavía falta saber qué somos de lo que no se ve.

(1996)

Lo que no se perdona

Evita tuvo, entre 1947 y 1951, algunas de las desventuras de la diva que en 1996 fue a encarnar su papel en Buenos Aires.

Evita era la joven esposa del presidente de la República, pero antes había sido una actriz de segunda fila, con defectos de dicción y —como muchas otras actrices de su rango— una reputación dudosa. Cuando explicó que deseaba reparar las injusticias sufridas en carne propia luchando por la causa de los humildes, no le creyeron. La llamaron resentida, trepadora, ávida de poder. Esos prejuicios de hace medio siglo alimentan los primeros cuadros del musical de Broadway y son, en cierto modo, los que se vuelven contra Madonna, la protagonista del film *Evita*.

Esa otra actriz arrastra también una imagen satánica. Sus videos, sus presentaciones musicales y algunas de sus películas cultivan una imagen de sexualidad promiscua y desenfadada que tiene más que ver, sin duda, con el *show business* que con sus pasiones personales. En nombre de esa imagen pública, ciertos sectores intolerantes niegan que Madonna sea digna de encarnar a Evita, no a la de la historia —ni siquiera a ésa— sino a la de Broadway.

Ambas, la santa y la satánica, sufrieron incomprensión y desprecios. Sus vidas difieren sustancialmente, porque Evita aspiraba a cambiar para siempre la vida de la gente (y en eso radicaba su afán de eternidad), mientras que Madonna sólo pretende modificar un instante: aquel en el cual la gente asiste a sus espectáculos.

El film de Alan Parker quizá sea un negocio y, en el mejor de los casos, una obra de arte menor. Dentro de ese engranaje, Madonna es una actriz y una cantante profesional, que encarna a la Evita del musical (no a la de la historia) de la mejor manera que le permite su talento. En *Evita*, Madonna se juega sólo parte de su prestigio. Evita, en cambio, se jugaba a sí misma en todo lo que hacía. No sólo estaba cambiando su vida sino también la de mucha gente: los desamparados, los "grasitas", los "pobres de la patria", a los que defendió con tanto sacrificio y con tanto encono.

En diciembre de 1996, Nathan Gardels de *Los Angeles Times* señaló que "el imperialismo norteamericano se adueñó de casi toda América Latina. ¿No estará ahora apoderándose también de sus mitos?". Gardels recordaba que, antes de la filmación de la película de Alan Parker, el presidente Carlos Menem había dicho que incontables actrices argentinas estaban en condiciones de encarnar a Eva Perón con tanta eficacia como Madonna. "Pero la cara de ninguna de esas actrices verá jamás las luces de la historia", comentó Gardels, con un dejo de sorna.

Envié a *Los Angeles Times* una refutación entusiasta. No hay que olvidar —dije— que Evita fue precisamente una de esas actrices. Cuando encontró a Perón en 1944 era una pobre estrellita sin talento, que a duras penas había podido llegar a sexto grado. Sus enemigos —Borges, Martínez Estrada, los hermanos Ghioldi— creían eso mismo: que era indigna de pasar a la historia.

Después de casarse con Perón pero, sobre todo, durante el viaje a Europa, Eva descubrió que el personaje de su vida era ella misma y lo representó con una convicción magistral. Medio siglo después seguía bajo las luces de la historia con tanta fuerza que Hollywood invirtió cien millones de dólares en contar sus desventuras. Para ser una actriz argentina —dije—, no me parece que le haya ido tan mal.

(1996)

No se te ocurra viajar a Zimbabwe

A veces, las obsesiones andan a la caza de los hombres. Otras veces son los hombres los que atraen la luz —quizá la oscuridad— de las obsesiones. A mediados de agosto de 1996, después de hablar durante dos horas sobre Eva Perón en el Centro de Convenciones de Montevideo, Uruguay, me senté ante el televisor de mi hotel para ver un programa sobre Zimbabwe en uno de los siete u ocho canales de cable disponibles después de la medianoche.

Pocos temas me parecían tan apropiados como Zimbabwe para alejar a Evita de mis pensamientos. Zimbabwe es el nombre de un país situado al sudeste de África, de colinas templadas y ríos caudalosos, que hasta 1980 se llamaba Rhodesia y era una colonia inglesa con un dominio blanco férreo e intolerante. La gente de Zimbabwe ha heredado de sus antiguos opresores la pasión por el fútbol y la ceremonia del té a las cinco de la tarde.

En el programa de aquella medianoche me permitió aprender varias historias que desconocía. Vi cómo una intrincada red de guerrillas acabó con la hegemonía blanca, a fines de los años setenta, desde frentes que no cesaban de moverse: en Zambia, al norte, y en Botswana, al oeste. Vi las intrigas que permitieron a Robert Mugabe, uno de los jefes independentistas, deshacerse de su competidor Joshua Nkomo y arrebatarle la presidencia de la nueva república. Vi la casa donde Doris Lessing vivió y escribió sus primeros relatos antes de afiliarse al Partido Comunista y huir a Londres. Vi los cines de un centro comercial en Harare, la capital (que antes se llamaba Salisbury), donde una fila de blancos almidonados entraba en silencio a ver *Batman Forever* mientras, a veinte pasos, un enjambre de negros alborotadores esperaba con impaciencia una película de artes marciales.

Uno de los momentos más admirables del documental sobre Zimbabwe fue el concierto de *mbira* que pasaron durante dos minutos y medio: el *mbira* es una especie de xilofón de ocho lenguas resonantes, que se tocan con los pulgares y el índice y que tiene un sonido metálico, obsesivo, armonioso. El ejecutante era un viejo de edad indescifrable y no retuve su nombre: la extraña música que tocó se movía en una dirección siempre inesperada y, por momentos, sonaba como los últimos cuartetos de Beethoven.

Supe (en algún momento el locutor lo dijo) que el noventa y ocho por ciento de los habitantes de Zimbabwe son negros, pero que la segregación persiste en Harare, donde la minoría blanca vive con un lujo que envidian los antiguos amos de Londres. Sobre el inmaculado césped del mercado popular, vi a las esbeltas negras rhodesianas vendiendo unas raras joyas de artesanía —hechas de bronce, madera de jacarandá y colmillos de león tallados—, mientras en el otro extremo de la capital, en el City Bowling Club, tres hieráticas señoras jugaban al cricket. En los alrededores de ese club (dijo el locutor) no se permiten negros.

Hubo una pausa en el documental. Después, un relámpago de sorpresa me golpeó la frente. Apareció la platea de un teatro y se oyó la obertura del musical *Evita*. Algunos caballeros de frac aplaudieron cortésmente desde la primera fila.

¿En Zimbabwe? Desconfié, por un momento, de la salud de mis sentidos. Todos que estaban en el teatro, actores y espectadores, eran blancos. Una joven de piel lechosa, dura como una estaca, desafinó sin piedad "No llores por mí, Argentina", la canción principal de la obra. Compasivo, el locutor del documental explicó que la muchacha, llamada Rani Klöckner, era una estudiante de abogacía y que actuaba por primera vez. "Estamos en el teatro Mayor de Harare", dijo. "El éxito de la temporada es *Evita*."

En seguida hubo una entrevista a Dawn Parkinson, productora y directora del musical. Advirtió que la obra no le gustaba demasiado pero que había decidido comprarla porque los derechos estaban baratos, a cuarenta mil dólares. "No me fue mal", declaró. "Pude recuperar la inversión en la primera semana." "¿Por qué todos los actores son blancos?", le preguntó el locutor. "Tal vez usted no lo sepa —dijo la señora Parkinson, con voz autoritaria—, pero Evita es un personaje histórico. Tenía el pelo rubio. Estamos tratando de imitar la realidad lo mejor que podemos. Además, no todos los que actúan son blancos. Hay una negra, Ángela Mushore."

Un crítico uruguayo, Homero Alsina Thevenet, me contó al día siguiente lo que había leído en algunos diarios europeos: la *Evita* de Zimbabwe es un escándalo.

Según la versión del crítico, Ángela Mushore fue la primera elección de la señora Parkinson para el papel principal. Angela es una cantante excepcional, famosa por sus imitaciones de Ella Fitzgerald y Edith Piaf. En 1994 ganó varios premios teatrales por una obra sobre el sida y los chicos de la calle. Su padre es un comerciante próspero de la etnia Shona, la más numerosa de Zimbabwe.

Después de un par de pruebas satisfactorias, Ángela debió rechazar el papel de Evita porque la señora Parkinson quería que se pintara la cara de blanco. "Se hubieran reído de mí", comentó la actriz. "Al verme la palma de las manos, el público habría notado en seguida que soy negra. Y además, ¿qué importa el parecido físico? En el teatro, lo único que cuenta es que la gente crea en lo que está viendo."

Como Ángela estaba interesada en interpretar a María Magdalena cuando en Harare se estrene *Jesucristo Superstar*, aceptó finalmente actuar en *Evita* encarnando a Piraña, la amante adolescente de Perón en 1944. Su espléndida voz de soprano marca el momento más alto —aunque brevísimo— de la obra. Pero si el público de Zimbabwe llena el teatro no es por eso.

Es porque los espectadores de Harare, en especial los blancos, ven la ópera de Tim Rice y Andrew Lloyd Webber como una variación de su propia historia. La esposa del actual presidente, Sally Mugabe, murió también, como Evita, en olor de santidad. Ambas crearon una fundación de ayuda social (el mismo nombre en los dos casos), suprimieron la tradicional sociedad de beneficencia de sus países y fueron acusadas de desviar parte del dinero hacia los bancos suizos. En el caso de Evita, la acusación jamás pudo ser probada. En el de Sally Mugabe, es un rumor que no se puede repetir en voz alta, porque su marido es un jefe de Estado intolerante. La ópera, así, se ha convertido en una válvula de escape político, en un foco de resistencia.

Cuando el personaje del Che canta, en el último cuarto de la obra, "¿Dónde en la tierra puede la gente

ocultar su pequeño pedazo de cielo? ¡En Suiza, gracias
a Dios!", el público estalla, de pie, en una ovación irre-
frenable. Ése y otros fragmentos del musical se repiten
en representaciones clandestinas, fuera de Harare, con
actores negros que usan pelucas rubias.

El personaje de Evita desata obsesiones en los espectadores y, a veces, también provoca enfermedades.
Al día siguiente de ver el documental amanecí con fiebre en Montevideo y no pude regresar a Buenos Aires.
Algunos amigos me recomendaron ver, como distracción, el documental sobre Tonga —una isla del Pacífi-
co— que pasan en A & E. Me dio miedo hacerlo. En
Nukualofa, la capital de Tonga, hay dos teatros. Y he
oído que, de vez en cuando, representan allí musicales
de Broadway.

(1996)

La nieve que cayó dos veces

Fue en el museo Whitney de la avenida Madison donde empezó esta historia, a fines de febrero de 1992. Estaba exhibiéndose una retrospectiva del arte norteamericano y, como otras veces, fui allí en busca de los solitarios domingos pintados por Edward Hopper, de los retratos en friso que Andy Warhol dedicó a Marilyn Monroe y de las historietas banales de Roy Lichstenstein.

Era —recuerdo— poco más de mediodía. En el acceso de mármol de la exposición, treinta o cuarenta personas rodeaban a una vieja desaliñada que se había instalado en una mecedora a leer una carta. El aleteo de la multitud no la conmovía. La vieja estaba inmóvil, con los lentes de metal barato encajados en el puente de la nariz, las piernas varicosas ligeramente abiertas, calzada con chancletas y vestida con una bata de algodón liviano, de la que sobresalían las costuras de un corpiño sucio. La carta que leía estaba fechada en Miami y hablaba del tedio, de las playas vacías y de una vida sin amor.

Tardé tres largos minutos en darme cuenta de que la vieja no era una persona de carne y hueso sino una reproducción perfecta. Creaba una ilusión de verdad tan absoluta que creí ver, a través de la piel escamosa y expresiva, la soledad de un alma que ya no espera nada. El autor de la escultura era un ex granjero del Medio

385

Oeste, Duane Hanson, a quien los críticos desdeñaban por haber llevado el realismo a sus peores extremos fotográficos. Según el catálogo del Whitney, a Hanson se le atribuía el peor crimen que puede cometer un artista: el de contaminar la realidad con imágenes que ya existen.

Busqué al escultor durante algunos meses hasta que logré dar con su teléfono en Boca Ratón, una de las infinitas ciudades de playa que se desperezan al norte de Miami. En aquellos meses, yo estaba investigando las técnicas para fabricar muñecas y figuras humanas de tamaño natural. Quería hablar de esas técnicas en una novela. Me interesaba saber cómo trabajaba Hanson y le pedí una entrevista.

Aceptó recibirme el 11 de marzo de 1993, en el museo de Fort Lauerdale, otra ciudad de Florida, en cuya entrada hay una ridícula pareja de turistas creada por Hanson. No pude viajar, porque desde el 10 de marzo cayó sobre el área de Nueva York la peor tormenta de hielo de la década y los aeropuertos estuvieron cerrados durante tres días. Cuando los reabrieron, el escultor se había marchado a Nueva México o Arizona. Seis meses más tarde lo llamé por última vez. Me dijeron que estaba en el hospital, con un linfoma incurable.

Cuando por fin escribí la historia de las copias del cadáver de Evita Perón y de su errancia por Bonn y Hamburgo, lamenté no haber contado con la ayuda de Hanson. Más de una vez sentí que arriesgaba la verosimilitud de mi relato y que me exponía a incurrir en algún anacronismo. Desde entonces tengo un odio invencible por las lluvias de hielo.

Alguna vez evoqué ese odio, describiendo la inútil travesía hacia el aeropuerto Kennedy el 11 de marzo de

1993, entre pesados arcos traslúcidos que amenazaban desplomarse sobre la ruta, bosques espectrales, y adolescentes que pasaban como rayos por las esquinas, en trineos improvisados. El tibio invierno de 1994-95 me ayudó a olvidar esas derrotas.

A fines de 1995, el tiempo volvió a encresparse. Ya el 29 de noviembre sentí los malos presagios del frío. Esa tarde cayeron cuatro centímetros de nieve sobre Central Park, en Manhattan, y el horizonte de los rascacielos desapareció entre ráfagas blancas. Volvió a nevar dos veces en diciembre y, aunque hubo estrellas la noche de Navidad, el punzante aliento del Ártico siguió barriendo las veredas de Nueva York.

Lo peor sucedió a comienzos de enero de 1996. Desde las nueve de la mañana del domingo 7 hasta la medianoche del lunes 8, el cielo se desplomó sobre toda la costa oriental de los Estados Unidos como si fuera la víspera del apocalipsis. Copos densos e incansables cayeron a un ritmo tan feroz que, al amanecer del martes, la nieve llegaba a las rodillas de los transeúntes y tres horas después ya no había dónde ponerla. Los techos de los edificios amenazaban con descoyuntarse bajo el peso de la tormenta descomunal. Para salir de mi casa, tuve que abrir un desfiladero: a cada lado hay murallas de dos metros de altura. Eso no es nada. El fin de semana siguiente cayeron otros diez centímetros de hielo.

Los camarógrafos que instalaron sus trípodes en las torres de Times Square se hicieron una fiesta histórica. En esa encrucijada de Manhattan donde el tumulto de autos y de caminantes no se da tregua a ninguna hora del día, había gente esquiando. Alrededor de Macy's, en la Séptima Avenida, unos pocos exploradores osados desafiaban la blancura de la tormenta. El lu-

nes a las dos de la tarde, Nueva York estaba desierta.
Vista desde las azoteas, la ciudad parecía un paisaje de-
solado de Brueghel.

Sucedieron toda clase de infortunios: novios que
iban a sus casamientos y que se atascaron en las rutas,
viajeros obligados a dormir en el suelo de los aeropuertos, ancianos cuyo corazón se detuvo por el ejercicio
hipnótico de palear la nieve, parejas que murieron por
hacer el amor en autos no ventilados y con la calefac-
ción a todo trapo. Los únicos que jamás se detuvieron
fueron los repartidores de diarios: se los veía pasar casa
por casa a las siete en punto de la mañana, bajo el fragor
de la ventisca.

Aunque varias oficinas del gobierno estuvieron cerradas desde mediados de diciembre por una pelea entre Clinton y los republicanos, sólo el uno por ciento de
la población se dio cuenta. La tormenta del 7 y 8 de
enero de 1996, en cambio, enloqueció a todo el mundo.
No fue la peor de la historia sino la tercera (la supera-
ron las de 1888 y 1947), pero fue la más densa: jamás
había caído tanta nieve en tan poco tiempo.

En el fatal aislamiento a que me vi condenado, pensé más de una vez en Duane Hanson, que nació entre
los glaciares de Minessota y que hacia 1973 decidió mu-
darse al verano perpetuo de la Florida. El miércoles 10
de enero, el diario trajo la noticia escueta de su muerte.
Tenía setenta años y el cáncer de linfa lo había derribado el domingo, cuando el vendaval empezaba. En *The
New York Times*, la necrológica que le dedicaron evoca
el desdén de la crítica por el populismo de sus escultu-
ras e informa que deja una viuda y cinco hijos.

En el artículo había un dato casual que me dejó
temblando. Hanson —leí— tardó mucho en dar con la

mezcla de materiales necesaria para que sus figuras parecieran vivas. Tuvo éxito sólo cuando fundió resinas de poliéster con fibra de vidrio. Le sucedió a fines de mayo de 1957, en Hamburgo, en un laboratorio del barrio de St. Pauli.

Con admiración, con espanto, advertí que su hallazgo había sucedido en el mismo lugar donde el Coronel de mi novela confundió una copia de Evita con la Evita verdadera. También el mes y el año eran los mismos.

Una tormenta de nieve me impidió ver a Hanson en 1994. Otra tormenta peor me revela ahora que no era preciso verlo. Su escultura de la vieja desaliñada en el museo Whitney ya me había dicho todo lo que él me podía decir. Con esas casualidades se teje la realidad. Los hombres perdemos la vida buscando cosas que ya hemos encontrado.

(1996)

La riqueza abandonada

El próximo tren se ha ido

Durante los años de exilio en Venezuela, yo soñaba todas las noches con el tren. La pesadumbre del tren perdido apagaba en mí las otras imaginaciones, y la Argentina inalcanzable de los sueños era la felicidad de una vía férrea que atravesaba el vacío entre mares de polvo, cotorras, piedras de mica que se vendían en bandejas de mimbre y hombres ansiosos que miraban irse al tren como si se les fuera la vida.

Venezuela era un país sin trenes y no sabía cómo disculparse de esa desgracia. Acorralada por montañas, llanos bajos que se inundan en la estación de las lluvias y selvas donde la vegetación tronchada por las tardes renace a toda velocidad en el descuido de las noches, la naturaleza venezolana es inclemente con los ferrocarriles: antes de nacer, desaparecen. Para remediar la pérdida, un tren de dos vagones recorría ocho kilómetros, los sábados y domingos, en un paraje que se llama El Encanto. Yo solía hacer de vez en cuando esos viajes a ninguna parte sólo para que mi cuerpo sintiera el estremecimiento de las ruedas, el vaivén de las maderas y el movimiento del paisaje en las ventanillas. Pero mis sueños de la noche seguían asediándome, porque los amores de mentira nunca borran el amor verdadero.

En julio de 1992 los trenes de larga distancia fueron condenados a muerte en la Argentina. Un perdón de última hora postergó la sentencia, pero el próximo tren ya se ha marchado años atrás y no hay cómo hacerlo volver. En otros países, los trenes son una señal de renacimiento y de abundancia. Aquí, vaya a saber por qué, llevan cuatro décadas dando pérdidas. La línea rápida que desde 1960 cubre en dos horas los quinientos kilómetros que hay entre Tokio y Osaka transfiguró el viejo paisaje de arrozales en un sistema linfático de aldeas industriales. El tren bala que va de París a Lyon es el símbolo de la prosperidad francesa. En Estados Unidos, los pasajeros que van de Nueva York a Washington o viceversa prefieren viajar en la línea Metroliner que hace la travesía en tres horas y no en el avión que tarda cuarenta minutos, porque los follajes y ríos del camino son lo único que los fortalece contra el sobresalto de las ciudades.

En los desiertos argentinos de fines del siglo XIX, a la orilla del polvo, los pueblos crecían al paso del tren como súbitos oasis. A veces los alcanzaba el viento de la prosperidad y los caseríos se iban abriendo en abanico a los dos lados de la vía. Al caer la tarde, las muchachas caminaban por los andenes en busca de novios, y los forasteros se quedaban en los hoteles de las estaciones para concertar sus negocios. En el tren llegaban los diarios, las telas de última moda, los abalorios de un mundo que sólo aparecía en el teatro y, después, en el cine. El tren era la aventura, la última sombra del conocimiento, la certeza de que el mundo estaba moviéndose al otro lado del horizonte.

Las carreteras y los ómnibus no han compensado esas pérdidas. Ninguna ciudad ha nacido a la vera de una línea de ómnibus, porque el ómnibus sólo se posa sobre lo que ya está, no sobre lo que se presiente. La carretera es el reino de lo nómade; el ferrocarril, en cambio, es de naturaleza sedentaria. Aunque los trenes no se detengan, siempre van dejando algo en los lugares por donde pasan.

En un rincón de las sierras de Córdoba vislumbré la imagen de lo que llegará a ser la Argentina sin trenes. A la entrada de San Esteban, un pueblo de casas con galerías celestes y calles con nombres de poetas, la estación abandonada languidecía entre las malezas. Vi la herrumbre sobre las filigranas de la boletería, el musgo sobre los bancos de la sala de espera, los hilos de humedad cayendo sobre el andén vacío. Los cinco mil habitantes de hace una década se han reducido a ochocientos. Sólo quedan mujeres uncidas a un telar que les da de comer a duras penas y unos pocos chicos que, al salir de la escuela, se sientan en las veredas a ver cómo pasa el sol.

La primera vez que viajé en tren fue al final de la infancia, desde Tucumán a Santa Fe. Hubo, antes, algunas travesías cortas en algo que se llamaba coche motor, pero ésas no cuentan. Íbamos de campamento, en segunda clase, durmiendo bajo los asientos de palo, con pañuelos húmedos sobre la cara para salvarnos del polvo implacable, pero cada vez que el tren se detenía en una estación, aun en medio de la noche, y el guarda anunciaba el nombre del lugar entre tañidos de campana y fogonazos de querosén, los viajeros nos asomábamos a las ventanillas para desentrañar la vida que respiraba en la oscuridad, más allá de los grandes troncos tumbados junto a la vía y de los tanques de agua que alimentaban la caldera. Cada nombre nos hacía imaginar una historia de cabalgatas, partos a medianoche, lechuzas agoreras, crímenes en los cementerios. Nunca he vuelto a pasar por Selva o San Cristóbal, por Soledad o Laguna Paiva, pero las imágenes de aquellas ciudades del amanecer se mantuvieron en mí tan vivas que, cuando soñaba en Venezuela con los trenes, mi melancolía seguía pasando por esos parajes interminablemente.

Después, en la adolescencia, a bordo de La Estrella del Norte o de El Tucumano, en los vagones pullman o en las literas de los camarotes, aprendí todo lo que sé sobre reumatismos, piedras en la vesícula, loros, langostas, campesinos que abandonan a la familia sin una palabra de advertencia ni de queja, embarazos a los doce años, llantos por amores que no regresan. Fueron tan poderosos esos recuerdos que los reuní a todos en una novela que empecé a escribir en Caracas y que sólo publiqué en 1991. *La mano del amo* es, al fin de cuentas, sólo la historia de un viaje en tren.

En los aviones, la gente prefiere sumirse en la hojarasca de las revistas o en las películas insulsas que las azafatas ponen para que nadie pueda moverse. Los trenes, en cambio, son confesionarios ambulantes donde la relación entre las personas parece, por un instante, eterna.

Cuando volví del exilio, lo primero que hice fue subir a un tren suburbano. Ya no eran los de antes, ni el país tampoco. Pasaban a cualquier hora y los pasajeros empezaban a mirarse con desconfianza. Huellas de la dictadura, me dije. Pero no era sólo eso. Era, también, pérdida de la fe: en el tren y en la gente. Era como si la Argentina estuviera de vuelta cuando, en verdad, ni siquiera estábamos de ida.

El último tren que he vivido no me sucedió a mí, sin embargo, sino a Juan Ignacio Cantero, el personaje de una historia que escribí hace dos años para la revista *The Atlantic* de Boston. Juan Ignacio vivía con una mujer llamada Santa Isabel y con sus dos hijos en un asentamiento de Claypole y trabajaba como albañil en Berazategui. Salía a las cuatro y media de la mañana para llegar a las seis y casi nunca le alcanzaba la plata para el boleto. La víspera de Navidad de 1990, un inspector sorprendió a Juan Ignacio sin pasaje ni plata para la multa y lo obligó a dejar el reloj como prenda en la estación de Avellaneda.

Santa contó la segunda parte de la historia con tanta vivacidad que los de *The Atlantic* se negaron a creerla. Hubo que enviarles la grabación de la entrevista y organizarles un contacto telefónico con Juan Ignacio para que al fin aceptaran que, en la Argentina, lo inverosímil suele ser lo verdadero. Decía Santa: "Al otro día que nos quedamos sin reloj empezó el drama. No sabíamos la hora. Juan Ignacio se despertó a eso de las dos y dijo: Ya es tarde, Santa Isabel. Tengo que salir. Yo vi que las estrellas aún estaban alborotadas en el centro del cielo y lo retuve: Todavía no, le dije. Apenas son las tres. Juan Ignacio se vistió, fue hasta la parada del colectivo, encontró a un hombre y le preguntó la hora. Al rato regresó y se acostó de nuevo: 'Son apenas las dos de la mañana', me dijo. Pero ya no pudimos dormir. A las tres volvió a levantarse y caminó hasta la parada. Así anduvimos a lo largo de la noche, y también el otro día, y el otro".

Juan Ignacio y su familia pensaban pasar las fiestas de fin de año en Santiago del Estero, junto a los tíos y primos que desde hace ya tiempo les regalan los pasajes. Esta vez podrán contar con el boleto de ida, pero cuando quieran usar el de regreso, el próximo tren ya se habrá ido. Los han privado ya de tantas cosas que la resignación es el único bien que les queda. "Los pobres siempre perdemos el tren", dijo Santa Isabel, sin darse cuenta de la metáfora.

(1992)

Como Dios manda

La Argentina siempre se creyó ajena a las tragedias que el exceso de población causa en otras latitudes. En el siglo XIX llamábamos desierto a la pampa húmeda y aun ahora se puede vagar durante horas en auto por la Patagonia o por las fronteras áridas de Córdoba, Santiago del Estero y Catamarca sin ver un alma.

Un país colmado de seres humanos fue la obsesión tanto de Alberdi como la de Perón, pero mientras el General (y sobre todo Isabelita) recomendaban hace dos décadas "tener todos los hijos que manda Dios", Alberdi introdujo en 1872 una idea más compleja: "Gobernar es poblar —escribió—, en el sentido que poblar es educar, civilizar, enriquecer, mejorar." Si se puebla a ciegas, decía Alberdi, "se corrompe el país, se lo embrutece, se lo empobrece; en fin, se lo despuebla".

Las aguas volvieron a encresparse en vísperas de la Conferencia sobre Población y Desarrollo de El Cairo, en setiembre de 1994, pero ya estaban agitadas dos meses antes, cuando los convencionales constituyentes se aprestaban a discutir el artículo sobre la llamada "defensa de la vida". Sólo unas pocas voces laicas se alzaron contra la posición del gobierno argentino, que condena el aborto, no protege ninguna práctica anticonceptiva y establece que los derechos de la persona humana comienzan en el momento preciso de la concepción.

Esa idea es, en sustancia, la misma que preconizan el papa Juan Pablo II (y los obispos católicos de todas partes, por supuesto), así como los teólogos más extremos de la universidad islámica de Al Azhar, en El Cairo, y de las sectas jasídicas de Brooklyn. Lo que todos ellos invocan es una obediencia absoluta a las leyes de Dios, a principios morales básicos y a la idea tradicional de familia. ¿Pero cuáles son, en verdad, las leyes de Dios? Y cuando se habla del momento de la concepción, ¿en qué concepción se piensa?

Las leyes de Dios exigían, hace apenas tres siglos, que la Tierra fuera el centro del universo y que el Sol girara a su alrededor; suponían que el mundo tenía menos de cincuenta y cinco siglos y que el hombre había sido creado por un soplo o una emanación del espíritu divino. Afirmar lo contrario deparó la hoguera y los hierros candentes de la Santa Inquisición a miles de hombres lúcidos, y sumió en el escarnio o la cárcel a los discípulos de Darwin, cuya tesis sobre la evolución de las especies ya ningún eclesiástico discute. Las leyes de Dios han ido cambiando —por fortuna— al compás de la ciencia, y no podría vaticinarse hoy lo que esas leyes dirán mañana sobre el momento en que el alma del hombre entra por primera vez dentro del óvulo recién fecundado.

Lo que para ciertas religiones son verdades indiscutibles, para otras son signos de una brutalidad sin nombre. Algunas sectas islámicas extirpan el clítoris de las adolescentes y suturan en parte los labios menores de la vagina porque creen que así lo ordenan algunas *suras* del Corán. La costumbre es aberrante para un católico argentino, pero forma parte de la "moral básica" y de "la idea tradicional de familia" de miles de sudaneses, tunecinos y etíopes. Inversamente, la evangelización de las islas japonesas fracasó en la colonia de Faifo hacia 1614, porque los civilizados señores del lugar creían que el acto de comulgar era una ceremonia caníbal intolerable. Hay veces en que nosotros somos el Otro.

Antes de condenar toda opción de aborto, ¿por qué no definir de qué clase de concepción se habla? Los documentos del Episcopado, tan semejantes a los del ministerio de Justicia y a los que produjeron las academias de Medicina y Derecho, no señalan ningún matiz. Para todos ellos, la concepción es una. ¿Qué harán, entonces, las chicas de doce años embarazadas por padres que con frecuencia son borrachos o sifilíticos? Esos casos, de los que hay millares por año en el Gran Buenos Aires y en las regiones rurales, ¿tienen que ver con "la idea tradicional de la familia"? ¿Qué clase de vida es la que se defiende? ¿Vidas condenadas al abuso, a la miseria, a la prostitución, a la peste?

Dos funcionarios del gobierno explicaron, la semana pasada, que los abortos se evitarán mejorando la educación y los servicios de salud. Ya que ninguno de esos dos rubros produce efectos electorales inmediatos, ¿cuándo sucedería tal milagro? Y aun en el caso de que fuera pronto, ¿qué educación o servicio de salud defenderá a las víctimas inocentes del doble castigo que nuestra "moral básica" les inflige: primero, la violación o el estupro domésticos; después, la responsabilidad de cuidar a otro ser? ¿Qué docencia podría salvar de la catástrofe a las mujeres violadas por dementes o por criminales? Las leyes de Dios, por claras que sean, nunca son absolutas, porque el ser humano no lo es. Cada realidad tiene otro código, y jamás hay un caso que sea igual al otro.

Durante el tercer gobierno de Perón, eran los nacionalistas de izquierda quienes veían en el control de la natalidad ciertos residuos de "imperialismo" o cierta "amenaza colonial". Ahora, es la cúpula del Episcopado argentino la que está usando esas expresiones. No es ése, sin embargo, el lenguaje "tradicional" del Vaticano. Juan XXIII y Pablo VI solían hablar con menos seguridad y más compasión que el cardenal Antonio Quarracino.

En 1963, poco antes de morir, el papa Roncalli creó una comisión de siete miembros para que lo aconsejara sobre la anticoncepción. Un prelado de su círculo íntimo, Igino Cardinale, explicó que lo había hecho "no por razones demográficas, sino para verificar la solidez de la doctrina". Pablo VI amplió después la comisión a sesenta y ocho miembros —incluyendo en ella a siete matrimonios—, escribió la encíclica *Populorum Progressio* —para estimular a los obispos a trabajar con los pobres— y tuvo el coraje de afirmar, en octubre de 1965, después de uno de sus discursos en las Naciones Unidas, que "la Iglesia" debía "encontrar una respuesta más imaginativa de las que ya ha dado al problema del control de la natalidad. No podemos seguir guardando silencio".

Ahora no hay tal silencio sino las mismas respuestas cerradas que Pío XII solía dar después de la Segunda Guerra, cuando los Papas no salían a ver el mundo. Invocando la "defensa de la vida", el gobierno argentino secunda tal posición, en la que los principios están por encima de la realidad.

Cada vez que leo u oigo esas cruzadas de fe me acuerdo de una chica de quince años que lloraba desconsolada ante las puertas de un dispensario de Ranchillos, Tucumán, en octubre de 1974. Llevaba un hijo a la espalda, colgado de una bolsa de arpillera, y otro de pocas semanas prendido de un pechito escuálido. Víctima de incesantes violaciones que su propia madre consentía, la chica había acudido en busca de píldoras anticonceptivas. Los enfermeros del dispensario no quisieron o no pudieron ayudarla, porque una orden dada por López Rega exigía entonces —como ahora— tener "todos los hijos que Dios manda". La chica se arrojó al día siguiente bajo las vías del tren, con los dos hijos. El mayor sobrevivió, sin piernas.

No lo creo a Dios capaz de mandar semejantes horrores a los países que se toman en serio los estudios hechos para la Conferencia sobre Población. Pero acá, en la Argentina, donde se tardó tanto en autorizar el divorcio, a Dios se lo sigue haciendo mandar cualquier cosa.

(1994)

Modas argentinas

Aprendí el lenguaje de las diferencias hace más de quince años, en Venezuela, donde algunos funcionarios del gobierno aparecían en la noche de los restaurantes vestidos con camisas violetas, pantalones amarillos y sacos de color guayaba. Los cafés y las calles abrumadoras del centro de Caracas me parecían entonces un muestrario único e irrepetible de la variedad humana: matronas destellando en la tarde de los sábados con un arsenal de ruleros en la cabeza, negros de patillas sanmartinianas y graves señores con bigotes de manubrio, damas con el pecho descubierto hasta el crepúsculo de los pezones pero tocadas con velos de monja, adolescentes con uñas de mandarín y zapatos de taco aguja pintadas como un actor de kabuki. El mundo se abría en un abanico luminoso y a nadie parecía importarle.

Para alguien que, como yo, venía de una civilización autoritaria y desconfiada, las libertades venezolanas me parecían historias de otro mundo. Pero muy pronto caí en la cuenta de que la gente andaba como se le daba la gana —o como podía— en todas partes menos en la Argentina, y que la diversidad era la norma, no la rareza.

Por mucho que el argentino haya viajado, tarda en descubrir que su inclinación a la uniformidad es un defecto nacional. O tal vez lo advierte desde el principio, pero supone que los hábitos libres, que son naturales en los demás, en él serían una extravagancia.

¿La Argentina es monótona? Quién sabe. Los argentinos, en cambio, sí lo somos. Un argentino se esfuerza por seguir los balidos del rebaño con un ahínco que no se advierte en ningún otro lugar de la Tierra. Ciertas palabras se ponen de moda durante algún tiempo y todos las usan con fruición. Pero de la mañana a la noche esas palabras desaparecen y se convierten en una mera curiosidad para los arqueólogos del lenguaje. Es como si el país entero las dejara caer al mismo tiempo, en una acto de tácita confabulación. ¿Quién podría descifrar ahora el significado preciso de vocablos como "guille" o "escorchón", que eran parte de la jerga corriente en los albores del primer peronismo, o de expresiones como "llamále hache" y "flor de ceibo", que son de la misma época? A Julio Cortázar le sorprendía que, a la vuelta de cada uno de sus viajes a Buenos Aires, la mitad del vocabulario que había aprendido en el viaje anterior ya estuviera en desuso y que en el mismo lugar florecieran otras palabras, de sentido e intención idénticos. El lenguaje no se mueve en la Argentina por imperio de la necesidad sino de la moda.

Lo mismo pasa con la ropa. Quien se detenga a observar en las películas documentales de los años setenta advertirá en hombres y mujeres, calcados, el mismo jean que se ensanchaba en los tobillos y camisas o sweaters de diseño idéntico. El vestuario era similar —con variantes— tanto en los invitados a los desfiles de modas como en las colas de agua de las villas miseria. La voluntad de ser igual a los demás, de no desentonar, de no diferenciarse, no tiene que ver con la clase sino tal vez con algo más subterráneo, más visceral. Un diferente es alguien que también está al margen, que no pertenece a ninguna parte. Y aunque el argentino admira al marginal y hasta lo sacraliza, no quiere exponerse a las consecuencias.

Todos nos vestimos de la misma manera, al mismo tiempo. En el extranjero, se reconoce a una familia argentina desde lejos: los mocasines marrones del papá, el pelo incendiado de rubio de la madre, el plañido de los hijos, la gesticulación: todo nos delata. Por temporadas, repetimos las mismas muletillas verbales ("tarado" en los cincuenta, "mató mil" en los ochenta, "boludo" y "me recopa" en los noventa). Todos somos fieles a los vaivenes de una misma rutina. Esa falta de diversidad es, tal vez, la verdadera cifra de nuestra naturaleza.

Hubo un tiempo en que nos preguntábamos obsesivamente cómo éramos. Una de nuestras pasiones más diestras (si es que hay destreza en la pasión) consistía en arrancar a los visitantes de fuera opiniones más o menos ingeniosas sobre las idas y vueltas de la naturaleza argentina. Nuestra inseguridad se iba afianzando, por lo general, gracias a una red de respuestas desalentadoras, como las que aún se leen en las crónicas de viaje de Georges Clemenceau y Jules Huret, en las *Meditaciones suramericanas* del conde Hermann Keyserling y en los despiadados capítulos de *El Espectador* que nos dedicó Ortega y Gasset. Tanto Ezequiel Martínez Estrada como Roberto Arlt insistieron en que nuestra insignificancia no tenía remedio, y fue preciso que apareciera Eduardo Mallea en el horizonte para aportar el consuelo de que bajo la escoria visible aleteaba una espiritualidad secreta.

La desdicha nacional es que, mientras *Radiografía de la pampa* y las *Aguafuertes porteñas* se siguen leyendo como si alguien las hubiera escrito esta mañana, la *Historia de una pasión* malleana es un intransitable páramo de ripios. Así nos fuimos quedando sólo con los vituperios y olvidándonos de nuestras riquezas invisibles.

La resignación nos indujo a identificarnos con Ringo Bonavena —en cuyo sepelio hubo más dolientes que en el de Gardel—, con Carlos Monzón, con Diego Maradona, con el Mono Gatica; a consentir que nos gobernaran López Rega, Isabelita, los cínicos Videla, Massera y todo lo que siguió. No sólo los aceptamos. Nos vimos tan insignificantes que hasta llegamos a creer en lo que nos decían. La Argentina "granero del mundo" acabó entonces por tener la estatura intelectual de sus gobernantes, no la de sus hijos dilectos. El país se convenció a sí mismo de que perder las vulgaridades de Alberto Olmedo era muchísimo peor que perder a Borges. El afán de populismo o los complejos de inferioridad nos indujeron a confundir los tantos.

Hace ya tiempo que hemos dejado de preguntarnos cómo somos, bien sea porque nos han acobardado las respuestas o porque hemos alcanzado un grado de uniformidad tan superlativo que la opinión ajena ha dejado de interesarnos. Ortega escribió en 1929 que "el argentino vive absorto en la atención de su propia imagen. Se mira, se mira sin descanso". En aquella época nos inquietaba lo que podían decirnos los espejos. Ya no. Ahora, además de mirarnos, sólo nos oímos a nosotros mismos.

Cada vez que se intenta definir lo argentino se ensayan casi todas las conjeturas: en sus *Estudios económicos*, Alberdi aludió a la herencia hispana para caracterizar a las elites en las que "cada cual quiere ser un señor y vivir como un noble sin trabajar"; Sarmiento y Martínez Estrada encontraron en el aislamiento y el desierto la explicación de nuestros códigos de conducta; Ortega y Gasset puso énfasis en el narcisismo; Borges subrayó la importancia del pudor; los cronistas contemporáneos quizás adviertan —al menos en las esferas de poder— cierta tendencia a la frivolidad y cierta debilidad ante la corrupción. Pero todavía no se ha mencionado, creo, nuestra inclinación a la uniformidad, el temor a salirnos de cauce y a comportarnos como nadie más. Sólo el cine, la narrativa, el teatro, el rock y el humor político nos hacen otros; sólo en esos lenguajes nos jugamos y somos libres.

Un mediodía de 1993, en una de las avenidas rápidas de Caracas, un hombre de saco y corbata decidió instalarse a comer en el centro de la calzada. Tomó asiento sobre una de las rayas blancas que dividen en dos el pavimento, abrió una de esas cajas para viandas que llevan los chicos al colegio (allá se llaman "loncheras") y se puso a masticar alegremente, entre los rayos de las motocicletas y los mugidos de los camiones. A nadie le sorprendió ese rapto de delirio suicida —tal vez no fuera eso: tal vez se tratara de un incidente normal; porque, ¿quién sabe dónde está la normalidad?—; nadie, tampoco, osó detenerlo ni salvarlo ni agredirlo ni gritarle algún improperio. El hombre fue dejado allí, librado a su suerte o a su muerte. Advertí en ese instante que un episodio como ése era posible en cualquier parte del mundo, salvo en las grandes ciudades de la Argentina. Tanta libertad (aun esa clase de libertad sin sentido) resultaría aquí ofensiva e intolerable.

La Argentina fue pensada así hace poco más de un siglo: como un reflejo de Europa, sin indios y sin negros. A ese país utópico, las sucesivas dictaduras fueron convirtiéndolo en una repetición infinita de sí mismo, en una línea recta donde cada uno de nosotros, para saberse argentino, siente que debe actuar como los demás. Esa repetición es, quizá, lo único que nos hace diferentes.

(1993)

Ataque al corazón

A nada se aferran tanto los hombres como a sus ilusiones. Cada vez que ven pasar alguna felicidad, se abrazan a ella y no quieren soltarla, aunque la felicidad se caiga después a pedazos. Nadie diría que en estos tiempos oscuros alguien esté soñando con llegar a la Argentina como si fuera un edén inalcanzable. Nadie creería, tampoco, que quien alienta ese sueño vive en los Estados Unidos.

Y sin embargo, el personaje existe: se llama Salvatore Pérsico y es dueño de un cine de ochocientas butacas en Bound Brook, Nueva Jersey.

Pérsico no ignora lo que pasa en estas latitudes: ha leído con horror las revelaciones del ex capitán Alfredo Scilingo y del jefe del campo de La Perla; sabe que casi el quince por ciento de la población está sin trabajo y que los científicos emigran en masa; le han contado que hay serias amenazas de recesión y que los chicos de veinte años golpean a todas las puertas de los avisos clasificados sin que nadie los oiga. Aun contra toda esperanza, Pérsico es un optimista incurable: supone que, si la Argentina fue grande alguna vez, volverá a serlo un día no lejano. "Deje que aparezca un gobernante honesto y después cuénteme", dice. "No hay país en la

411

Tierra que tenga tanta riqueza. Lo que a ustedes les falta es suerte."

Bound Brook, donde está el cine de Pérsico, es un pueblo de quince a diecisiete mil habitantes, al sudoeste de Nueva York. Frente a la estación de trenes se abre una calle inverosímil donde se alinean, sobre la misma acera, una galería de arte neo-figurativo; un café en el que desembarcan, dos veces por mes, los grupos de jazz del Village Vanguard, y una librería en la que se encuentran primeras ediciones de poetas exquisitos y narradores de vanguardia. El último edificio de la calle (o el primero) es Brook, el cine de Pérsico.

No hay un recodo que se parezca a ése en los apagados suburbios que rodean a Nueva York, ni tampoco queda una sala que se parezca a la del Brook en todo el dilatado territorio de la Unión. Las butacas son de terciopelo color arena, y cada fila está separada de la otra por casi medio metro, como los asientos de primera clase en los aviones. Del techo cuelgan tres arañas enormes como árboles de Navidad, con espinas y lágrimas de cristal. El telón, algo descolorido, tiene aún restos de pinturas alegóricas que tal vez sean de los años veinte, cuando el conjunto era esplendoroso. Ahora todo destila decadencia, humedad, melancolía.

El Brook es el único cine de Nueva Jersey que exhibe películas no convencionales: fue el primero en lanzar *Pulp Fiction* cuando no era todavía una obra de culto, y es también el único que ha exhibido títulos difíciles pero apasionantes como *Exótica* (un suntuoso ejercicio de estilo del canadiense Atom Egoyan) y *Priest* (*El sacerdote*, feroz crítica de la británica Antonia Bird a la sexualidad reprimida del clero). Durante más de dos meses, los obispos norteamericanos se esforzaron por impedir el estreno de *Priest*, sin éxito. Pérsico la proyectará en su sala el Viernes Santo, en abierto desafío a la excomunión con que han sido amenazados él y su única hija, Gina.

A pesar de esos antecedentes, el dueño del Brook es lo menos parecido que hay a un intelectual iconoclasta. Su orgullo no son las películas que exhibe sino la radio que dirigió en Manhattan hace tres o cuatro décadas, cuando se dio el lujo de contratar a Nicola Paone y a Domenico Modugno en sus años de gloria y de cobijar a tenores desconocidos como José López Rega, que despellejaba los sostenidos de *Granada* en las audiciones de las dos de la tarde.

Al empezar el verano de 1990, Pérsico era un empresario despreocupado. Se proponía pasar la Navidad con unos primos de Santos Lugares, en la provincia de Buenos Aires, y estaba en tratos con Luciano Pavarotti para organizar un recital de canciones napolitanas en el Radio City de Manhattan. Entonces era, como ahora, un peso pesado, más bien obeso, con una barriga de tonel y una cabeza sanguínea, en la que se puede ver el aleteo de las venas. La noche del 27 de julio de aquel año, cuando estaba sentado frente al televisor, lo derribó un dolor atroz en el pecho. Lo atendieron a tiempo y se salvó por un pelo. Dos meses después, un segundo infarto lo arrastró a las orillas de la muerte.

En los sopores de la convalescencia empezó a soñar con la Argentina. Los médicos le recomendaron que se tomara la vida con calma y Pérsico se dijo que, para eso, no había lugar en la Tierra como Buenos Aires. Con asombro, descubrió que la vida era tan cara allí como en Manhattan y que sus ahorros no bastaban. Decidió entonces comprar la sala del Brook, atenderla con la ayuda de Gina las tres noches del fin de semana, y acumular dinero para el gran viaje.

Aunque sólo balbucea diez o quince palabras de castellano y ha perdido casi todo el dialecto calabrés que sabía cuando llegó a Nueva York, en 1947, Pérsico supone que el idioma no va a ser una valla para la felicidad que lo espera al otro lado del horizonte. "Los argentinos hablan más con las manos que con la lengua", supone. "¿Usted cree que voy a tener problemas?"

Ha visto infinitas fotos de la pampa, de los asados, de la Avenida 9 de Julio, de las cataratas del Iguazú y del Valle de la Luna en San Juan. Con esas imágenes ha imaginado un país ideal, en el que la gente entretiene sus tardes tomando mate en la vereda y recordando las felicidades del pasado. Conoce a la perfección los descalabros del presente, pero no le inquietan. Su intención es vivir en la Argentina como un extranjero, con ahorros en bancos de Nueva York, sin prestar atención a los horrores que sucedan a su alrededor. Le hice notar que ningún ser humano elige lo que ve. Son las cosas que pasan las que lo eligen a uno. "Yo creo en el libre albedrío —me contestó—. Uno puede ver sólo lo que quiere. Uno puede, si quiere, no ver nada."

Cuando llegué al Brook atraído por el estreno de *Quemado por el sol*, de Nikita Mijalkov, Pérsico estaba en el enorme zaguán de su cine —cincuenta metros de mármoles agrietados—, disculpándose ante el público por haber anunciado que la película empezaría a las siete y cuarto en vez de las ocho. La mayoría de los espectadores se fueron a comer tortas de queso en el café de al lado hasta que la función empezara. Yo preferí quedarme conversando con él, como otras veces.

Hablamos de las revelaciones de Scilingo, me preguntó quién era Horacio Verbitsky —cuyo nombre había leído en *Star Ledger*, un diario de Nueva Jersey—, y al fin quiso saber si un hombre con dos ataques al corazón podía sobrevivir en Buenos Aires. "En el país que usted imagina, todo es posible", le dije. "En el de la realidad, quién sabe".

—Lo que fue grande ayer no tiene por qué no serlo mañana —me dijo. Yo ya había oído esa frase otras veces.

—Todo se olvida —le contesté—. Cuando uno se olvida de los horrores, también termina por olvidarse de las grandezas.

—Igual quiero ir —dijo—. Igual quiero pasar en Buenos Aires la Navidad que no tuve en 1990.*

Todo hombre busca una ilusión a la cual aferrarse. Toda ilusión busca a un hombre. En la Argentina de los inmigrantes y de los cabecitas, esas necesidades solían encontrarse. Pero estos tiempos están hechos de negaciones y de mentiras, y hay pocas cosas y pocos seres que están donde debieran o donde quisieran.

(1994)

---

* En abril de 1999, cuando el cine Brook estaba a punto de cerrar, una inundación provocada por el huracán Floyd arrasó el centro del pueblo de Bound Brook y devastó la sala. Algunas de sus butacas se encontraron navegando sobre arroyos de lodo a tres kilómetros del lugar. Nunca volvió a abrir sus puertas. Tampoco supe nada de Salvatore Pérsico. En el sitio donde estaba el cine había hasta fines de 2001 un cartel que decía: *"Thanks for your memories"* (Gracias por sus recuerdos).

La realidad se equivoca

En 1995 regresé a Buenos Aires luego de ocho meses. La tarde de mi llegada, entré a una ferretería donde más de una vez hice colas de media hora al pie de un letrero chillón que ordenaba "Espere su número". Me sorprendió que esta vez no hubiera nadie. "Busco un par de enchufes triples", dije, con voz desconcertada. La dueña alzó su nariz sobre un escueto desfiladero de cajas y papeles y acudió presurosa al mostrador. Su marido bajó también de la escalera donde se había encaramado para enderezar una pirámide de latas y se desplazó hacia el anaquel de los enchufes. Uno de los cadetes, que ahora parecía oficiar como dependiente único, me preguntó si había echado una ojeada a la vidriera: "¿Vio los taladros eléctricos a ocho pesos? —me preguntó—. ¿Vio las rebajas en los pinceles, las sierras, los escoplos, las tenazas?" El inventario siguió dos o tres minutos más, abrumador. Sentí que mi silencio lo ilusionaba y me arriesgué a interrumpirlo: "Sólo necesito los enchufes".

La dueña me miró entonces con desánimo. "¿Se dio cuenta de lo que está pasando con los colectivos?", preguntó. Negué con la cabeza. No había notado nada. "Están vacíos", informó. "Son casi las seis y media de la tarde y pasan vacíos. No hay aglomeraciones en las esquinas, como antes, esperándolos. No hay trabajo. Ya nadie va a ninguna parte."

Supuse que esos dictámenes tenían que ver con la decadencia de la ferretería que, ocho meses antes, había sido próspera, imbatible. Imaginé que, como la mayoría de los argentinos, la dueña confundía su desdicha personal con toda la realidad. "La situación va a mejorar mañana o pasado", le dije. "Desde que tengo memoria, estos días de transición entre el gobierno viejo y el que viene son los mejores. La gente confía, tiene fe. Hasta en 1989 fue así. Estábamos en lo más negro de la hiperinflación y, sin embargo, todos sonreían". "Ahora no", porfió la dueña, mientras su marido ordenaba, silencioso, el ya ordenado anaquel de los enchufes. "Pregunte quién votó a Menem. Nadie acepta que lo votó. Nadie se quiere hacer responsable. Buenos Aires está triste, señor. Nunca se había visto tanta tristeza".

Exagera, pensé. Los habitantes de Buenos Aires son propensos a la queja, al desaliento, al mal humor. En el resto de América Latina se les atribuye arrogancia y cierta ilusión de superioridad. Se creen —nos creemos—, dicen allá, con derecho a todo, y cualquier adversidad nos parece una injusticia. Esta vez, sin embargo, a la dueña de la ferretería no le faltaba razón. Sentí que en este invierno del '95 yo había llegado a un país distinto, con las alas quebradas, resignado al infortunio, a la desesperanza, a la derrota.

De un mes a otro, Buenos Aires cambia. Nunca es la misma ciudad. Hay sutiles mudanzas en las costumbres, en el lenguaje, en la moda y en los temas de conversación, que tienden a la uniformidad y suelen ser monótonos, obsesivos. Sin embargo, la vida de Buenos Aires tiene siempre una electricidad contagiosa, estimulante. Ahora no. Esa ciudad distinta ya no es distinta. Es otra, como si le hubieran lavado la sangre, apagado las vísceras y atontado el corazón.

Por un lado estaban —están— las demoledoras cifras de la desocupación, las filas interminables de hombres pálidos esperando a las nueve de la noche que les regalen los avisos clasificados de *Clarín*, las doscientas veinte personas que conté a la entrada de una empresa metalúrgica peleando por una plaza de tornero, el aspirante a empleado de un estudio jurídico al que rechazaron antes de entrevistarlo porque tenía las zapatillas rotas.

Y las estadísticas: más de cuatro millones de personas, el treinta por ciento de la población activa, está sin trabajo o tiene un trabajo insuficiente. No hay empresa que haya quedado a salvo de cesantías, ajustes, recortes de gastos. La prosperidad que en 1989 se nos prometió para 1992 a más tardar, y que en abril de 1995 se anunció para el próximo diciembre, ya no se ve por ninguna parte o se ha refugiado, más bien, en las cuentas de banco de un círculo ínfimo.

El espejismo del primer mundo está cada vez más lejos. El superávit en la balanza de pagos anunciado para fines del '95 se está disolviendo en humo. Eso es lo malo de las reelecciones: antes, cuando se esperaban caras nuevas, la gente alentaba cierta esperanza de una vida mejor. Con las mismas caras, sabe de antemano que recibirá más de lo mismo. Le sucedió a Perón en 1952: asumió de nuevo en junio, en julio se murió Evita y ya en febrero del '53 comenzó a gobernar a los tumbos. Es como si la necesidad de un cambio estuviera en la naturaleza de los argentinos y como si las reelecciones contradijeran esa naturaleza. Tal vez los constituyentes de

1853 conocían mejor esas razones del corazón que los firmantes del pacto de Olivos.

El gobierno admite que el consumo ha bajado casi un veinte por ciento y que, por lo tanto, ahora hay más pobres que antes. En las provincias, la certeza de ese empobrecimiento es —me dicen— abrumadora. Si en Buenos Aires se compra veinte por ciento menos que antes, en Tucumán, en Córdoba o en Chubut el índice llega a cincuenta por ciento. Las empresas cierran por puñados, decenas por semana. Pero en Buenos Aires las ráfagas de malaria también soplan en lugares inesperados. Una noche caí de improviso en un restaurante donde jamás había una mesa libre. Esta vez, sólo dos (sobre un total de sesenta o setenta) estaban ocupadas. "Es miércoles, ¿sabe?", explicó el dueño, con inocultable vergüenza. "Los miércoles, a la gente le gusta quedarse en casa." Hacia la medianoche, el taxista que me llevaba por Corrientes, me dijo: "Mire la ciudad. Ni un alma. Los cines están hoy a mitad de precio y no viene nadie. Fíjese en esa cola de taxis, en Lavalle y Pellegrini. Hasta el año pasado, a estas horas, había sólo dos o tres en fila y veinte personas esperando. Ahora, hay veinte taxis para ninguna persona".

A lo mejor la realidad que vi era la equivocada, a lo mejor las historias que estoy repitiendo acá no son nuevas para nadie. Pero el ser humano tiende a borrar el recuerdo de las infelicidades y todo relato periodístico sirve, más que nada, para oponerse al olvido. El retrato de estas pálidas argentinas encuentra su contrafigura (y tal vez su explicación) en el episodio que me contó uno de los mejores periodistas que conozco, directivo de un diario de provincia. "El otro día —dijo— pasó por la puerta del Jockey Club una manifestación de veinte o treinta personas mal entrazadas, quizá jubilados, que golpeaban un bombo. '¡Te-ne-mos hambre, te-ne-mos hambre!', gritaban, al ritmo de los golpes. Dos socios del Jockey, hombres también maduros, salían a la calle al mismo tiempo. 'Fijáte en este horror', le dijo uno al otro. 'Mirá lo que nos podría pasar si nos gobernaran los peronistas'."

Toda la historia de estos días cabe, creo, en esa historia, que es al mismo tiempo una explicación y una metáfora.

(1995)

La peor de las desgracias

Uno cree que la gente se suicida por desesperación o porque sufre humillaciones sin remedio o sólo porque la vida se le ha vuelto intolerable. No siempre es así. La razón mayor de los suicidas es la desesperanza, el abatimiento, la incapacidad para imaginar cómo será uno mismo al día siguiente.

En 1991, el índice de suicidios en la Argentina figuraba en undécimo lugar en el mundo y era el primero de América Latina. Una oficina sueca de estadísticas, que trabaja con informes de hospitales y clínicas privadas, acaba de revelar que, sin perder su posición triunfal en el continente, el país alcanzó ya, desde mediados de 1994, el quinto lugar en la tabla mundial de suicidios: lo superan sólo Japón, la costa oriental de los Estados Unidos, los países escandinavos y la franja norte de Rusia.

De ese oscuro privilegio, pero no de las cifras —que acabo de leer en el *Newsday* de Nueva York, sin más precisiones que las enunciadas—, hablé una noche en Buenos Aires con un médico psicoanalista cuyo nombre no puedo revelar. Dos de las historias que me contó sobrepasan todas las destemplanzas de la imaginación.

El personaje de una de esas historias es una modista

de cuarenta y seis años, que trabajaba para una fábrica en el suburbio de Munro hasta que la despidieron en setiembre de 1994. Está separada, tiene tres hijos, y desde julio de 1992 ha perdido el rastro de su marido. Se sobrepuso a los primeros ramalazos de la miseria "cosiendo para afuera", como ella dice: alargando polleras, restaurando vestidos fuera de moda y cortando ruedos de pantalones. En marzo del '95, cuando la mitad de sus clientes quedó sin trabajo, se resignó a zurcir y remendar por lo que le dieran: paquetes de yerba y azúcar, zapatos viejos, cajas de fideos. Cuatro meses más tarde, también esas ayudas de caridad le fueron suprimidas. Entonces dejó a los hijos al cuidado de una vecina y se cortó las venas en el baño de una estación de servicio.

La encontraron antes de que terminara de desangrarse, le suturaron las venas en un dispensario y las enfermeras, compadecidas, la devolvieron a la casa con tres latas de *corned-beef* y un paquete de fideos. A la semana, la mujer repitió el intento de suicidio y los médicos volvieron a suturarla y a vendarla. Pero aunque no le dieron más fideos y aunque anotaron el caso en los registros como simple accidente doméstico, la costurera sin esperanzas volvió a desbaratarse las venas dos veces más. "Casos como ése hay cientos", dijo mi amigo el médico mientras dábamos vueltas por Buenos Aires. "Los hospitales están llenos de personas que tratan de suicidarse sin darse cuenta siquiera de lo que están haciendo."

La otra historia, más simple, más ominosa, sucedió a comienzos de marzo de 1995 en Tucumán: dos matrimonios de jubilados, a los que asediaban usureros impiadosos, se lanzaron al paso de un tren rápido. Los hombres murieron; las dos viudas quedaron baldadas: una perdió un brazo; otra, las piernas. El hospital al que las llevaron también inscribió la historia como accidente de tránsito.

El hijo de la que está peor, quien fue escribiente de la V Región Militar al mismo tiempo que yo, en los meses de conscripción, me pidió que fuera a visitarlas en el rancho de Cruz Alta donde las mujeres están convaleciendo. "Apenas pueda, voy a matarme otra vez", me dijo la madre. "A esta vida es mejor perderla que encontrarla." "No es la vida. Es el país", suspiró la manca, desde la penumbra del rancho. "A quién se le ocurre nacer en un país que no tiene esperanza."

Pocas veces he sentido tanta melancolía como ahora por el destino de la Argentina. Nunca imaginé que, después de tener todo, íbamos a tener tan poco. He leído que en La Pampa los suicidios aumentaron más de setenta y tres por ciento en 1994 y que en los seis primeros meses de 1995 hubo en Mar del Plata más casos consumados que en todo 1994. ¿Qué explicación hay para las oleadas de adolescentes que dicen basta y se disparan un balazo en la sien tanto en Gobernador Gálvez como en Santa Fe o en Rosario? ¿Cómo entender a las madres que, como la modista desesperada de Munro, bajan los brazos sin importarles nada de lo que dejan atrás: hijos, ilusiones, salvaciones providenciales? ¿En qué clase de sociedad estamos viviendo, insensibles a las calamidades, al dolor ajeno, a la lenta e implacable degradación de la dignidad humana?

El suicidio es una enfermedad de los países ricos, escriben los teóricos como Falret y Guerry. Los adolescentes del Japón se matan porque se les ofrece demasiado y no tienen fuerzas para abarcarlo todo; los

viejos de Massachusetts, de Estocolmo y de Laponia
se intoxican con píldoras para dormir porque la vida
que les queda es un horizonte sin sobresaltos, donde
todo se mueve con la cadencia del tedio y las únicas
sorpresas posibles son las del noticiero de las seis de la
tarde. En Rusia, dicen, lo que agobia es el ciclo: bajo,
oscuro, opresor y, debajo, la monotonía de las llanuras
y del agua.

Pero entre nosotros, ¿qué? Ninguno de esos arre-
batos de abundancia son posibles en un país donde todo
es incierto: el trabajo de mañana, el salario, el humor de
los gobernantes. A fines del siglo XIX, el sociólogo francés Emile Durkheim consagró al tema un libro magistral en el que definió al suicida como alguien que siente
inseguridad, desasosiego, desencanto, y termina por
desvalorizar su propio ser, por creer que nada vale la
pena de ser vivido, que no hay ya felicidades, esperanzas
de cambio ni amores en un horizonte donde todo pareciera empeorar.

Las luchas sagradas que los hombres vienen librando desde hace varias centurias han asumido formas bár-
baras entre nosotros y ahora, cuando la democracia
permite librarlas con elocuencia, esquivamos el cuerpo
y bajamos los brazos. La miseria, la educación en ruinas, los servicios de salud hechos pedazos, los salarios
diezmados, la desocupación y la incertidumbre son cal-
varios cotidianos a los que hemos terminado por resig-
narnos. En nombre de qué valores o de cuáles esperanzas hemos perdido tanto, nadie lo sabe. Tampoco nadie
lo dice.

A fines de 1993 había, a la entrada de Gobernador
Gálvez, un graffitti que decía: "Podés crear tu propio
mundo, pero no esperés que nadie venga a ayudarte".

La frase resume, como pocas, el país que nos han dejado y las revueltas aguas del futuro hacia el que estamos
remando.

(1995)

La inseguridad en el horizonte

Casi no hay ser humano, en las grandes ciudades de América Latina, que no haya sido víctima o testigo de un robo en los últimos años. Los habitantes de las clases medias y altas construyen sus casas detrás de altos muros erizados de vidrios, en urbanizaciones protegidas por sistemas de vigilancia tan sofisticados como los de las prisiones para criminales peligrosos. Sólo en San Pablo, Brasil, el número de policías privados triplica el de las fuerzas regulares de seguridad. No hay ya lugares seguros: ni los restaurantes de lujo ni las calles céntricas a mediodía ni las avenidas de los cementerios. Todo ha sido violentado más de una vez por bandas organizadas o por asaltantes amateurs que a veces atacan sólo por desesperación.

Explicar y entender estas desgracias es una tarea sin fin. Los grandes medios dedican al tema sus portadas o sus segmentos centrales, sin que nadie haya ofrecido todavía una respuesta clara, tal vez porque la respuesta no existe. Mientras tanto, el miedo sigue allí, no en la penumbra sino a la luz del día.

A comienzos de julio de 1996, el profesor de inglés Kevin Ross, al que le habían robado su automóvil modelo 1984 cuando se detuvo ante un semáforo en el centro de Caracas, viajó en la aséptica y bien organizada línea de subterráneos que une Catia con Pro Patria, en la capital venezolana. Iba despreocupado a visitar a un amigo en el hotel Hilton. Al bajar en la estación Bellas Artes, se demoró en el andén atándose los cordones de los zapatos. Cerca de una de las puertas de salida, oculto en un recodo sin luz, divisó a un hombre joven, extremadamente pálido, que parecía a punto de desmayarse. Educado en la solidaridad, Ross se acercó para ofrecerle ayuda. Para su desencanto, el hombre lo rechazó con acritud, de un modo casi insultante. Llevaba un impermeable en el brazo (lo que a Ross le pareció raro, porque en Caracas nadie usa esa prenda, ni siquiera en la estación de lluvias) y tenía el cuerpo encorvado, como si lo afligiera un dolor imborrable. Ya se retiraba Ross, ofreciendo disculpas, cuando le pareció que el hombre tenía una herida en el vientre. Había alcanzado a distinguir, debajo del impermeable, unos lamparones húmedos de sangre.

Se alejó del andén en silencio y, en el piso de arriba, al encontrarse con un guardia, le contó el incidente.

—Ese hombre está herido y no quiere que lo ayuden —dijo.

—¿Herido? —repuso el guardia, bajando a toda marcha las escaleras mecánicas—. No sea ingenuo, *man*. El tipo es un atracador y se nos está escapando.

Como en un sueño, Ross vio que el presunto herido, con súbita agilidad, se escurría en el vagón del tren que acababa de parar en la estación. Vio también al guardia atrapándolo a último momento por el cuello y golpeándolo en el andén. Vio por fin —ahora con claridad— la mancha de sangre en el vientre. Pero la sangre no era del fugitivo. Debajo del impermeable, el hombre del que Ross se había compadecido ocultaba una mano enjoyada, de mujer, que había seccionado sin piedad al no poder arrancarle los anillos.

A comienzos de 1982, antes de que se desplomara la moneda venezolana, era frecuente que los automovilistas de Caracas condujeran sus vehículos con las ventanas abiertas y con el codo asomando fuera de la puerta. Ahora, todos andan con el seguro puesto, ocultos detrás de vidrios polarizados, sin detenerse ante los semáforos rojos ni ante las trampas cazabobos que a veces se les cruzan en medio de la calle (valijas abandonadas, billeteras, cajas de cartón, maniquíes que parecen personas dormidas). Los esquivan y siguen adelante. Tampoco nadie se detiene ante los semáforos rojos en las noches de San Pablo, de Rio de Janeiro o de los suburbios solitarios de México. Las calles cerradas con barreras o con cepos de púas crizadas, las garitas de vigilancia a la entrada de los barrios elegantes, los altos muros que no permiten ver las luces de las mansiones, son un espectáculo usual tanto en México y Guadalajara como en Bogotá, Medellín, Cali, Caracas y las más populosas ciudades brasileñas.

En Buenos Aires, cuyos habitantes se enorgullecen de que las mujeres puedan caminar solas a la madrugada por calles solitarias, la plaga se presentó de repente en 1996. Media docena de restaurantes, pizzerías y pubs fueron asaltados en una semana —la primera de julio— por adolescentes bien vestidos, que actuaban a cara descubierta y esgrimían revólveres calibre treinta y ocho. A fines de agosto, la policía descubrió en el barrio de Saavedra, no lejos de la avenida General Paz, una escuela de ladrones, donde dos émulos de Fagin —el perverso explotador de huérfanos en *Oliver Twist*, la novela de Charles Dickens— adiestraban a muchachitos de entre catorce y diecisiete años para que robaran restaurantes, seguros de que, si arrestaban a sus discípulos, los iban a liberar poco después, por falta de antecedentes.

"La muerte golpea a nuestras puertas" fue el título que la revista *Veja* dedicó, en su edición del 21 de agosto de 1996, al sangriento asalto de una cervecería, frecuentada por jóvenes de la clase media de San Pablo. El atraco empezó como una imitación vil de la primera escena de *Pulp Fiction*, pero el estrago final no fue el mismo que el de la película: un dentista de veinticinco años, que al pasar por allí creyó ver a un amigo a través de las ventanas, fue recibido por dos balazos en el pecho cuando franqueó la puerta. A un estudiante que se enredó, por los nervios, con el cierre de su reloj pulsera, lo apremiaron con un tiro en el hombro. Cuando los cinco asaltantes se retiraban, dispararon contra los vidrios: una bala atravesó las costillas de una joven de veintitrés años y la mató antes de que la ambulancia llegara al hospital.

El arzobispo de San Pablo y algunos generales retirados de Brasil suponen que la causa son las drogas, traficada en las calles a plena luz. En México y en Venezuela, algunos viejos comisarios creen lo mismo, pero además aducen que se debe contratar a más policías y mejorar el salario de los que ya están. Los sociólogos y asistentes sociales, tanto en Chile como en Argentina, Brasil y México señalan que aumentar la represión empeoraría las cosas. Lo que pasa, dicen, es que el reparto de la renta es injusto: las políticas económicas de ajuste engendran, al mismo tiempo que la estabilidad de la moneda, el desempleo y la delincuencia desesperada.

Después de las atrocidades de las dictaduras, nuevas formas de miedo, de inseguridad y de humillación humana se han instalado en América Latina. Y como en aquellos tiempos ominosos, la barbarie del ojo por ojo y del terror oficial como sanción contra el terror marginal, son las únicas e indignantes salidas que se proponen. A los hombres les cuesta aprender de su pasado. Tal vez por eso se pierden con frecuencia en los laberintos del futuro.

(1996)

Incidente con un autor bengalí

Sucedió al caer la noche del último viernes de abril de 1999. Un ciudadano de origen bengalí, que ejerce dos profesiones difíciles de conciliar —la de banquero y la de escritor— se presentó ante el mostrador de una línea aérea norteamericana, en el aeropuerto de Ezeiza, para embarcar en el vuelo sin escalas de Buenos Aires a Nueva York.

La tez oscura del personaje y el desaliño de la corbata —algo torcida por el ajetreo de las despedidas— suscitaron sospechas en los empleados de seguridad. Examinaron una y otra vez su pasaporte, estudiaron si las computadoras revelaban alguna irregularidad en su boleto de ida y vuelta. Después, le exigieron precisiones inútiles sobre sus medios de vida en los Estados Unidos: inútiles, porque el pasajero iba a estar en Nueva York las horas imprescindibles antes de tomar un vuelo de conexión a Dhaka, en Bangladesh.

Insatisfechos con la información, los empleados de seguridad le informaron que tal vez no podría viajar. ¿Y si en vez de algunas horas, como indicaba su boleto, se quedaba en Nueva York semanas, tal vez meses, tal vez para siempre? ¿Cuánto dinero llevaba encima? ¿Podría mostrar sus tarjetas de crédito? El episodio no sucedía en una ventanilla de migraciones en Houston o Miami, no en Los Ángeles o en el aeropuerto Kennedy. Sucedía en Ezeiza, Buenos Aires.

La empleada de la editorial en la que el pasajero había publicado su libro estaba junto a él y trataba de explicar a los representantes de la línea aérea que el visitante era un escritor ilustre, invitado especialmente por la Fundación El Libro. ¿Un escritor?, le respondieron, con desafiante sarcasmo. ¿Cómo se prueba que alguien es un escritor? O más bien, ¿existen los escritores bengalíes?

Le retuvieron sus documentos y tarjetas durante cuarenta minutos y al final, algo frustrados por no encontrar nada que les diera la razón, los de la línea aérea concedieron: "Puede viajar".

Los oficiales de seguridad están obligados a dudar, pero también a ser corteses, porque por lo general aciertan una vez y se equivocan cientos. Uno de esos errores sin remedio fue el que cometieron con el pasajero bengalí que el último viernes de abril volaba de Ezeiza a Nueva York. Los empleados leyeron su nombre en el pasaporte, pero no su fama. Muhammad Yunus es uno de los más admirables economistas contemporáneos y uno de los pocos cuyas teorías —y prácticas— han aliviado la pobreza y el desamparo de estos tiempos.

Hace poco más de veinte años, Yunus fundó una institución singular, el Grameen Bank, que concede créditos mínimos a indigentes, quebrando la norma que exige prestar dinero sólo a los que pueden garantizar su devolución. El proyecto parecía de una ingenuidad digna de Jean-Jacques Rousseau y, cuando se hizo público, el nombre de Yunus fue mencionado por sus colegas con un dejo de compasión, porque apostaba su dinero, con heterodoxia, a uno de los pocos bienes humanos que no tienen precio: la dignidad.

Contra todos los pronósticos, el Grameen Bank prosperó y, en menos de dos décadas, se expandió en un millar de sucursales, acumulando una clientela que, en su inmensa mayoría, es de mujeres orgullosas del buen nombre que llevan. El inesperado éxito de esa aventura está contado en un libro imperdible, *Hacia el fin de la pobreza*. Fue para lanzar la edición en castellano que Yunus viajó a Buenos Aires en 1999.

Vaya a saber de dónde nos viene a los argentinos ese malestar ante los diferentes, los exóticos o los que tienen una apariencia física que no corresponde a los estereotipos nacionales. Durante la época de hiperinflación conocí a una diplomática centroamericana que era atendida con inexplicable desdén en las boutiques entonces desiertas de la Recoleta. No entendía por qué, si llevaba consigo cientos de dólares y estaba dispuesta a gastarlos sin regatear, las empleadas de las boutiques parecían súbitamente ocupadas o a punto de cerrar, y le volvían la espalda. "Me siento como la protagonista de *Pretty Woman*", decía la diplomática. "Puedo gastar una cantidad obscena de dinero —o al menos lo que en la Argentina era, entonces, una cantidad obscena—, y nadie quiere atenderme." Era difícil explicarle que, para las prejuiciosas vendedoras, el color chillón de sus vestidos tropicales, el escándalo de sus faldas y el color subido de su piel eran la chispa de una agresión intolerable. Como los niños, las vendedoras huían o cerraban los ojos ante lo que les parecía *raro* o —peor aún— ante lo que creían *inferior*.

Hace más de un siglo, cuando Juan Bautista Alberdi estableció las bases de lo que debía ser este país en un texto clásico, "Gobernar es poblar", su defensa de la inmigración europea estaba sustentada por la tradición de libertad que, según él, aportarían las poblaciones trasplantadas. Uno de los párrafos centrales de ese texto conjetura que, si Estados Unidos no se hubiera poblado con "europeos civilizados" sino con "chinos o con indios asiáticos, o con africanos, o con otomanos", no sería "el mismo país de hombres libres que es hoy día".

Décadas más tarde, Georges Clemenceau, Jules Huret y los viajeros convocados para las celebraciones del Centenario, se sorprendieron al ver en las calles "tantos europeos como en París". El complejo de superioridad argentino nació de una errada interpretación de todos esos datos, como si fuéramos —todos a la vez— los despectivos empleados de la línea aérea en Ezeiza.

Si a los seres humanos les resulta difícil entenderse es porque pocos terminan por aceptar al prójimo tal como es, con todas sus diferencias, y porque pocos quieren admitir que los derechos y costumbres del otro, por irritantes que parezcan, valen tanto como los propios derechos. Los problemas del otro —el que viene de lejos, el que ha sido expulsado de su propia casa por la miseria o por la intolerancia— están perturbando la vida de medio mundo.

Las desinteligencias entre el otro y el nosotros, que se van tornando cada vez más agudas entre las naciones, pueden observarse con nitidez en el pequeño reino de las costumbres cotidianas: lo que es norma doméstica en una determinada cultura puede resultar exótico y desagradable en otra. Mientras el vertiginoso progreso de las comunicaciones borra las fronteras, el recelo de los hombres las multiplica. Europa tiene ahora casi dos veces más países que hace diez años, y no siempre por el deseo de una mayor libertad política, como en Chechenia, sino por odios ancestrales, como en Bosnia.

El respeto a la cultura del otro se mide no tanto por la capacidad para aceptarla tal como es —lo cual, al fin de cuentas, es un fenómeno pasivo— como por la inteligencia para descubrir que en esa cultura puede haber elementos que nos enriquecen y que convendría incorporar a lo que ya somos. *Sapere aude*, escribía el gran poeta latino Horacio en vísperas de ese gigantesco desafío al nosotros que fue el otro llamado cristianismo. *Supere aude*: es decir, atrevámonos a saber.

El proyecto de Alberdi aludía a un país despoblado, aturdido por las guerras civiles, que necesitaba organizarse cuanto antes. De aquel país distante, lo único que nos ha quedado a los argentinos es una confusión de identidad: ¿somos europeos, somos latinoamericanos o somos, tal vez, de ninguna parte, hijos pródigos abandonados por Dios? También las visiones de Clemenceau y de Huret son parciales, porque sus anfitriones argentinos los llevaron a conocer no el país real sino el que las elites imaginaban como real. El país profundo y mestizo no mostraría su cara hasta 1945. Y todavía está allí, al alcance de cualquiera, apenas las miradas se distraen del centro y se posan sobre los márgenes.

Durante décadas —y aún ahora, en algunos círculos de gente rica y poco ilustrada— seguimos siendo europeos. Las puertas de la Argentina se abrieron hace un siglo para fertilizarnos con "sangre civilizada", y esa sangre sigue estando en pie, entre nosotros, con tanto énfasis como si no hubiera pasado un día desde aquellos tiempos de euforia.

Pero en Estados Unidos o en Europa somos tan hispanos o latinos como la diplomática centroamerica-

na a la que desairaban las vendedoras de la Recoleta. Tal
vez los empleados de la línea aérea que denigraron al
escritor bengalí en Ezeiza hayan sufrido esa discrimina-
ción en Miami o en París y la prepotencia de su trato
sea una forma de revancha. Quién sabe. Los argentinos
hemos dejado pasar la historia creyendo que somos no
como somos —lo que quizás es muchísimo— sino como deberíamos ser, lo que tal vez es nada.

(1999)

Después del exilio, el éxodo

A comienzos de enero de 2002, el joven investigador Gustavo Sibona, un físico de aún incipiente prestigio internacional, emigró de la Argentina con su esposa Carola y sus tres hijos. Llevaban sólo cuarenta dólares en el bolsillo. Gustavo no había cobrado aún sus dos últimos sueldos en la Universidad Tecnológica Nacional, y otro tanto le sucedía a Carola, empleada en el Rectorado de la Universidad de Córdoba. A pesar de sus desesperados desplazamientos por el laberinto de los bancos, y de sus reclamos de pesadilla en redes burocráticas cada día más intrincadas, les fue imposible retirar también los ahorros, confiscados por un decreto oficial, que reservaban para las situaciones de emergencia.

A diferencia de la mayoría de los argentinos que están yéndose en masa del país donde se educaron, a Gustavo lo contrataron casi de inmediato en Augsburg, una ciudad bávara situada setenta kilómetros al noroeste de Munich. La lejanía y la pérdida de los afectos hizo que el éxodo fuera, para los dos, un desgarramiento sin nombre, uno de esos vacíos comparables a los que deja la muerte. Carola es bisnieta de Jorge Newbery, uno de los mayores héroes de la aviación argentina y el ingeniero al que se le encomendó la iluminación de la Avenida de Mayo para los fastos del Centenario. Siempre había sentido esa herencia de familia como un tributo por pagar, un lazo que la unía al país con fuerza indestructible.

La Argentina está quedándose más sola que nunca tras el éxodo de las decenas de miles de personas que se van sin intenciones de volver. Regresar al desierto que tanta desazón produjo en Domingo Sarmiento a mediados del siglo XIX parece ahora ya no sólo un destino sino también una fatalidad: "El mal que aqueja a la República Argentina es la extensión —se lee en el comienzo del *Facundo*—: el desierto la rodea por todas partes y se le insinúa en las entrañas."

Poco después de que Sarmiento escribiera esas líneas empezó a vislumbrarse el fin de la despoblación, cuando los inmigrantes de Europa y Oriente Medio afluyeron caudalosamente al Río de la Plata. Desde 1857 a 1924 llegaron cinco millones y medio de seres humanos, de los cuales un tercio regresó a su tierra de origen, expulsado por barbaridades como la ley de residencia de 1902. Pero en el último medio siglo fueron los argentinos los que empezaron a emigrar. Ese incesante drenaje empobrece al país de modo más feroz e irreversible que la deuda externa.

Desde 1975 han sucedido tragedias devastadoras: una dictadura sangrienta, una guerra que fue catastrófica aunque sólo duró dos meses, dos años de hiperinflación, la descapitalización del Estado por la venta de casi todos sus bienes —con el efecto milagroso de que, cuanto más se vendía, más deudas se acumulaban— y, a fines del 2001, la patética ronda de cinco presidentes sucesivos en diez días. Eso, sin embargo, es sólo la boca del abismo. El desempleo ha alcanzado ya a más de un tercio de la población activa en las cuatro mayores ciudades de la Argentina. Hay miles de personas que se están muriendo literalmente de hambre. Cientos de miles de chicos trabajan en condiciones infames, privados de ir a la escuela o a un dispensario de vacunas. La economía informal en estado de derrumbe es sólo la cara visible de ese foso de arena en el que todos se hunden más cuanto más tratan de salir.

Y sin embargo, quizá ninguna de esas calamidades sin nombre tenga un efecto tan irreparable para la salud futura de la nación como el éxodo de sus habitantes. Treinta mil personas ya educadas —de acuerdo con los inciertos cálculos consulares— están llevando a otras latitudes la experiencia y el conocimiento que han adquirido en una patria donde, tal como están las cosas, podrían desperdiciar sus vidas. Ese incesante drenaje de recursos humanos retrasará la recuperación del país con una eficacia más letal que el derrumbe de miles de empresas y la bancarrota del Estado. Tal vez la postración económica pueda corregirse algún día. Los argentinos que se van, en cambio, están haciéndolo para siempre.

El primer gobierno peronista suscitó exilios dolorosos, como el de Julio Cortázar, que se fue por hartazgo en 1950. Luego, en una sola noche de julio de 1966, el irrisorio general Juan Carlos Onganía expulsó de las universidades a tres mil científicos y pensadores de primer nivel, uno de los cuales recibió más tarde el premio Nobel. En 1974, el astrólogo José López Rega inició un baño de sangre que duró una década: cientos de miles de argentinos se exiliaron entonces, por desesperación o por cautela.

Todas esas migraciones, como las de los proscriptos que huyeron de las cárceles federales a mediados del siglo XIX, tuvieron una razón política. Son, por lo tanto, formas del exilio. Lo que sucede ahora es, en cambio, un éxodo, una forma de expatriación sin vuelta posible. Los protagonistas del éxodo renuncian a la identidad con que nacieron y parten en busca de otra, que a veces es la de sus antepasados y otras veces es ninguna: a esa identidad podría llamársela olvido, o fatiga.

A la necesidad de detener esa fuga se opone la desalentadora realidad. ¿Cómo decirle que no se vayan a los que tienen treinta años, cuando suman más de millón y medio los jóvenes de entre dieciocho y veintiocho años que no estudian ni trabajan? ¿Qué horizonte se le podría ofrecer a un ingeniero o a un albañil de edad mediana que logró anclar en un empleo, lo perdió en el naufragio de diciembre del 2001 y ahora no tiene cómo alimentar a su familia? De esos casos hay miles cada día: gente que ya no tiene ganas de levantarse de la cama ni razones para estar despierta ni consuelo para la desesperanza que no se acaba.

Otros miles no quieren resignarse y se han declarado en estado de rebeldía y desobediencia. Lo expresan golpeando sus cacerolas en las plazas simbólicas y exigiendo a los supuestos creadores del desastre que dejen el poder vacante. ¿Quién querría ocuparlo, sin embargo? ¿Salvadores providenciales que podrían embarcar a la Argentina en aventuras peores que las del presente? Si bien es cierto que muchos de los que aún están en puestos de decisión se aferran como hiedras a sus privilegios, también es verdad que algunos de los que se postulan para reemplazarlos no lo hacen por espíritu de sacrificio sino por vocación de asalto. Por ejemplo: el apocalipsis que predica Carlos Menem desde sus retiros oceánicos, en Puerto Vallarta o Viña del Mar, parece menos inspirado por el amor a los argentinos que por el amor a sí mismo.

El éxodo jamás ha sido buena elección para nadie, pero para los miles que esperan el amanecer en los consulados europeos no parece haber otra. No se sienten comprometidos con un país donde el lenguaje de las promesas se ha devaluado tanto como la moneda. La fuga, en estos casos, es otra forma de la muerte. Pero esa muerte amenaza no a los que se van, sino al país, que se queda.

(2002)

Este libro se terminó de imprimir
en el mes de junio de 2003
en Impresiones Sud-América S.A.,
Andrés Ferreyra 3767/69, 1437,
Buenos Aires, República Argentina.